Von Clemens Beöthy sind bereits folgende Titel erschienen:
Heirate niemals einen Udo.
  Was Vornamen über unser Liebesleben verraten.
Schnacksel nie mit einem Axel.
  Das Liebeslexikon der Vornamen.
Amor ist ein Arschloch.
  Wie die Liebe wieder öfter ins Schwarze trifft.

Über den Autor:
Clemens Beöthy arbeitet seit 20 Jahren als Single- und Paarcoach. Einzeln und in Gruppen macht er bindungswillige Singles fit für Flirt und Date. Darüber hinaus veranstaltet er regelmäßig größere Kennenlern-Events. Seit dem Erscheinen seiner ersten drei Bücher ist Clemens Beöthy ein gefragter Interviewpartner in Presse, Funk und Fernsehen. Mit seiner Familie lebt der Autor bei Gießen.

Clemens Beöthy

Warum Köche gut küssen und Anwälte oft fremdgehen

Was Berufe über unser Liebesleben verraten

Besuchen Sie uns im Internet:
www.knaur.de

Originalausgabe Juli 2016
Knaur Taschenbuch
© 2016 Knaur Verlag
Ein Imprint der Verlagsgruppe
Droemer Knaur GmbH & Co. KG, München
Alle Rechte vorbehalten. Das Werk darf – auch teilweise – nur mit
Genehmigung des Verlags wiedergegeben werden.
Redaktion: Roman Schmid
Covergestaltung: Franzi Bucher, München
Coverabbildungen: Franzi Bucher
Satz: Adobe InDesign im Verlag
Druck und Bindung: CPI books GmbH, Leck
ISBN 978-3-426-78778-6

2   4   5   3   1

Inhalt

Überwiegend Männerberufe

Überwiegend Frauenberufe

Einleitung

Während Sie gemütlich diese Zeilen lesen, droht mir vielleicht gerade Gefängnis, weil mich sämtliche Anwälte der Republik wegen Verunglimpfung ihres Berufstandes verklagen. Schließlich attestiere ich doch den Advokaten in diesem Buch eine beträchtliche Tendenz zum Fremdgehen, nicht immer ganz saubere Geschäftspraktiken sowie ein Rückgrat, das in seiner Beschaffenheit eher zu den Weichteilen zählt. Vor den schwedischen Gardinen könnten mich alleine Formulierungen wie »meist«, »gewöhnlich« oder »häufig« retten. Will heißen, ich erhebe nie Absolutheitsanspruch, wenn ich von den Herren Strafverteidigern schreibe, sondern formuliere allenfalls Regeln, von denen es natürlich die berühmten Ausnahmen gibt.

Sie werden es schon ahnen: Nach den Namenstypologien, in denen ich vor der Heirat mit einem Udo und dem Schnackseln mit einem Axel gewarnt habe, sind nun Berufe an der Reihe. In diesem Fall vertrete ich die Auffassung, dass die Art unseres Broterwerbs darüber entscheidet, wie wir grundsätzlich ticken und uns speziell im Liebesleben verhalten, wie wir flirten, Partnerschaft gestalten, Sex haben.

Denn wer würde schon ernsthaft bestreiten, dass Menschen mit ähnlichen Eigenschaften eher dazu neigen, denselben Beruf zu ergreifen? Und wer würde leugnen, dass der ausgeübte Beruf uns gleichzeitig weiter in Richtung des ihn kennzeichnenden Verhaltens führt? So liegt völlig klar auf der Hand, dass angehende Lehrer und Lehrerinnen über ein Mindestmaß an rhetorischem Geschick verfügen sollten und dass dieses Talent durch die jahrelange Arbeit mit Schülern weiter trainiert wird. Genauso macht in negativer Hinsicht bei den ohnehin schon nicht zu überbordender Treue neigenden Außendienstmitarbeitern die Gelegenheit Diebe, indem ihr Arbeitsplatz oft nur eine Tür vom Schlafzimmer ihrer Kundinnen entfernt liegt.

Weniger sofort nachvollziehbare bis verwegen klingende Statements über die Professionen, etwa dass ausgerechnet der Vereinigung von Automechaniker und Kosmetikerin gewöhnlich nur ein einziger Sprössling entspringt, sind das Ergebnis vieler Tausender Gespräche mit den Vertretern und Vertreterinnen diverser Berufe. Geführt habe ich diese Gespräche im Rahmen meiner Tätigkeit als Single-Coach und Paarberater, wobei ich auf fast 20 Jahre Berufserfahrung zurückgreifen kann.

Wenn Sie sich etwa als Landwirt oder Friseurin durch meine Auslassungen ungerecht behandelt oder in eine falsche Ecke gedrängt fühlen, können Sie sich damit trösten, vermutlich die Ausnahme von der Regel zu sein. Denn was für Anwälte gilt, muss für andere Berufe nur billig sein.

Vielleicht haben Sie aber auch Glück und üben gleichzeitig mehrere Berufe aus, so dass Sie sich aus jedem einzelnen die Rosinen herauspicken können …

Clemens Beöthy

Männer- und Frauenberufe

Der Rechtsanwalt

Basics

Ohne Frage gibt es unter den männlichen Rechtsanwälten auch einen gewissen Anteil an Idealisten. Schon in der Schulzeit verteidigen sie schwächere Mitschüler gegen die Willkür sowohl von Klassenkameraden als auch von Lehrern, und als Jurastudenten setzen sie sich für die Rechte ihrer Kommilitonen ein. Diese kleine Fraktion unter den angehenden Advokaten lässt sich auch während ihres späteren Berufslebens kaum je durch den Ruf des großen Geldes korrumpieren. Leider stellt sie aber nur eine ziemlich kleine Minderheit innerhalb der Profession dar.

Beim Hauptstrom der Anwälte gehört das Rückgrat zeitlebens eher zu den Weichteilen. Farbe bekennen sie höchstens, wenn sie gerade aus dem Solarium hervorgekrochen kommen oder aus dem Karibikurlaub zurückkehren. Spätestens mit dem Eintritt in die erste Kanzlei tritt bei ihnen der Wunsch, sich für das Wohl ihrer Klienten einzusetzen, in den Hintergrund. Stattdessen wird die Mandantschaft fast ausschließlich als Geldquelle gesehen, um den eigenen gehobenen Lebensstandard zu finanzieren. Nicht selten kommt es dabei auch zu der einen oder anderen überflüssigen oder zumindest fragwürdigen Leistung. Ihre moralische Flexibilität prädestiniert Anwälte hervorragend dafür, in die Politik zu wechseln, wo sie tatsächlich auf höchster Ebene die größte Gruppe ausmachen.

In ihrer Freizeit stellen viele Advokaten gerne ihren Wohlstand zur Schau, indem sie mit ihrem Porsche durch das Nachtleben brausen, in Luxushotels logieren oder sich im besten Restaurant am Platz kulinarisch verwöhnen lassen. Von ihrer stressigen Arbeitswoche erholen sie sich in edlen Wellnessoasen, die aus Kostengründen gewöhnlich nur einem elitären Zirkel zugänglich sind. Am kulturellen Leben nehmen Anwälte mehr zu Repräsentationszwecken als aus echtem Interesse teil. Um sich wirklich auf Kunst einzulassen, fehlt ihnen meist der rechte Tiefgang, was gleichermaßen für religiöse, spirituelle und philosophische Fragen gilt.

»Sozial« bleiben die Berufsvertreter gerne unter sich oder pflegen Kontakte in der Beletage. Aber auch hier ist das Szenario sehr stark von Oberflächlichkeit geprägt, so dass das Motto »Mehr Schein als Sein« lauten könnte.

Flirt und Verführung

Die erste Frau, die spätere Anwälte um die Finger wickeln, ist ihre Mutter. Ihr leiern sie mit ihrem Charme zunächst das Lieblingsspielzeug und später den ersten Sportwagen aus den Rippen. Besonders ihr zuckersüßes Lächeln und ihr rhetorisches Geschick machen sie für das schwache Geschlecht fast unwiderstehlich.

Da Advokaten in der Regel aus einem guten Elternhaus stammen, punkten sie zudem meist mit guten Manieren. Mitunter führt sie aber auch eine gewisse Dreistigkeit zum Erfolg, die sie sich aufgrund ihres blendenden Aussehens glauben erlauben zu können.

Stoßen die Herren Verteidiger dabei auf Widerstand, kommt ihre größte Schwäche beim Balztanz zum Vorschein, nämlich ihre Ungeduld. Egal ob es um einen One-Night-Stand oder um die Liebe für das ganze Leben geht, viel Zeit und Energie sind sie im Vorfeld nicht bereit, dafür zu investieren.

Jagdreviere

Anwälte bekommen potenzielle Partnerinnen in Gestalt ihrer weiblichen Klienten quasi frei Haus geliefert, wenn sie ihre Herzdame nicht schon während des Studiums kennengelernt und mit ihr eine gemeinsame Kanzlei gegründet haben.

Jenseits des beruflichen Umfelds bevorzugen die Advokaten für die Pirsch nach Miss Perfect die freie Wildbahn. Dabei meiden sie dörfliche Veranstaltungen sogar dann, wenn sie selbst auf dem Land leben. Meist finden sie nicht einmal in kleinen und mittelgroßen Städten Clubs oder Bars, die ihren Ansprüchen an das weibliche Publikum und das Ambiente entsprechen. Deshalb unternehmen sie ihre Beutezüge gewöhnlich in den Metropolen der Republik. Dort verabreden sie sich auch, wenn sie ein Date über eine Partnervermittlung haben. Dafür kommen eigentlich nur Anzeigen in überregionalen Zeitungen und Online-Edel-partnervermittlungen wie *Parship* und *ElitePartner* in Frage. Auf Speed-Dating oder Running-Dinner-Events könnte Anwälten zwar ihr Charme leichte Beute verschaffen, doch fürchten sie, sich dort mit Kandidatinnen unterhalb ihres Niveaus auseinandersetzen zu müssen. Eine klassische Partnervermittlung in Anspruch zu nehmen wäre indes fast schon paradox, weil die Rechtsbeistände im Rahmen ihrer Berufstätigkeit durchaus hin und wieder damit beauftragt werden, ihre Mandanten aus den dubiosen Verträgen der Kuppler herauszuklagen.

Partnerschaft

Die Zweisamkeit mit einem Rechtsanwalt birgt Licht- und Schattenseiten. Einen Wermutstropfen stellt mit Sicherheit die unausgewogene Arbeitsaufteilung in den heimischen vier Wänden dar. Fehlt das Geld für eine Perle, was zum Glück nur selten der Fall ist, bleibt der Haushalt fast ausschließlich an der besseren Hälfte des Herrn Anwalts hängen. Schon als Student war er es nämlich gewohnt, dass ihm seine Mama die Bude putzt, und diese Aufgabe möchte er nun auch bitte an ihre »Nachfolgerin« delegieren. Selbst Männerdomänen wie Reifenwechseln oder Heckeschneiden, bei denen das starke Geschlecht sonst nur allzu gerne seine Fähigkeiten demonstriert, lässt er aus Bequemlichkeit meist Dritte für sich erledigen.

Anders als zum Beispiel Lehrer oder Pfarrer gründen Anwälte fast nie große Familien, weil sie sich von den lieben Kleinen doch zu sehr in ihrer Bewegungsfreiheit eingeschränkt fühlen.

Oft sind es Prestigegründe oder der Wunsch nach einer Nachfolge für die Kanzlei, die sie überhaupt erst dazu bewegen, Nachwuchs in die Welt zu setzen. Entsprechend der schwachen emotionalen Motivationslage bezüglich der Vermehrung kümmern sie sich nur höchst selten intensiv um die Sprösslinge.

Langweilig wird das Leben an der Seite eines Advokaten dagegen nie, weil er seine Gefährtin häufig zu Wellness-Wochenenden oder zu Städtetouren mit ausgiebigem Shoppingprogramm einlädt. Und auch sonst gilt das Motto »Keine Feier ohne Meier«. Zum partnerschaftlichen Couch-Potato jedenfalls mutieren Anwälte fast nie. Dafür haben sie zu viele Hummeln im Hintern. Selbst wenn sie einmal zu Hause eine ruhige Kugel schieben möchten, haben sie überhaupt kein Problem damit, dass ihre Frau sich in der Zwischenzeit anderweitig vergnügt. Rechtsbeistände engen weder ein, noch möchten sie eingeengt werden. Das gilt in gleichem Maß für die Finanzen, worin sie ihrer Herzdame nur selten größere Beschränkungen auferlegen.

Sex

Intim sind Anwälte meist außer Rand und Band. Von Treue halten sie ungefähr so viel wie ein Frosch vom Klapperstorch. Oft schrecken sie bei ihren Außenbeziehungen und Affären nicht einmal vor ausgesprochenen Geschmacklosigkeiten zurück. So kann durchaus die Schwester oder die Mutter ihrer Frau ins Visier ihrer geschlechtlichen Begierde geraten. Apropos Mutter: Nicht selten haben die Rechtsbeistände eine besondere Affinität zu erheblich älteren Damen, weil diese ihnen Ruhe und Halt geben. Manchmal paart sich diese sexuelle Präferenz auch mit einer masochistischen Note. Auf den Knien sitzend oder auf allen vieren kriechend gezüchtigt zu werden verschafft ihnen häufig den ultimativen Kick.

Partnertausch oder Orgien etwa im Rahmen von Swingerclub-Besuchen schätzen die Berufsvertreter insofern, als sie ihrer Partnerin gerne beim Sex mit anderen Männern zuschauen. Eifersuchtsgefühle kennen sie hierbei kaum. Zu einer gesunden Eifersucht gehört nämlich allenthalben Liebe, und genau daran mangelt es den Rechtsbeiständen oft schmerzlich.

Ideale Berufspartner

Den nicht übermäßig ausgeprägten geistigen und emotionalen Tiefgang teilen die Verkäuferin und die Polizistin mit dem Anwalt. Besonders Letztere korrespondiert auch bezüglich des Aktivitätslevels mit ihm. Ähnlich materiell veranlagt wie die Advokaten sind die Finanzbeamtinnen sowie die Bankkauffrauen. Im Bett quälen die probierfreudigen Journalistinnen den Anwalt so lange, bis die Ärztin kommt, aber nicht um seine Wunden zu versorgen, sondern um sich in den sadistischen Reigen einzuordnen. Die voyeuristischen Gelüste der Rechtsbeistände können indes perfekt die Vertreterinnen befriedigen. Als repräsentatives Schmuckstück geben sich gerne die Kosmetikerin sowie die Sekretärin für sie her, die ihnen zudem den Rücken freihalten.

Die Rechtsanwältin

Basics

Der Schlüssel für die Berufswahl der Rechtsanwältin liegt nicht
selten schon in der Kindheit. Häufig entstammt sie nämlich einem Elternhaus, in dem eines der Elternteile das andere in irgendeiner Form so stark unter Druck gesetzt hat, dass die Juris-
tin in spe glaubte, es verteidigen zu müssen. Natürlich fehlte dem
Kind damals die Macht, mit seinem Verhalten etwas zu verän-
dern, was sie in ihrem Erwachsenenleben an ihren Klienten wie-
dergutzumachen versucht. Nun jedoch eine Mutter Teresa in
den Anwältinnen zu sehen ginge fraglos zu weit. Auch sie lassen
sich ihre Leistungen angemessen vergüten, neigen aber im Gegensatz zu ihren männlichen Kollegen kaum dazu, ihre Mandantschaft über Gebühr finanziell zu belasten.

Was ihr privates Umfeld betrifft, setzen Anwältinnen eher auf
Qualität als auf Quantität. Zwar haben sie einen recht großen
Freundes- und Bekanntenkreis, aber wirklich nah lassen sie nur
ganz wenige Menschen an sich heran. Überhaupt brauchen sie
ziemlich lange, bis sie mit jemandem warm werden. Für ihre
Lieben geben sie dafür, wenn es sein muss, das letzte Hemd.
Selbst vor Ausnutzung sind sie bisweilen nicht gefeit. Nur hinsichtlich ihrer nächsten Verwandtschaft beherzigen sie allenthalben das Prinzip der liebenden Distanz.

Standesdünkel kennen Anwältinnen nur ausnahmsweise, haben
sie doch ihre eher einfache Herkunft nicht vergessen. Dementsprechend integrieren sie sich auch ins dörfliche Leben und sind
zum Teil sogar aktive Mitglieder in den örtlichen Vereinen. Daneben lesen sie in der Freizeit gerne historische Romane, besuchen
im Gegensatz zu ihren männlichen Kollegen im Brustton der
Überzeugung kulturelle Veranstaltungen, sind dafür aber etwas

weniger sportbegeistert. Die Reiselust liegt hingegen männlichen wie weiblichen Advokaten im Blut.

Bevorzugt als Singles halten Anwältinnen gerne Haustiere. Dabei sind Katzen ihre absoluten Favoriten. Das hängt natürlich nicht zuletzt damit zusammen, dass deren Haltung recht gut mit ihrer zeitintensiven Berufstätigkeit zu vereinbaren ist.

Flirt und Verführung

Männer küssen Rechtsanwältinnen nur ungern aus dem Dornröschenschlaf, weil das Berufsbild Ängste und damit verbunden Unsicherheit in ihnen hervorruft. Am meisten befürchtet das starke Geschlecht, dass ihnen die Vertreterinnen dieser Profession bei Diskussionen aufgrund ihres rhetorischen Geschicks jedes Wort im Mund umdrehen und sie im Falle einer Scheidung durch juristische Spitzfindigkeiten über den Tisch ziehen könnten. Die daraus resultierende Zurückhaltung der Herrenwelt ihnen gegenüber überträgt sich wiederum auf die Anwältinnen, die kaum noch den Mut aufbringen, klare Flirtsignale in Richtung potenzieller Paarungskandidaten auszusenden.

Am ehesten kommen Advokatinnen durch das Prinzip des absichtslosen Flirts unter die Haube, bei dem sich aus einem zunächst harmlosen Plausch mehr entwickelt. Hier machen sie auch gerne den Anfang, weil sie Meisterinnen der Gesprächseröffnung sind. Befinden sie sich erst einmal im verbalen Infight, überzeugen sie durch Empathie und echtes Interesse am Gegenüber.

Jagdreviere

Da Anwältinnen optisch nicht die Frauen für die Liebe auf den ersten Blick, sondern eher etwas für Kenner sind und sie auch nur selten wirklich locken, erzielen sie kaum je schnelle Paarungserfolge. Für sie erweisen sich Lokalitäten beziehungsweise Gelegenheiten als günstig, in denen sie genügend Zeit haben, potenzielle Prinzen von sich zu überzeugen. Besonders geeignet sind hier etwa der Saunanachmittag oder eine längere Zugfahrt. Dabei können sie sich ausgiebig und mitunter sogar relativ ungestört mit dem Objekt ihrer Begierde beschnuppern. In Kneipen, die zwar auch ausreichend Muße bieten, nimmt den Advokatinnen häufig die flirtintensivere Konkurrenz die Butter vom Brot. Was die professionellen Möglichkeiten der Entsingelung betrifft, bevorzugen Anwältinnen meist solche, bei denen sie sich zunächst im Hintergrund halten können, wie zum Beispiel Kontaktanzeigen und Internetvermittlung. Die Öffentlichkeit eines Singleclubs oder eines Speed-Dating-Events meiden sie, weil sie befürchten, dort Bekannte zu treffen. Oft ist nämlich für sie das Alleinsein mit einem Peinlichkeitsfaktor verbunden. Klassische Partnerinstitute nehmen die Strafverteidigerinnen im Gegensatz zu ihren männlichen Kollegen recht gerne in Anspruch. Von ihnen versprechen sie sich zum einen Diskretion und zum anderen eine Vorauswahl an Kandidaten, die sowohl ihrem Niveau entsprechen als auch frei von Vorurteilen gegenüber ihrem Beruf sind.

Partnerschaft

Um das Heimchen am Herd zu spielen, haben Anwältinnen ihr langes und anspruchsvolles Studium gewiss nicht absolviert. Daher erwarten sie von ihrem Herzbuben tatkräftige Unterstützung gleichermaßen im Haushalt wie bei der Kindererziehung, damit sie ihrer Berufstätigkeit möglichst durchgängig nachkommen können. Selbst wenn sie nach der Geburt des Nachwuchses eine Pause einlegen, gehen sie nie wirklich in der Rolle als Hausfrau und Mutter auf. Weder betrachten sie Ordnung in den heimischen vier Wänden als ihre erste Bürgerpflicht, noch »propellern« sie ständig über den lieben Kleinen herum. Die Sorge für das leibliche Wohl der Familie überlässt die Anwältin am liebsten gleich ihrem Mann. Allenfalls an Sonn- und Feiertagen steht sie einmal mit der Kochschürze vor dem Herd, vollbringt dann dort aber mitunter wahre Großtaten, indem sie Haute Cuisine zaubert.

Was die partnerschaftliche Kommunikation betrifft, stellt die Advokatin positiv ausgedrückt eine Herausforderung dar. Sie hinterfragt vieles, manchmal auch zu vieles und kann ihren Partner damit gehörig nerven. Dabei spielt durchaus auch ein gewisser Hang zur Besserwisserei eine tragende Rolle. Zum Glück ist sie aber ähnlich wie die Erzieherin klug genug, die Dinge nicht so sehr auf die Spitze zu treiben, dass die andere Seite Türe schlagend den Ort des Geschehens verlässt.

Menschlich erweisen sich die weiblichen Rechtsbeistände als gute Partie. Meist stehen sie wie eine Eins hinter ihrem Gefährten, respektieren seine Wünsche nach Freiraum und sind überaus authentisch. Verletzungen, sofern sie sie nicht bis ins Mark getroffen haben, tragen sie nie lange nach. Das macht sie in gewisser Weise anfällig für On-off-Beziehungen.

Sex

Im Schlafzimmer der Anwältin herrscht reges Treiben. Allerdings ist bei ihr Sex fast immer eine Angelegenheit zwischen zwei Menschen, worin sie sich grundlegend von ihren männlichen Berufskollegen unterscheidet. Mit ihrem exklusiven intimen Gespielen geht sie allerdings nicht gerade zimperlich um. Entweder reitet sie ihn so wild ins Nirwana der Lust, dass er stets um die Unversehrtheit seines besten Stücks fürchten muss, oder sie züchtigt ihn gar handfest. Wie auch immer, übernimmt meist sie die dominante Rolle und hält dabei ein ausgedehntes Vorspiel für ziemlich überflüssig.

Die oralen Fähigkeiten der Strafverteidigerinnen stellen zum Teil eine Verschwendung der Natur dar, weil sie, obwohl mit einer brillanten Kusstechnik ausgestattet, das Motto beherzigen »Meine Zunge gehört mir«. Andererseits setzen sie ihren Mund interessanterweise gerne und gut zur Fellatio ein. Apropos Fellatio: Wenn sie sich auf einen Blowjob einlässt, dann niemals auf Knien, weil sie diese Position gewöhnlich als Demütigung empfindet.

Ideale Berufspartner

Tatkräftige Unterstützung in Haus, Hof und Garten findet die Rechtsanwältin bei den emanzipierten Ingenieuren und Psychologen, wobei Letztere weniger für handwerkliche Tätigkeiten zu gebrauchen sind. Als Begleiter für ausgiebigen Kulturgenuss eignen sich neben den Ärzten ideal die Journalisten. Bei der schreibenden Zunft ist das ja oft sogar Teil des Berufs. Die wenigsten Probleme mit einer beruflich erfolgreichen Frau haben Designer, aber auch Gärtner, die über ein gutes Selbstverständnis verfügen. Auf die Stillung ihres Diskussionshungers kann die Advokatin bei Lehrern von geisteswissenschaftlichen Fächern hoffen. Den Willen zur Ohnmacht im Bett zeigen Vertreter und Geschäftsführer. Beide sind darüber hinaus bereit zu akzeptieren, dass bei der Anwältin »Küssen verboten« ist.

Der Tierarzt

Basics

Tierärzte sind hart im Nehmen, müssen sie doch oft bei Wind und Wetter nachts aus den Federn und haben sie doch bei der Geburtshilfe von Nutztieren zum Teil Schwerstarbeit zu verrichten. Das Einzige, was sie vielleicht umwerfen kann, ist der Tritt eines Pferdes. Auch psychisch verfügen Tierärzte meist über eine Bärennatur, so dass sie weder durch berufliche noch durch private Probleme dauerhaft aus der Bahn geworfen werden können. Geschieht dies doch einmal, suchen sie leider wie viele Ärzte Erleichterung in übermäßigem Alkoholgenuss. Besonders auf dem Land sind sie hierbei ständigen Versuchungen ausgesetzt, weil ihnen nach getaner Arbeit allenthalben ein Schnäpschen angeboten wird. Daraus werden schnell auch einmal zwei oder drei, was sich im Laufe eines Arbeitstags rasch summiert.

Das soziale Umfeld der Tierärzte besteht weniger aus Freunden als aus Bekannten. Sie kennen zwar alleine schon beruflich eine ganze Menge Leute, aber meist bleiben diese Kontakte doch eher auf Stammtischkumpel-Niveau. Einen Busenfreund haben sie jedenfalls selten. Auch das Verhältnis zur Ursprungsfamilie ist kaum je sonderlich intensiv. Das hängt damit zusammen, dass die späteren Veterinärmediziner recht häufig aus der Landwirtschaft entstammen, wo emotionale Wärme und Zuwendung nicht gerade an der Tagesordnung sind. Im Gegenteil wurden die Sprösslinge regelmäßig von den Eltern, mitunter sogar körperlich, gemaßregelt, wenn sie ihre Arbeiten unzulänglich verrichteten oder sonst negativ auffielen. Spuren haben diese kindlichen Erfahrungen insofern hinterlassen, als Tierärzte zeitlebens nur wenig Zugang zu ihrer Gefühlswelt finden.

Die Freizeitgestaltung der Doctores vet. med. kreist stark um das Thema Tiere. Oftmals halten sie selbst Vierbeiner. Im Gegensatz zu ihren Berufskolleginnen, deren Minizoo häufig zu einem großen Teil aus zugelaufenen oder »gestrandeten« Bewohnern besteht, wählen sich Tierärzte ihre Begleiter meist ganz bewusst aus. Nicht selten nehmen die Veterinäre auch an Jagdausflügen teil, zu deren Erfolg sie bisweilen sogar mit eigenen Hundemeuten beitragen. Daneben besteht häufig eine starke Affinität zum Pferdesport. Eindeutig im Vordergrund steht dabei das Springreiten.

Flirt und Verführung

Was das Paarungsverhalten betrifft, so gibt es bei den Tierärzten drei Fraktionen. Die Vertreter der ersten haben relativ wenig Interesse an Langzeitpartnerschaften und bleiben häufig Junggesellen. Sie sind eher mit ihrem Beruf verheiratet oder haben ein Hobby, dem sie all ihre Freizeit widmen. Wenn sie sich Frauen nähern, dann vorwiegend mit dem Ziel eines rein sexuellen Kontakts. Darüber hinaus können sie nur wenig mit dem anderen Geschlecht anfangen. Bisweilen werden Vertreter dieser Spezies auch von weiblicher Seite bewusst für eine Affäre ausgewählt, weil sie weder ihre Ehen gefährden noch ihnen zu nah auf den Pelz rücken.

Letzteres versucht zwar die zweite Gruppe der Veterinäre, stellt sich dabei aber so linkisch an, dass sie sich einen Korb nach dem anderen einhandelt. So verfehlen Tierärzte dieser Art beim Flirtgespräch regelmäßig das Thema, etwa indem sie von blutigen Treibjagden oder Operationen erzählen. Meist wird dieser Gruppe nachher noch nicht einmal bewusst, in welches Fettnäpfchen sie wieder getreten ist, wenn das Gegenüber entsetzt die Flucht ergreift oder nie mehr etwas von sich hören lässt.

Last, but not least finden sich unter den Tierdoktoren die Günstlinge Amors. Sie berichten im Gegensatz zu den Elefanten im Porzellanladen über spektakuläre Tierrettungsversuche und treffen damit mitten ins Herz des Objekts ihrer Begierde. Darüber hinaus bringen sie die Damenwelt zum Dahinschmelzen, indem sie ihr Paarungsgeschenke machen und süße Worte der Bewunderung ins Ohr flüstern.

Jagdreviere

Veterinäre haben die Praxis voll mit Heiratskandidatinnen in Gestalt von Tierarzthelferinnen und Tierbesitzerinnen, die mit ihren Pfleglingen bei ihnen vorstellig werden. Gegenüber den Katzenmamas und Co. ist die private Kontaktaufnahme fraglos auch komplikationsfreier als bei den meisten anderen Ärzten, weil kein direktes therapeutisches Verhältnis zu ihnen besteht.

Gehört der Tierarzt aber zu denjenigen Vertretern der Profession, die Beruf und Privatleben strikt voneinander trennen, bevorzugt er Kontaktmöglichkeiten, bei denen er direkt auf Tuchfühlung mit den Prinzessinnen in spe gehen kann. Bisweilen nutzt er hier Singlereisen, Speed-Dating oder Singleclubs. Für das eher behutsame Kennenlernen in Gesprächszirkeln für Solitäre fehlt ihm die Geduld, was auch für das Geplänkel im Internet gilt. An der Partnersuche im World Wide Web stört ihn ohnehin, dass der Computer zwischen ihm und der potenziellen Herzdame steht. Dasselbe gilt auch für die Zeitung als Vehikel der Entsingelung. Auf freier Wildbahn läuft den Tierdoktoren die Herzdame am ehesten bei der Freizeitgestaltung über den Weg, etwa bei Reitturnieren oder im Rahmen einer Wandertour durch die Berge.

Partnerschaft

Erhört eine Frau den Balzgesang des Tierarztes und lässt sich auf eine Beziehung mit ihm ein, wird sie alsbald eine herbe Enttäuschung erleben. Sobald er nämlich glaubt, die Katze im Sack zu haben, lässt er in den Bemühungen um seine Herzdame schlagartig nach. Die netten kleinen Aufmerksamkeiten aus der Werbungsphase bleiben nun aus, und auch die Leidenschaft flaut merklich ab. Das hängt weniger damit zusammen, dass der Veterinär schon sein ganzes amouröses Pulver verschossen hat, als vielmehr damit, dass nun wieder andere Dinge für ihn in den Mittelpunkt rücken. An vorderster Stelle stehen dabei regelmäßig seine Arbeit und seine Freizeitinteressen.

Kommt es trotzdem zur Eheschließung, geht der Abwärtstrend in der Partnerschaft unvermindert weiter. Die Frau des Tierarztes wird zur Nebensache und hat nur etwas von ihrem Mann, wenn sie Interesse für seine Hobbys aufbringt oder sogar daran partizipiert.

Um Verantwortung für den Haushalt und die Kinder zu übernehmen, sind Tierärzte zu seltene Gäste in den heimischen vier Wänden. Weil sie zum Nachwuchs wenig Bezug haben, bleibt das Verhältnis lange distanziert. Erst wenn die Sprösslinge sich für ihre Passionen zu begeistern beginnen, kommt es zu einer gewissen Annäherung etwa in Form einer Interessengemeinschaft Pferd oder Jagd.

Sex

Tierärzte haben ein relativ nüchternes Verhältnis zur Geschlechtlichkeit. Weder muss Sex bei ihnen unbedingt Ausdruck von Liebe sein, noch machen sie einen besonderen Kult darum. Wenn sie die fleischliche Lust antreibt, kommen sie zügig zur Sache und müssen auch nicht zigmal die Stellung wechseln, bis sie zum Orgasmus kommen. Die Geradlinigkeit, die sie im Alltag auszeichnet, nehmen sie mit ins Schlafzimmer. Das muss aber beileibe nicht heißen, dass die Veterinäre horizontal keine Fantasie hätten. Es braucht nur nicht jede Spielart der Lust Bestandteil eines jeden intimen Stelldicheins zu sein.

Was die Intensität betrifft, geht es im Bett des Veterinärs meist heftig zur Sache. Allzu zart besaitet sollte seine Gespielin daher nicht sein, sonst könnte sie den Beischlaf mit ihm als ziemlich rammelig empfinden. Der liebkosende Einsatz seiner Hände ist indes eher von der Fingerfertigkeit einer Kleintier-OP als von der Grobschlächtigkeit einer Rindergeburtshilfe.

Ideale Berufspartner

Im Freizeitbereich findet der Veterinär seine Traumpartnerin in Gestalt der Krankengymnastinnen, Bankkauffrauen und weiblichen Berufskollegen, die seine Affinität zur Tierhaltung und zum Reitsport teilen. Über den Widrigkeiten seiner Selbständigkeit und seiner Nacht- und Wochenendeinsätze werden die toleranten Sekretärinnen und Krankenschwestern heiter darüberstehen. Letztere sitzen, zumindest was die Arbeitszeiten betrifft, im Glashaus. Die eher praktische als intellektuelle Ausrichtung hat der Tierarzt mit den Polizistinnen, Vertreterinnen und Kellnerinnen gemeinsam. Diese drei Berufsgruppen, dazu die Finanzbeamtinnen und Altenpflegerinnen, beziehen keinen besonderen Lustgewinn aus Gänseblümchensex und sind daher für ihn im Bett Idealbesetzungen. Von den häuslichen Pflichten entbinden ihn weitgehend die Erzieherinnen, sofern er nicht zum respektlosen Pascha mutiert.

Die Tierärztin

Basics

Bei weiblichen Veterinären ist die Berufsausübung stark von der Liebe zum Tier geprägt. Äußerlich wirken sie zwar recht robust, hinter dieser harten Schale verbirgt sich aber meist ein weicher Kern. Heimlich verdrücken sie immer ein Tränchen, wenn sie einen Vierbeiner einschläfern müssen.

Ihre toughe Fassade tragen Tierärztinnen auch privat, und nur einige wenige Menschen lassen sie wissen, wie sie wirklich ticken. Geschätzt werden sie vor allem aufgrund ihrer Vertrauenswürdigkeit. Im Umgang etwa mit Geheimnissen sind sie eine mindestens genauso sichere Adresse wie die Schweizer Nationalbank. Das liegt neben ihrer Loyalität daran, dass sie fast nie zu Geschwätzigkeit neigen. Ein weiteres charakterliches Pfund, mit dem Tierärztinnen wuchern können, ist ihre direkte Art. Wenn sie an einem Mitmenschen etwas auszusetzen haben, sagen sie es ihm offen ins Gesicht, anstatt von hinten zu treten. Lästerschwestern finden sich fast nie unter ihnen. Ihre kernige Art macht Veterinärinnen für die Herrenwelt attraktiv, was auf Gegenseitigkeit beruht. Nicht selten haben sie erheblich mehr männliche als weibliche Freunde. Die stärkere Affinität zum starken Geschlecht ist ihnen fast schon in die Wiege gelegt, hat sie ihren Ursprung doch in frühester Kindheit, in der eher der Vater oder der Großvater engste Bezugsperson war.

Abgesehen von einer kleinen Fraktion, die sich aufgrund menschlicher Enttäuschungen vollkommen auf ihre tierische Leidenschaft kapriziert hat, sind Tierärztinnen freizeittechnisch ziemlich breit aufgestellt. Neben der Beschäftigung mit ihren Vierbeinern, darunter häufig Reit- oder Hundesport, verbringen sie ihre Mußestunden gerne mit der Lektüre spiritueller Literatur. Bisweilen beteiligen sie sich auch ganz handfest an der Arbeit ihrer örtlichen Kirchengemeinde. Zudem sind sie meist musikbegeistert, wobei das Spektrum des Musikgeschmacks weit gefächert ist. Last, but not least tanzen Veterinärinnen gerne und besuchen Vorträge zu den verschiedensten Themen. Nur mit Fernreisen haben sie eher keinen Vertrag.

Flirt und Verführung

Das Weibchen zu spielen, indem sie den Kopf zur Seite neigt und mit den Augen klimpert, ist der Tierärztin ungefähr so fremd wie dem Teufel die Bibel. Ihr Gefallen an einem Mann bekundet sie auch ansonsten weniger körperlich. So besteht ihre Strategie vielmehr darin, dem Gegenüber durch häufiges Fragen und Nachfragen Interesse an seiner Person zu bekunden. Allenfalls eine zugewandte Haltung, gepaart mit intensivem Blickkontakt, ist Ausdruck ihrer Flirt-Körpersprache. Ihre gottgegebenen weiblichen Reize wie ihren Knackpo und ihre Brüste müssen sie nicht extra zur Schau stellen, weil sie kaum zu übersehen sind. Interessanterweise sind Veterinärinnen meist mit einer enormen Oberweite ausgestattet, die auch kaum den Gesetzen der Schwerkraft zu unterliegen scheint.

Wenn der Flirt die Tierärztin anturnt, ist der Weg zu ihrem Schlafzimmer fast nie sehr weit. Nicht selten landen sie mit dem Objekt ihrer Begierde noch am selben Abend im Bett oder lassen zumindest Handgreiflichkeiten, gepaart mit Kusskontakt, zu.

Jagdreviere

Während des Studiums gehen die angehenden Tierdoktorinnen gerne in Hochschulgemeinden auf die Prinzenjagd. Dort finden sie Kandidaten, die mit ihnen einen gewissen religiösen Hintergrund teilen. Bleiben sie dort noch unbemannt, bis sie ins Berufsleben einsteigen, nutzen sie unter den »professionellen« Paarungsvehikeln die Kontaktanzeigen in überregionalen Tageszeitungen. Wegen ihrer meist rot-grünen politischen Überzeugung finden sich ihre Gesuche am ehesten in Blättern wie der *ZEIT* oder der *Süddeutschen Zeitung*. Dem Internet stehen die Veterinärinnen eher skeptisch gegenüber, weil sie dort Aufrichtigkeit vermissen. Speed-Datings sind ihnen ebenso wie Singlepartys zu oberflächlich. Mit Single-Cooking können sie sich anfreunden, weil sie das Gemeinschaftserlebnis dabei schätzen, aber leider haben sie mit Kochen nicht viel am Hut. An speziellen Touren für Einspänner regelmäßig teilzunehmen, hindern sie indes die recht geringe Reiselust sowie ihre örtliche Gebundenheit durch die eigenen Haustiere. Äußerst sympathisch sind ihnen noch Single-Tanzkurse, an denen sie tatsächlich auch häufig teilnehmen.

Auf freier Wildbahn halten Tierärztinnen häufig in Musikkneipen, Oldie-Diskos oder im Rahmen von Konzerten Ausschau nach Mister Right. Das Berufsumfeld als Jagdrevier ist für sie indes ebenso tabu wie unergiebig, wobei gewiss unergiebig dominiert.

Partnerschaft

Allein das Heimchen am Herd zu spielen, sind auch die katholischsten unter den Tierärztinnen dauerhaft nicht bereit. Jedoch zeigen die christlichen oder zumindest christlich angehauchten Berufsvertreterinnen eine viel größere Bereitschaft, Nachwuchs in die Welt zu setzen. Nicht selten erhöhen sie sogar die Geburtenrate der Republik, indem sie einem ganzen Stall voller Kinder das Leben schenken. Zu deren Erziehung geben sie auch gerne ihre gewerbliche Berufstätigkeit für einige Jahre auf oder reduzieren sie beträchtlich. Anders ticken in dieser Hinsicht die eher karriereorientierten Veterinärinnen. Für sie stellen Sprösslinge kein absolutes Muss dar, können sie sich doch als ziemlicher Hemmschuh für den Aufstieg im Job erweisen.

In die Zweierbeziehung investieren die Tierärztinnen erheblich mehr als ihre männlichen Kollegen. Dabei treibt sie vor allem die Angst um, ihren Herzbuben zu verlieren und so dem Schreckgespenst des Singledaseins anheimzufallen. Partnerlosigkeit macht ihnen nämlich emotional äußerst schwer zu schaffen. Nicht zuletzt belasten sie mitleidige Blicke und Bemerkungen bezüglich ihres für sie unbefriedigenden Beziehungsstatus. Mitunter halten sie deshalb Verbindungen zu Männern aufrecht, die ihnen schon lange alles andere als guttun.

Ohnehin haben die Veterinärinnen bei ihrer Bräutigamswahl kein allzu glückliches Händchen. Regelmäßig verstricken sie sich in asymmetrische Kontakte, in denen die Bilanz von Geben und Nehmen zu ihren Ungunsten ausfällt, oft dergestalt, dass ihre Liebe nur unzureichend erwidert wird. Nicht selten spielen sie auch die Rolle der Retterin für im Meer des Lebens gestrandete Typen. Obwohl sie sich abends bisweilen mit dem Lied »Stirb, Helfersyndrom, stirb« ins Reich der Träume singen, ganz los werden sie ihre Leiden, sich für die Männer an ihrer Seite aufzureiben, fast nie.

Sex

Beim Orgasmus lässt die Tierärztin all ihre im Alltag unterdrückten Emotionen heraus und bietet ihrem intimen Gespielen einen Hörgenuss besonderer Art. Mitunter schreit sie so laut, dass sich Dritte in ihrem Wohnumfeld ernsthaft Sorgen um ihr Leben machen. Der ungezügelten Lust ihres Höhepunkts steht der Geschlechtsverkehr, der zu ihm führt, kaum nach. Auf dem Wunschzettel der fleischlichen Begierde steht bei den Tierärztinnen daher in der Regel ein genital hinlänglich gut gebauter Partner.

Über ein allzu großes horizontales Repertoire verfügt die Veterinärin mangels Fantasie indes nicht. Im Prinzip würden ihr drei bis vier Stellungen genügen, aber wenn ihr Gegenüber sich als probierfreudig erweist, ist sie auch sonst zu allen Schandtaten bereit. Selbst vor handfesten Ferkeleien, die sie nicht einmal ihrem Pfarrer beichten würde, schreckt sie nur selten zurück, da sie schon durch das Beispiel ihrer tierischen Hausgenossen ein ziemlich »natürliches« Verhältnis zum Thema Sexualität hat. Apropos beichten: Für Seitensprünge muss sie nur ausnahmsweise Abbitte leisten, weil sie sich von ihrer Grundausrichtung her eher dem Prinzip der Monogamie verpflichtet fühlt.

Ideale Berufspartner

Dem gepflegten Paartanz frönen sowie sich ausgiebig dem Genuss von Musik hingeben kann die Tierdoktorin trefflich an der Seite des rhythmusbegeisterten Trios Gärtner, Bankkaufmann und Ingenieur. Ihre tierische Leidenschaft teilen hingegen eher die männlichen Berufskollegen sowie die Landwirte, die allerdings bevorzugt der Biobauersparte angehören sollten. Den »Deep Impact« im Bett verursachen der Veterinärin die sowohl intim kraftvollen als auch mit genitalen Prachtstücken ausgestatteten Polizisten und Krankengymnasten. Eine spirituell fruchtbare Zweisamkeit verspricht der Pfarrer. Er verschafft den religiös angehauchten Berufsvertreterinnen mitunter auch eine halbe Fußballmannschaft an Sprösslingen.

Der Designer

Basics

Die Berufsgruppe entspricht im Großen und Ganzen kaum noch dem Vorurteil, aus ausgeflippten Typen zu bestehen. Meist gilt für Designer eher das Motto »Willkommen im bürgerlichen Leben«. Zwar geben sich noch viele Kreative im Job den Anschein des Andersseins, doch spätestens wenn der Designer nach Hause kommt, wartet eine relativ spießige Welt auf ihn. Die schwulen Berufsvertreter sind inzwischen brav »vereheähnlicht«, und die Heteros können ein Häuschen im Grünen, eine Frau, zwei Kinder und einen Hund aufweisen. Zwar sind Designer immer noch eher Idealisten, sonst würden sie eine Profession mit derart unsicherer Einkommenssituation nicht ergreifen und ausüben, aber materielle Absicherung spielt für sie eine zunehmend größere Rolle. In einem Aspekt hat sich unter den Gestaltern allerdings nur wenig geändert: Nach wie vor sind sie voller Herzblut bei der Sache.

Charakterlich sind Designer von einer gewissen Unverbindlichkeit geprägt. Als Kompensation dafür, dass sie im Beruf funktionieren und sich klar positionieren müssen, halten sie in ihrer Freizeit umso weniger davon, fixe Absprachen zu treffen. Eine punktgenaue Terminvereinbarung mit ihnen stellt meist eine größere Herausforderung dar. Nicht selten leiden sie auch an Bindungsängsten, die es ihnen schwermachen, Zusagen zu treffen.

Auf der Habenseite dieser Berufsvertreter steht fraglos ihre Toleranz. Das Prinzip »Leben und leben lassen« gehört zu den Maximen ihres Daseins. Kontakte zu ihren Mitmenschen brechen sie kaum je wegen kleiner Unzulänglichkeiten und Ärgernisse ab, sondern höchstens, wenn sie ihnen zu nah auf den Pelz rücken.

In ihren Mußestunden frönen Designer gerne der Kultur jedweder Couleur. Sie besuchen Konzerte, Vernissagen oder das Kabarett. Im Anschluss daran versumpfen sie aber auch gerne in der Kneipe beim feuchtfröhlichen Umtrunk mit Freunden. Ihren Kater am nächsten Tag pflegen sie an der Seite ihres Hundes.

Flirt und Verführung

Das Balzverhalten des Designers ist stark von seinen Bindungsängsten geprägt und folgt dem Prinzip »Du bist mit Abstand am besten, also komm mir nicht zu nah«. Zunächst bringt er dem Objekt seiner Begierde gegenüber voller Inbrunst zum Ausdruck, dass er sie für die Schönste, Tollste und Klügste hält, indem er sie mit Komplimenten überschüttet. Dann wirft er seinen ganzen Witz in die Waagschale. Der Faszination dieser Kombination aus Charme und Humor vermag kaum eine Frau zu widerstehen, zumal sich dazu noch seine interessante Optik gesellt. Sobald aber das Objekt der Begierde die Hände nach ihm ausstreckt, kommen seine beziehungsphobischen Abwehrmechanismen voll zum Tragen. Entweder macht er sich rar und verschwindet zuletzt komplett aus dem Leben der Herzdame, oder er schafft Abstand, indem er ständig nach ihren kleinen Unzulänglichkeiten sucht. Die aggressivere Methode des Wegbeißens mittels massiver emotionaler Verletzungen entspricht weniger seinem Naturell.

Jagdreviere

Da Designer beruflich ohnehin viel mit dem Computer arbeiten, liegt es für sie nahe, Partnerportale im Internet für das Suchen und Finden der Liebe zu nutzen. Dabei nehmen sie weniger die üblichen Verdächtigen wie *Parship*, *ElitePartner* oder *Friendscout24* in Anspruch, sondern weichen auf alternative

Plattformen wie etwa *Gleichklang* aus. Damit wollen sie sich einerseits von der breiten Masse der Singles abheben, und andererseits hoffen sie, dort einem etwas unkonventionelleren Klientel zu begegnen. Der Hauptvorteil der Pirsch im Internet besteht für die Berufskreativen darin, dass ihnen die Kandidatinnen dort physisch nicht gleich zu nahe kommen können. Weitere Möglichkeiten, mit paarungswilligen Frauen ins Gespräch zu kommen, etwa Singlereisen oder Single-Gesprächsgruppen, überfordern sie wegen der Dauerpräsenz von anderen Solitären auf zu engem Raum.

In freier Wildbahn kommen die eloquenten Designer überall mit der Damenwelt ins Gespräch. Oftmals betrachten sie ihre Kontaktaufnahme aber eher als spielerische Flirtübung statt als zielgerichteten Beutezug, womit sie sich vom Großteil ihrer Geschlechtsgenossen unterscheiden, die immer auch das Wild erlegen möchten, wenn sie jagen.

Partnerschaft

Eine kleine Fraktion der Designer heiratet gerade wegen ihrer Bindungsängste früh, um sich und der Welt ihre Beziehungsfähigkeit zu beweisen. Natürlich scheitert sie damit krachend, weil die Probleme nur unterdrückt, nicht aber gelöst werden. Diese Spezies führt danach ein partnerschaftlich ziemlich unstetes Leben, ohne je wieder dauerhaftes Liebesglück zu finden.

Beim Mainstream des Berufsstands ist indes ein fast entgegengesetzter Verlauf zu beobachten. So schaffen es die meisten Designer, häufig durch harte therapeutische Arbeit an sich selbst, gepaart mit einer ausgeprägten Fähigkeit zur Selbstreflexion, ihre Probleme mit menschlicher Nähe zu zügeln. Meist gelingt dies im vierten oder fünften, seltener auch erst im sechsten Lebensjahrzehnt. Dann erst stehen dem Designer partnerschaftlich alle Optionen offen. Gewöhnlich wählt diese Gruppe die klassische

Form des dauerhaften Zusammenlebens, indem sie heiratet und ein bis zwei Sprösslinge in die Welt setzt. Allerdings sollte die Ehefrau darauf achten, ihren Partner nicht zu sehr einzuengen, sonst könnten die Geister der Vergangenheit geweckt werden. Gelegentliche Ausritte stehen bei ihm dennoch weiterhin auf der Tages- oder Nachtordnung. Dabei kann es unter Umständen sehr spät werden, mitunter sogar Morgen, bis der Schöpfergeist meist stark alkoholisiert zurück in sein eheliches Körbchen kriecht. Apropos Alkohol: Nicht selten sind Designer zeitlebens Grenzgänger am Rande der Sucht.

Ausgesprochene Familienmenschen findet man innerhalb der Berufsgruppe kaum. Dafür sind ihre Vertreter auch privat viel zu sehr mit kreativen Projekten beschäftigt oder benötigen Rückzugsphasen. Dies wird auch immer gern als Ausrede verwendet, um die Klippe der Hausarbeit und Kindererziehung zu umschiffen. Will aber nicht heißen, dass Designer in dieser Hinsicht Totalverweigerer wären. Auf sanften Druck hin funktionieren sie in Küche und Co. doch recht ordentlich.

Sex

Die intime Standfestigkeit des Designers hängt gleich in zweifacher Hinsicht am seidenen Faden. Zum Erschlaffen seines besten Stücks beim Akt können sowohl sein problematischer Alkoholkonsum als auch der permanente Projekt- und/oder Einkommensdruck führen, wobei Letzteres Ersteres häufig bedingt. Zum Glück aber verfügen Designer über genügend Fantasie, um ihr genitales Problem gegebenenfalls zu kompensieren. So bringen sie im Falle eines »Abphallus« trefflich ihre sonstigen gottgegebenen Lustspender zum Einsatz und befriedigen ihre Partnerin ebenso manuell wie oral. Speziell mit der Zunge sind sie äußerst erkundungsfreudig, so dass jede Körperregion, egal ob Berg oder Ebene, regelmäßig ihren Besuch abgestattet bekommt.

Geschlechtlich in Wallung bringt die Designer als Ästheten am ehesten die Verpackung ihrer horizontalen Gespielinnen. Die Vorliebe für weibliche Wäsche nimmt bei ihnen nicht selten schon fetischhafte Züge an.

Sexualpraktisch haben viele Kreative eine starke Affinität zu Rollenspielen, bei denen nicht selten das Thema Demütigung von Bedeutung ist. Daneben faszinieren sie Rollenspiele mit beruflichem Anklang, etwa Polizistin und Ganove.

Ideale Berufspartner

Diskussionen, wer kocht oder putzt, wird der Designer weder mit den Sekretärinnen noch mit den Floristinnen haben, für die sich »das bisschen Haushalt« noch von alleine macht. In die Welt seiner sexuellen Fantasien kann dem Designer unter anderen das Duo Erzieherin und Lehrerin folgen. Letztere aber weniger, wenn sie naturwissenschaftliche Fächer unterrichtet. Im Schlafzimmer legt die Verkäuferin kleidungstechnisch viel Wert auf ein reizvolles Darunter, während die Krankengymnastin den Einsatz seiner Hände und seiner Zunge zu ihrer Lustbefriedigung sehr zu schätzen weiß. Viel Spaß an Rollenspielen hat die Vertreterin.

Die Designerin

Basics

Astrologisch gehören Designerinnen überproportional häufig zum Element Wasser, sind folglich vom Sternzeichen her Fische, Skorpione oder Krebse. Als solche verfügen sie über ein hohes Maß an Einfühlungsvermögen, Sensibilität und Intuition. Besonders Letztere ist für sie unabdingbare Voraussetzung, um in ihrem Metier erfolgreich zu sein. Auf den Verlust ihrer Eingebungen reagieren Designerinnen äußerst empfindlich, indem sie emotional aus der Bahn geworfen werden und den sozialen Rückzug antreten. Viel zu sehr sind sie dann mit dem eigenen Leiden am Verlust ihrer Schaffenskraft beschäftigt. Apropos sozialer Rückzug: Phasen, in denen die Designerin keine anderen Menschen um sich herum haben möchte, stehen für sie auch jenseits ihrer kreativen Krisen auf der Agenda. Beruflich kann der gelegentliche Wunsch, sich ins Schneckenhaus zurückzuziehen, problematisch werden, wenn sie gerade als Teamplayerin etwa in Form einer Projektarbeit gefragt ist. Ihre ansonsten ausgeprägte Hilfsbereitschaft sowie die Fähigkeit, Kollegen zu motivieren, wirft sie dann nur begrenzt in die Waagschale.

Trotz ihrer eingeschränkten Verfügbarkeit ist die Designerin privat recht gut vernetzt. Vor allem ihr engster Zirkel akzeptiert ihre sozialen Off-Zeiten, weil er ähnlich tickt oder Verständnis dafür aufzubringen vermag. Diese Loyalität zahlt sie tausendfach zurück, wenn sie wieder aus der Versenkung auftaucht. Dann nämlich stellt sie sich ihrem Freundeskreis und ihrer Familie bedingungslos als Beraterin in allen Lebensfragen zur Verfügung.

In ihren Mußestunden versucht die Designerin nicht nur, ihren Mikrokosmos, sondern auch den gesamten Kosmos zu retten.

Regelmäßig engagiert sie sich etwa gegen den Hunger in der Welt, die Benachteiligung von Frauen oder Umweltzerstörung. Wenn sie mit Freunden ausgeht, wählt sie eher einen gediegenen Rahmen. Bevorzugt besucht sie nach ausgiebigem Kulturgenuss in Form von Ausstellungen, Theater oder Musikkonzerten noch Cafés und kleine, gemütliche Kneipen. Restaurantbesuche haben bei den Kreativen eher funktionalen Charakter, weil für sie Essen eher der Sättigung als dem Genuss dient.

Flirt und Verführung

Ihr Interesse an einem Mann bekunden Designerinnen ziemlich deutlich, indem sie dem Objekt der Begierde tief in die Augen schauen und den intensiven Blickkontakt mit einem bezaubernden Lächeln garnieren. Häufig sparen sie auch nicht an Komplimenten für ihr Gegenüber. Die Kunst der Verführung ist sozusagen ihre Königsdisziplin, während es bisweilen daran hapert, den Kontakt in der Folgezeit aufrechtzuerhalten. Nimmt sich die Designerin in der Phase des näheren Beschnupperns eine ihrer berüchtigten Auszeiten, vermag die andere Seite das nur selten richtig einzuschätzen. Meist sehen die Männer darin entweder Machtspielchen oder Unentschlossenheit und halten lieber wieder Ausschau nach Beute, die sie leichter in den Sack bekommen.

Günstiger sind für die Designerin Kandidaten, die schon genau wissen, wie sie tickt, etwa Arbeitskollegen oder Bekannte aus ihrem sozialen Umfeld. Hier wird sie eher auf Verständnis für ihr gelegentliches Rückzugsverhalten stoßen.

Jagdreviere

Der Pirsch nach Mister Right im Internet steht die Designerin äußerst kritisch gegenüber, vor allem weil dabei das Pferd von hinten aufgezäumt wird. Denn der erste persönliche Eindruck steht hier nicht am Anfang, sondern kommt erst in einem fortgeschrittenen Stadium des Kennenlernens zum Tragen. Dasselbe Argument hält die Designerin auch davon ab, ihr Liebesglück über eine Kontaktanzeige in der Zeitung zu suchen.

Für das behutsame Beschnuppern in Single-Gesprächsgruppen bringt sie wegen ihrer immer wiederkehrenden Rückzugsphasen oft nicht die nötige Kontinuität auf. Ihre Aussetzer dort lassen sie den Anschluss verlieren und die Männer den Glauben an ihre Zuverlässigkeit. Speed-Dating ist ihr zu sehr Fleischbeschau, während ihr bezüglich Single-Cooking oder Running-Dinner gewöhnlich schlicht die Lust an ausgiebiger Nahrungszubereitung und -aufnahme fehlt. Auf Singlereisen kann sie den geballten Kontakt zu gewöhnlich wildfremden Menschen nur sehr schlecht ertragen. Zwar ist sie grundsächlich offen, möchte sich aber schon selbst aussuchen, mit wem sie ihre kostbare Zeit verbringt.

Bleibt praktisch nur noch die Jagd auf freier Wildbahn, die der Designerin insofern am meisten liegt, als sie hier zum Halali blasen kann, ohne sich an irgendwelche Regeln oder gar handfeste Regieanweisungen halten zu müssen. Ansprechbar ist sie praktisch überall, nur sollte der potenzielle Herzbube bei der Gesprächseröffnung ein gewisses Maß an Fantasie aufbringen.

Partnerschaft

Männer, die sich als Partnerin ein devotes Frauchen und eine perfekte Hausfee wünschen, sind bei der Designerin definitiv an der falschen Adresse. In ihrer Ursprungsfamilie hat sie sich durch das Vorbild ihrer gleichberechtigten oder partnerschaftlich sogar leicht dominanten Mutter zu einer starken, selbstbestimmten Frau entwickelt. Wenn ihr etwas nicht passt, blafft sie es sofort heraus. Allerdings beruhigt sie sich danach auch schnell wieder. Lange Strafpredigten sind ebenso wenig ihr Ding wie das Aufwärmen von alten Konflikten. Auf die Palme bringt sie vor allem Respektlosigkeit, die sie nie ungeahndet im Raum stehen lässt. Vor allem am Morgen sollte sie ihr Herzbube mit Samthandschuhen anpacken, da sie zu dieser Tageszeit ein ziemlicher Muffel sein kann.

Über Familiengründung machen sich die Designerinnen gewöhnlich erst zu Beginn ihres vierten Lebensjahrzehnts einen Kopf. Davor wollen sie das Leben noch als Single oder mit ihrem Partner genießen, indem sie weite Reisen unternehmen, mitunter gar eine Weile im Ausland leben und auch zu Hause viel im Städtchen unterwegs sind. Meist setzen sie, wenn ihre Mutterinstinkte erwachen, aber nur noch einen Sprössling in die Welt. Falls ein zweiter folgt, ist dieser meist schon ungeplant. Ihren Mann spannen sie ganz selbstverständlich in Kindererziehung und Hausarbeit ein. Das Kochen sollte er am besten gleich komplett übernehmen, sofern er Wert auf Mittagessen jenseits von Fischstäbchen und Dosenravioli legt. Als Dank dafür ist ihm die Designerin eine loyale Partnerin. Besonders in der Not erweist sie sich als echter Fels in der Brandung und steht ihrem Herzbuben mit Rat und Tat zur Seite.

Sex

Für den Partner der Designerin gibt es physiologisch kaum etwas Sinnloseres als seine Morgenlatte. Denn zu der Zeit, in der diese einsatzbereit ist, wandelt das weibliche Zielobjekt noch fest im Land der Träume. Wenn sich der Herzbube allerdings an das Gebot hält, keine intimen Vorstöße vor Mittag zu unternehmen, kann er bei der Designerin nur wenig falsch machen. Sobald sie wieder unter den Lebenden wandelt, treibt die Lust sie so stark an, dass praktisch jede intime Spielart ihr im Schlafzimmer zu höchsten Wonnen verhilft.

Einen besonderen Kick bereitet den Designerinnen Verkehr an Orten, wo eine gewisse Gefahr herrscht, von Dritten entdeckt zu werden, etwa auf einem Hochsitz am Waldrand oder in der absichtlich offen gelassenen Umkleidekabine im Schwimmbad. Die Skorpiongeborenen, immerhin eine recht große Fraktion unter den Designerinnen, hegen zudem eine starke Affinität zu Fesselspielen, nicht selten inklusive leichter körperlicher Züchtigungen.

Die ausgeprägte Libido bleibt den Designerinnen im Gegensatz zu vielen ihrer Geschlechtsgenossinnen auch über die Wechseljahre hinaus fast in vollem Maße erhalten. Fast gilt bei ihr das Motto »Je oller, desto doller«.

Ideale Berufspartner

Ihr kreatives Pendant findet die Designerin in Gestalt des Gärtners, ihres männlichen Berufskollegen und in Form des Ingenieurs, besonders wenn er von der Couleur Daniel Düsentrieb ist. Ohne großes Murren beteiligen sich an den häuslichen Pflichten neben den Lehrern meist auch die Krankengymnasten. Die wenigsten Bauchschmerzen bereiten die gelegentlichen Rückzugstendenzen der Designerin den ähnlich gestrickten Programmierern sowie den langmütigen Pfarrern. Kaum in Gefahr, schon morgens sexuell behelligt zu werden, geraten die weiblichen Angehörigen der Profession mit einem Vertreter, weil dieser selbst gern bis in die Puppen schläft. Dauerhaft den nötigen Respekt bringen ihnen zu guter Letzt vor allem die Schreiner entgegen.

Der Apotheker

Basics

Männliche Apotheker sind häufig ziemlich merkwürdige Zeitgenossen. Meist entstammen sie einer Familie, in der auch schon mindestens ein Elternteil merkwürdig war und mit seiner Verschrobenheit das andere Elternteil und die Kinder ansteckte. Mitunter lag bei diesem Elternteil sogar eine handfeste psychische Erkrankung wie etwa eine Zwangsstörung, soziale Phobie oder gar Psychose vor. Im Idealfall könnte man die Pharmazeuten noch als sympathisch gestört bezeichnen, wenn es sie aber richtig schlimm erwischt hat, gehören sie eher zur Kategorie gefährlich gestört.

Die mildere Ausformung äußert sich darin, dass der Pharmazeut ein eher einzelgängerisches Leben führt oder im menschlichen Umgang von einem Fettnäpfchen ins andere tritt, indem er das nötige Taktgefühl vermissen lässt.

Daneben haben Apotheker oft einen Hang zum Sammeln, wobei die Übergänge zum Messie-Syndrom mitunter fließend sind. Außerdem warten sie nicht selten mit Ansichten und Theorien auf, die denen des prinzipiell arglosen Bademantel- und Schumiletten-Philosophen »Dittsche« alias Olli Dittrich recht nahe kommen.

Die gefährlich gestörten Vertreter des Berufsstandes sollten privat besser niemals eine Waffe besitzen, weil sie ihre Emotionen nur unzulänglich im Griff haben. Beruflich allerdings stellen sie kaum je ein Risiko für andere dar. An der Ladentheke bewahren sie, abgesehen von einigen spitzen Bemerkungen gegenüber ihren Angestellten, fast immer die Contenance, während sie hinter den Kulissen höchst unangenehme Chefs sind, mehr aber auch nicht. Hier ist es wahrscheinlicher, dass sie selbst Opfer eines

Giftanschlags ihres hasserfüllten Personals werden. Zu den Hobbys des Schreckens auf zwei Beinen im Apothekerkittel gehört wie bei der milden Sorte der Pharmazeuten das Sammeln. Allerdings stehen hier Jagdtrophäen von meist selbsterlegtem Wild im Vordergrund.

Flirt und Verführung

Ausgerechnet das »Apothekel« ist, angetrieben durch einen im Vergleich zur harmlosen Spezies erheblich höheren Testosteronspiegel, viel aktiver bei der Jagd nach einer Geschlechts- beziehungsweise Lebenspartnerin. Dabei lässt er aber völlig das richtige Timing vermissen. Zunächst scharwenzelt er wie die Katze um den heißen Brei herum und lässt jegliche Zielstrebigkeit in Richtung des Objekts der Begierde vermissen, so dass die andere Seite schon langsam mit dem Gedanken spielt, den Kontakt abzubrechen. Nur um dann plötzlich aus dem Nichts heraus aufs Ganze zu gehen, indem er wie wild geworden über die Herzdame in spe herfällt. Diese sucht natürlich völlig geschockt von der plötzlichen Eruption an Triebhaftigkeit das Weite, nachdem sie ihm noch einen festen Tritt in den Hintern verpasst hat.

Die sympathisch gestörten Vertreter des Apothekerstands werden entweder von einer heiratswütigen Junggesellin vor den Traualtar gezerrt, oder sie verbleiben unter den Fittichen der Frau Mama, bis dass ihr Tod sie scheidet.

Jagdreviere

Das Apotheker-Ekel hat an seinem Arbeitsplatz fast keine Chance, an die Frau zu kommen. Seine weiblichen Kolleginnen beziehungsweise Angestellten kennen seine Cholerik und Taktlosigkeit schon viel zu gut, als dass sie sich noch mit ihm einlassen würden. Da hilft ihm selbst sein überquellendes Nesthocker-

Sparbuch nicht. Kundinnen schreckt diese Spezies meist durch ihre allzu kühle Ausstrahlung ab.

Etwas anders der harmlose Typus Apotheker. Er könnte bei Frauen, denen er beruflich über den Weg läuft, den Helferimpuls auslösen, einen beziehungsbrauchbaren Menschen aus ihm zu machen.

Was die Vehikel der Entsingelung betrifft, meiden beide Arten der Apotheker kostenpflichtige Möglichkeiten, weil ihnen das Suchen und Finden der Liebe nicht genug wert ist und weil sie als ausgemachte Geizhälse grundsätzlich auf ihrem Geld sitzen. Allenfalls ein paar Kreuzer für eine Kontaktanzeige oder die Billigportale im Internet sind sie zur Not noch bereit zu investieren. Die freie Wildbahn als Möglichkeit der Partnersuche entfällt für die Apotheker weitgehend. Anstatt in Kneipe und Co. Ausschau nach Miss Perfect zu halten, hocken sie meist zu Hause bei Mutti auf dem Schoß.

Partnerschaft

Beim fiesen Typus unter den Apothekern hat eine Frau nichts zu lachen, weil er als Kontrollfreak jeden ihrer Schritte argwöhnisch beobachtet und sie finanziell kurzhält. Selbst wenn sie ihr eigenes Geld verdient, versucht er noch, ihre Ausgaben zu überwachen oder zu limitieren. Hilfe im Haushalt kann seine Herzdame auch nicht erwarten, weil er glaubt, nur vom Hotel Mama mit Vollpension zum Hotel Partnerin mit Vollpension gewechselt zu sein. Dazu kommen seine cholerischen Anfälle, die beim weiblichen Gegenüber allenthalben Schrecken verbreiten.

Die eher harmlose Unterart der männlichen Pharmazeuten weist indes durchaus Entwicklungspotenzial in der Liebe auf, sofern die Abnabelung von der Mutter früh genug geschafft wird. So zeigt der harmlose Apotheker sich durchaus dazu bereit, die Herzdame bei den häuslichen Pflichten angemessen zu unterstützen. Meist entwickelt diese Spezies sogar mit der Zeit einen eigenen Blick dafür, was getan werden muss, ohne ständig mit der Nase darauf gestoßen werden zu müssen.

Kinder sind dieser Spezies eine echte Herzensangelegenheit, weil der Pharmazeut in ihnen Seelenverwandte erkennt, die ihm die eigene Naivität widerspiegeln. Allein in die Küche sollte ihn seine bessere Hälfte nicht lassen. Dort richtet er nämlich anstatt einer schmackhaften Mahlzeit regelmäßig ein mittelgroßes bis großes Chaos an.

Quasi als Gegenleistung für seinen Einsatz in den eigenen vier Wänden kann der Apotheker mit dem Verständnis seiner Gefährtin rechnen, wenn er wieder beginnt, leicht spinnert über Gott und die Welt zu sinnieren. Nicht selten stellt sie dann ohnehin die Ohren auf Durchzug oder schaltet in den Ja-Ja-Modus.

Sex

Auch im Bett ist es mit den Despoten unter den Apothekern schwierig, um nicht zu sagen unmöglich. Häufig haben sie überhaupt kein Gefühl für den Körper einer Frau und erweisen sich beim »Berühren der Figuren« als ziemliche Grobiane. Zudem erwarten sie von ihrer intimen Gespielin viel, sind aber selbst nur wenig bereit zu geben.

Bei den recht liebenswerten Vertretern des Berufsstands trifft ein williger Geist, das Herzblatt intim glücklich zu machen, auf eher schwaches Fleisch, was die Verwirklichung dieses Wunsches betrifft. Will heißen, dass ihr bestes Stück nicht immer über die notwendige Standfestigkeit verfügt, weil sie sich innerlich zu sehr unter Druck setzen. Ein wenig vermag der Pharmazeut sein genitales Dilemma aber durch den geschickten Einsatz der Hände auszugleichen. Aufgrund seiner devoten Veranlagung findet er Gefallen an sexueller Unterwürfigkeit. Gegenüber Körperflüssigkeiten hegen interessanterweise beide Arten der Arzneikundigen einen rechten Ekel, so dass Cunnilingus für sie ebenso ein No-Go ist wie allzu feuchte Küsse.

Ideale Berufspartner

Viel Verständnis für die Schrullen des sympathisch gestörten Apothekers bringen die langmütigen Floristinnen, Hebammen und Sekretärinnen auf. Die Ausbildung der Pharmazeuten zu beziehungsfähigen Menschen übernehmen neben den Arzthelferinnen die – wie könnte es anders sein – Erzieherinnen. Die dominante Vertreterin nimmt sowohl im Schlafzimmer als auch andernorts nur allzu gerne das Heft des Handelns in die Hand, während die Lehrerin die Bereitschaft der Berufsvertreter zur Übernahme von häuslichen Pflichten sehr zu schätzen weiß. Sexuell überbeansprucht werden den im Bett eher ruhigen Pharmazeuten weder die Köchin noch seine weiblichen Berufskollegen.

Die Apothekerin

Basics

Im Gegensatz zu ihren männlichen Kollegen ist die Apothekerin fast schon erschreckend normal. Eifersüchtige Giftmischerinnen wie im Roman *Die Apothekerin* von Ingrid Noll wird man unter ihnen vergeblich suchen. Allenfalls ein gewisses Helfersyndrom hat sie mit der literarischen Figur Hella Moormann gemeinsam. Das lebt sie allerdings weniger privat aus, sondern vielmehr beruflich, indem sie ihre Kunden fast schon überfürsorglich berät. Mitunter hält sie ihnen durchaus liebenswert Vorträge über Risiken und Nebenwirkungen von Medikamenten, obwohl die ihre Arznei eigentlich nur abholen wollen. Hauptsächlich sieht sie sich in ihrer Profession als Beraterin, während verkäuferische und pharmazeutische Aspekte erst auf den Plätzen folgen.

Ihren beruflichen Perfektionismus nimmt die Apothekerin größtenteils auch mit nach Hause. Zwar kann sie fünfe auch einmal gerade sein lassen, aber nur selten ist sie ein wirklich lockerer Typ. Dafür geht ihr zu viel im Kopf herum, was noch zu erledigen ist oder ihr Sorgen bereitet. Damit sie zufrieden ist, müssen die Dinge bei ihr schon rundlaufen. Allzu hohe Ansprüche stellt sie aber eher nur an sich selbst.

Wenn ihre Mitmenschen einen gewissen Schlendrian an den Tag legen, kann sie das gut aushalten, mitunter imponiert ihr das sogar, sofern die kleinen Achtlosigkeiten nicht in Verantwortungslosigkeit ausarten. Ihre Toleranz gegenüber anderen macht die Pharmazeutinnen zu beliebten Zeitgenossinnen. Auch werden sie von ihren Lieben wegen ihrer absoluten Verschwiegenheit und ihres Wohlwollens geschätzt. So können sie gleichermaßen stundenlang einfach nur zuhören wie Probleme auf den Punkt bringen.

Ihre Mußestunden verbringt die Arzneikundige überwiegend damit, ihren Horizont zu erweitern. So besucht sie als ausgemachte Cineastin anspruchsvolle Kinofilme oder nimmt an Seminaren zu medizinischen, spirituellen oder philosophischen Themen teil. Auch liebt sie Reiseberichte, weil sie – vorwiegend in kultureller Mission – selbst gerne in der Welt unterwegs ist. Ihre Seele lässt sie gerne beim Wellness baumeln.

Flirt und Verführung

Die Apothekerin ist optisch eine attraktive Frau, aber keine Kanone, die mit ihrem Auftauchen automatisch alle Aufmerksamkeit der Männerwelt auf sich zieht. Um das Interesse eines potenziellen Herzbuben zu erwecken, setzt sie auf das Prinzip vom steten Tropfen, der den Stein letztlich doch aushöhlt. Immer wieder sendet sie kleine Signale in Richtung Gegenüber aus, indem sie vorsichtig Blickkontakt aufbaut, ein dezentes Lächeln schenkt oder ihm, wenn er vor einer Gruppe spricht, durch Mimik und Gestik ihre Zustimmung signalisiert. Gut möglich aber auch, dass sie einem Mann, den sie schon länger kennt, in einer Notsituation zur Seite steht, woraus sich dann eine Liebesbeziehung entwickelt.
Die Geduld, die die Apothekerin beim Balztanz aufbringt, sollten die Paarungskandidaten ebenfalls in die Waagschale werfen. Hasardeuren öffnet sie weder ihre Schlafzimmertür noch ihr Herz. Bevor sie dazu bereit ist, sind umfangreiche vertrauensbildende Maßnahmen seitens der holden Männlichkeit vonnöten.

Jagdreviere

Besonders, wenn sie die Dreißig bereits überschritten hat, verspürt die Apothekerin nur noch wenig Lust, zwecks Bräutigamschau durch die Kneipen der Stadt zu ziehen, weil sie die teilweise unverschämten Anmachsprüche in diesen Läden leid ist und ohnehin meist gegenüber den aufgebrezelten Sexbomben den Kürzeren zieht.

Im beruflichen Umfeld liegt ihre Konzentration viel zu sehr darauf, ihre Arbeit möglichst perfekt zu verrichten, als dass sie offen wäre für Avancen des anderen Geschlechts. Auch sie selbst spielt in ihrer Arbeitsumgebung nicht das lockende Weib, da sie zwischen Tabletten und Tinkturen nicht in den Ruch eines männermordenden Vamps kommen möchte.

Professionell nutzt sie bei der Partnersuche das Internet. Dabei kommen für sie aber nur die besseren Adressen wie *Parship* oder *ElitePartner* in Frage. Von diesen Portalen erwartet sie sich nicht ganz zu Unrecht ein gediegeneres Publikum. Die dreistelligen Gebühren der Anbieter schrecken sie im Gegensatz zu ihren männlichen Kollegen nicht ab, ist ihr doch das Suchen und Finden der Liebe im wahrsten Sinne des Wortes eine Herzensangelegenheit. Um mehr oder weniger öffentliche Möglichkeiten der Partnersuche wie Singlepartys oder Speed-Dating lässt die Pharmazeutin indes die Furcht, dort Bekannte oder Kunden zu treffen, einen großen Bogen machen. Das gilt auch für Singleclubs, obwohl sie sich für ein ausgiebiges Prinzen-Casting hervorragend eignen.

Partnerschaft

Die Apothekerin legt sehr viel Wert auf Harmonie und hat großes Interesse daran, dass es ihrer Familie gutgeht. Dafür unternimmt sie einiges. So schafft sie als Nest-Typ ein gemütliches Heim, in dem sich alle Bewohner wohl fühlen können. Bei *Art & Deco* ist sie Stammgast, gleichermaßen, um Wohnaccessoires zu erwerben als auch um sich inspirieren zu lassen. Nicht selten hat sie selbst die Muse geküsst, und sie bastelt, malt oder schneidert die Dekoartikel eigenhändig. Die handwerklichen Arbeiten zur

Verschönerung des Hauses wie Streichen oder Tapezieren überlässt sie indes lieber ihrem Herzbuben, während sie die künstlerische Leitung übernimmt.

Ein weiterer Aspekt, mit dem sie zum Wohl ihrer Lieben beiträgt, ist eine gesunde Ernährung. Auf den Tisch kommen überwiegend Vollwertprodukte, die sie liebevoll zubereitet. Meist ziert ein ganzes Regal an Kochbüchern ihre Küche.

Emotional stellt die Pharmazeutin den Ruhepol in der Familie dar. Die Kinder – meist sind es zwei bis drei – sowie ihr Mann finden in ihr eine geduldige Ansprechpartnerin. Fast immer kann sie mit einer Lösung für Probleme aufwarten, weil sie über ein hohes Maß an Lebensklugheit verfügt.

Trotz ihrer Fürsorglichkeit ist die Apothekerin alles andere als ein reines Muttertier. Im Gegenteil braucht sie sogar recht viel Zeit für sich. Dann zieht sie sich in ihr stilles Kämmerlein zurück, bevorzugt, um zu lesen oder sich mit Yoga und Entspannungsübungen Gutes zu tun. Wichtig aber ist ihr auch das Ausgehen ohne männliche Begleitung. Dabei spielen ganz eindeutig Besuche bei Freundinnen die größte Rolle. Mit ihren Kumpaninnen unternimmt sie die Dinge, zu denen ihr Angetrauter eher hingeprügelt werden muss, wie etwa Theaterbesuche, kulturell geprägte Städtetouren oder Schaufensterbummel.

Sex

Das Feld der Lust bearbeitet die Apothekerin eifrig, ohne dabei allerdings allzu viel Fantasie an den Tag zu legen. Leidensdruck verspürt sie deshalb keineswegs. Vielmehr lebt sie nach dem Motto »Never Change a Winning Team«. Das heißt, sie favorisiert einige Sexualpraktiken, die ihr ein hohes Maß an Genuss bereiten, und sieht überhaupt keine Veranlassung dafür, sie gegen andere auszutauschen.

Ohnehin macht sie kein allzu großes Brimborium um den geschlechtlichen Verkehr. Sie sieht in ihm eine wichtige Komponente in ihrem Leben, ohne ihn übermäßig zu erhöhen. Daher muss für sie auch nicht immer das volle Programm mit ausgiebigem Pro- und Epilog abgespult werden. Oft reicht ihr schon mehr oder weniger der eigentliche Akt, dem am selben Tag kaum je weitere folgen.

In diesem relativ engen dramaturgischen Rahmen bereitet die Pharmazeutin ihrem intimen Gespielen jedoch viel Freude, weil sie sowohl sprichwörtlich als auch buchstäblich ein gutes Händchen für seine Bedürfnisse hat.

Ideale Berufspartner

Die gelegentliche Altklugheit des Lehrers und Pfarrers nimmt die Apothekerin gelassen hin, weil mit beiden Berufsvertretern ansonsten ein reger geistiger Austausch möglich ist. Zudem bieten beide eine gute Perspektive zur Gründung einer größeren Familie. In einer Beziehung mit einem Arzt gehen alleine schon durch die berufliche Nähe nie die Gesprächsthemen aus. Den sexuellen Pragmatismus der Apothekerin teilen neben dem Geschäftsführer der Finanzbeamte sowie der Tierarzt. Für handwerkliche Tätigkeiten im Haushalt der Apothekerin stellt sich gerne der Ingenieur als »ausführendes Organ« zur Verfügung, während die geringsten Risiken und Nebenwirkungen die Beziehung zu einem Krankengymnasten oder zu einem Polizisten bergen.

Der Polizist

Basics

Wie meistens im Film sind Polizisten auch im wirklichen Leben die Guten. Beruflich beherzigen sie gewöhnlich das Prinzip, dass das Gesetz für den Menschen da ist und nicht der Mensch für das Gesetz. In diesem Sinne drücken sie bezüglich der Verfehlungen ihrer Mitmenschen gerne einmal ein Auge zu, sofern sie damit nicht Dritte gefährden oder ihren Job aufs Spiel setzen.

Allerdings gilt hier ebenso: Wie man in den Wald hineinruft, so schallt es heraus. Das heißt, wer einen Polizisten provoziert, muss auch mit einer entsprechend harten Reaktion rechnen. Das Vorurteil, dass die Ordnungshüter ihre Profession aus übersteigerter Lust am Kontrollieren ausübten, greift indes ziemlich ins Leere. Im Gegenteil finden sie die diesbezüglichen Pflichten ziemlich lästig.

Privat sind Polizisten durchaus keine Engel. Nicht selten schlagen sie besonders in jungen Jahren auf feuchtfröhlichen Partys heftig über die Stränge, ohne jedoch dabei anderen Schaden zuzufügen. Allenfalls sind sie im Suff zu harmlosen kleinen Streichen aufgelegt, die gemeinhin für Erheiterung sorgen. Ihr soziales Umfeld schätzt die Männer des Gesetzes wegen ihrer »Hochanständigkeit«. Sie sagen, was sie denken, und denken, was sie sagen. Hinterhältigkeiten sind ihnen ein Greuel. Werden sie selbst Opfer davon, brechen sie oft unmittelbar den Kontakt zu den falschen Fünfzigern ab. Das muss aber keinesfalls für immer sein, denn Polizisten sind gleichzeitig überaus versöhnungsbereit.

Ihre Mußestunden widmen die Polizisten zu einem großen Teil dem Erhalt ihrer körperlichen Fitness, was nicht zuletzt ihrem beruflichen Anforderungsprofil geschuldet ist. So bevölkern sie in Scharen Sportstudios und -vereine. Betreiben sie Mannschafts-sportarten, glänzen sie durch ihren ausgeprägten Teamgeist so-wie durch ihre Fairness. Als ausgesprochen gesellige Typen ge-hen die Gesetzeshüter auch sonst gerne unter Menschen, häufig im Rahmen vielbesuchter Veranstaltungen. Ein besonderes Fai-ble hegen sie dabei für Messebesuche im technischen Bereich.

Flirt und Verführung

Polizisten finden beim Balztanz gleich in zweifacher Hinsicht die goldene Mitte. Einerseits legen sie im Gegensatz etwa zu den despotischen Apothekern ein gutes Timing an den Tag, indem sie ihre Flirtattacken weder zu früh noch zu spät starten. Ande-rerseits verlassen sie bezüglich ihrer Komplimente auch kaum je den schmalen Grat zwischen Halbherzigkeit und Schleimerei. Ein weiteres Pfund, mit dem die Hüter der Ordnung auf der Pirsch nach Miss Perfect wuchern können, ist ihre meist ruhige, unaufgeregte Art, womit sie ihrem weiblichen Gegenüber das Gefühl von Geborgenheit vermitteln. Allerdings verlieren sie trotz ihrer besonnenen Art niemals ihr Ziel aus den Augen, das Objekt der Begierde zur Strecke zu bringen. Allzu lange brau-chen sie gewöhnlich nicht vom Erstkontakt bis zum Ringelpiez mit Anfassen. Selbst wenn es dazu schon am ersten Abend kommt, betrachten Polizisten, solange sie ihren wilden Jugend-jahren bereits entwachsen sind, den Beischlaf nur selten als One-Night-Stand, sondern als Beginn einer ernsthaften Liebesbezie-hung.

Jagdreviere

Aufgrund ihres ausgeprägten Charmes kommen Polizisten fast überall mit dem weiblichen Geschlecht ins Gespräch, sei es an der Supermarktkasse, im Zugabteil oder in der Fußgängerzone.

Besonders gerne aber suchen sie den Kontakt zu potenziellen Herzdamen bei ausgiebigen Saunabesuchen im Anschluss an ihre sportlichen Aktivitäten. Dort haben die Gesetzeshüter besonders lange Zeit, das Gegenüber zu umgarnen. Die ist weniger nötig, um die Flirtoffensive vorzubereiten – da lassen sie sich nicht lange bitten –, sondern um ausreichend Muße zu haben, das Gegenüber von sich zu überzeugen. Dabei hilft ihnen meist auch noch ihr glänzendes Aussehen.

Professionelle Medien zum Suchen und Finden der Liebe bedeuten für die Berufsvertreter fast schon Sand in die Wüste zu tragen, da die Frauen ohnehin schon vor ihrer Haustür Schlange stehen. Mitunter finden sie sich aber auf diversen Partnerportalen im Internet, obwohl sie aufgrund ihres Bewegungsdrangs privat nur wenig Lust verspüren, stundenlang vor dem PC zu sitzen. Daher nutzen sie *Parship* und Co. nur sporadisch. Relativ sympathisch wegen der diversen angebotenen Aktivitäten sind ihnen noch Singleclubs sowie Singlereisen mit klar sportlichem Schwerpunkt. Andere professionelle Vehikel der Entsingelung haben sie dagegen nur selten auf dem Schirm.

Partnerschaft

Den Slogan »Der Polizist, dein Freund und Helfer« beherzigt der Ordnungshüter auch in der Liebe. Dies zeigt sich vor allem darin, dass er viel gemeinsam mit seiner Herzdame unternimmt und sie tatkräftig unterstützt, wenn sie in Not gerät. Allerdings sollte sie dabei nicht allzu sehr jammern, sondern bereit sein, aktiv an ihren Problemen zu arbeiten. Ansonsten können die Polizisten mitunter die Geduld verlieren und ihre Bemühungen einstellen.

Im normalen Beziehungsalltag äußert sich die Hilfe der Berufsvertreter in der Übernahme häuslicher Pflichten. Gemäß ihrer ausgeprägten Körperkraft verrichten sie eher die schwereren Arbeiten wie Getränkekistenschleppen, Rasenmähen oder Bäume-fällen. Da sie handwerklich recht begabt sind, zeichnen sie gewöhnlich auch für das Reparieren von Klospülung und Co. verantwortlich.

Nachwuchs setzen Polizisten fast immer in die Welt, neigen jedoch kaum je zur Gründung einer Familie Waltonschen Ausmaßes. Wirklich viel anfangen mit ihren Nachkommen können sie aber erst, wenn diese erste sportliche Ambitionen zeigen. Dann bringen sie ihnen das Kicken oder Tennisspielen bei und beobachten voller Vaterstolz die Fortschritte der Kleinen.

Bezüglich der sozialen Kontakte jenseits der heimischen vier Wände ticken die »Augen des Gesetzes« nicht typisch männlich. Im Gegensatz zur Mehrheit ihrer Geschlechtsgenossen pflegen sie ihre Freundschaften weiterhin intensiv, wenn sie schon lange unter der Haube sind. Mindestens einmal pro Woche stehen Unternehmungen mit Freunden auf der Tagesordnung. Untreu werden die Gendarmen bei ihren Ausritten nur, wenn ihre Kernbeziehung schon völlig am Ende ist. Einfach mal so aus Lust und Laune landen sie nur äußerst selten im Bett einer anderen Frau.

Sex

Da Polizisten schon beruflich den ganzen Tag die Staatsmacht vertreten, streben sie nicht nachts auch noch nach dem Regiment im ehelichen Schlafzimmer. Im Gegenteil neigen sie dort häufig zur Unterwerfung, indem sie sich rittlings genital beglücken lassen. In der Reiterstellung bewundern sie gerne aus der Froschperspektive die Brüste ihrer Partnerin. Für diese kann der intime Ritt mitunter recht schmerzhaft werden, weil die Ordnungshüter genital meist ziemlich üppig bestückt sind.

Seine Handschellen benutzt der Polizist privat kaum. Zu Fesselspielen im Rahmen von BDSM hat er gewöhnlich nur äußerst wenig Bezug. Bemerkenswert ist vielmehr sein Hang zum Voyeurismus. Nur allzu gerne beobachtet er seine intime Gespielin beim Masturbieren. Dritte Personen bezieht er in das lüsterne Treiben aufgrund seiner ausgeprägten Eifersucht jedoch fast nie ein.

Ideale Berufspartner

Den ausgeprägten Wunsch des Polizisten nach Geselligkeit teilen die Vertreterin sowie die Kellnerin. Bezüglich Aufrichtigkeit und Geradlinigkeit korrespondieren die Floristin und die Hebamme optimal mit ihm. Beide streben – genau wie die Erzieherin – auch unbedingt die Gründung einer Familie an.

Die Bereitschaft des Gesetzeshüters, die häuslichen Pflichten fair zu teilen, wissen die emanzipierten Lehrerinnen überaus zu schätzen. Kaum Grund zur Eifersucht geben ihm die treuen Finanzbeamtinnen und Sekretärinnen. Gerne auch ohne Handschellen folgen ihm die braven Bankkauffrauen ins Schlafzimmer, während die stark exhibitionistisch veranlagten Verkäuferinnen seinem Voyeurismus in nichts nachstehen.

Die Polizistin

Basics

Nicht selten entstammen angehende Polizistinnen einer ziemlich chaotischen Familie, in der sie das Gefühl des Ausgeliefertseins erlebt haben. Mit ihrer Berufswahl versuchen sie unbewusst, wenigstens über einen Bereich ihres Lebens Kontrolle zu erlangen. Daher fällt es ihnen bei der Arbeit erheblich schwerer als männlichen Polizisten, bei kleineren Vergehen ihres Klientels beide Augen zuzudrücken. Dazu kommt, dass sie befürchten müssen, als Frauen einen Autoritätsverlust zu erleiden, wenn sie zu milde auftreten. Häufig verbirgt sich hinter ihrer harten Schale im Job ein weicher Kern.

Die Zweiteilung, beruflich top, privat Flop, zieht sich wie ein roter Faden durch die Vita der Gesetzeshüterin. Im Job macht sie Karriere durch Disziplin, gepaart mit großem Einsatz, wohingegen jenseits von Dienstmarke und Handschellen große Probleme auf sie warten. Bisweilen schafft sie sich die Probleme dabei auch selbst. Besonders ihr soziales Umfeld stellt eine ständige Quelle der Enttäuschung für sie dar. Nur selten können Freunde und Familie ihr die Aufmerksamkeit und Fürsorge geben, die sie sich wünscht. Häufig bricht sie aus diesem Grund Kontakte konsequent ab. Dadurch ist der Kreis ihrer Bezugspersonen einer hohen Fluktuation unterworfen. Über Sandkastenfreunde verfügt sie kaum je noch. Mitunter herrscht auch in der Wohnung der Polizistin Land unter, wenn alles kreuz und quer herumliegt und/oder sie es mit den notwendigen Reinigungsarbeiten nicht allzu ernst nimmt. Die äußere Unbeständigkeit beziehungsweise Unordnung entspricht meist ihrer inneren Verfassung.

Auf der anderen Seite der Medaille steht bei den Gesetzeshüterinnen häufig ein breites karitatives Engagement. Von Unterstützerkreisen für Opfer von Verbrechen bis hin zu Tierschutzorganisationen findet man sie in wohltätigen Vereinigungen jedweder Art. Psychohygiene betreiben die Polizistinnen durch Sportarten, in denen sie sich so richtig auspowern können, sowie beim Wellness. Der wöchentliche Sauna-Sonntagnachmittag ist fast schon Pflicht. Dabei erholen sie sich in jungen Jahren auch von den wilden Partys des Vorabends.

Flirt und Verführung

Polizistinnen suchen, besonders weil sie beruflich so starken Belastungen und Anforderungen ausgesetzt sind, privat die starke Schulter zum Anlehnen. Durch ihre toughe Art bei der Kontaktaufnahme schrecken sie aber gerade die Alphamännchen meist ab, während die Pflegefälle innerhalb der Herrenwelt glauben, unter ihre vermeintlich sicheren Fittiche kriechen zu können. Oft sind sich die Ordnungshüterinnen der falschen Signale, die sie aussenden, gar nicht bewusst, so dass sie mit ihrem Schicksal hadern, anstatt an ihrer Flirtperformance zu arbeiten. Nicht selten fungiert dann der Alkohol als Rettungsboot in ihrer Liebesnot. Spätestens nach zwei bis drei Gläsern »Prozentigem« entspannen sich ihre Gesichtszüge, und sie sind in der Lage, auch ihre schwache Seite zum Vorschein zu bringen. Dadurch erwecken sie den Prinzen im Mann. Allerdings macht hier natürlich die Dosis das Gift. Schlagen sie beim Trinken über die Stränge, wachen sie am nächsten Morgen oft neben einem Mann auf, zu dem sie keinen weiteren Kontakt wünschen oder der seinerseits keine ernsten Absichten hegt, sondern nur die Lage ausgenutzt hat.

Jagdreviere

Aus Frust über ihre unbeständigen menschlichen Beziehungen, aber auch aus reiner Freude daran halten Polizistinnen häufig mehrere Haustiere. Manchmal haben sie ihre Wohnung sogar zu einem richtigen Minizoo umgebaut. Daher sind sie regelmäßig mit ihren Pfleglingen beim Tierarzt oder in der Natur unterwegs und knüpfen über sie recht leicht Kontakte. Auf den Mund gefallen sind sie wahrlich nicht, im Gegenteil legen sie häufig eine etwas nassforsche Art an den Tag. Ansonsten halten die Ordnungshüterinnen auf freier Wildbahn gerne in der Kneipenszene oder auf Partys Ausschau nach Mister Right. Das Fitnessstudio stellt für sie nur dann ein erfolgversprechendes Jagdrevier dar, wenn sie nach der leiblichen Ertüchtigung noch in der angeschlossenen Sauna relaxen.

Im Internet können sich die Polizistinnen, sofern sie dort ein Foto von sich eingestellt haben, vor Anfragen kaum retten, weil sie optisch oft wahr gewordene Männerträume sind. Das kann dazu führen, dass sie den Wald vor lauter Bäumen nicht mehr sehen und sich, von der Kontaktflut überfordert, wieder abmelden. Beim Speed-Dating überzeugen sie ebenfalls mit ihrem Aussehen sowie durch ihre Schlagfertigkeit. Andere Möglichkeiten, um unter die Haube zu kommen, nutzen sie nur sporadisch, weil diese entweder ihre Geduld überfordern wie Single-Gesprächsgruppen oder ihnen zu kostenintensiv sind wie Singlereisen.

Partnerschaft

Polizistinnen sind wilde Pferde, die ein Mann niemals wirklich zähmen kann. Im Idealfall stellt er für sie den sicheren Hafen dar, von dem aus sie ihre Alleingänge und mitunter auch Eskapaden startet. Der Versuch, sie daran zu hindern, endet regelmäßig mit heftigen Blessuren auf Seiten ihres Herzbuben. Neben seiner Verlässlichkeit sollte ihr Partner über ein hohes Maß an Langmut verfügen, um nicht an der Sprunghaftigkeit der Gesetzeshüterin zu verzweifeln. Ferner bedarf er enormer Standfestigkeit, damit er ihr bei den häufigen Konflikten im

Freundes- und Bekanntenkreis den Rücken stärken kann, sowie hinreichend Flexibilität, sich auf ihre wechselnden menschlichen Kontakte einzustellen.

Behaglichkeit wird die bessere Hälfte der Berufsvertreterinnen leider auch im gemeinsamen Wohnumfeld kaum finden, sofern er sie sich nicht selbst schafft. Polizistinnen mögen es nämlich eher schnörkellos-funktional, und mitunter hält das Chaos pur bei ihnen Einzug.

Kinder setzt die Polizistin meist gleich mehrere in die Welt, obwohl sie keinen rechten Bezug zu ihnen hat. Nicht selten ist der zweite oder dritte Sprössling schon mehr oder weniger ungeplant. Nach außen beschützt die Gesetzeshüterin ihre Kinder zwar wie eine Löwin, schenkt ihnen nach innen aber zu wenig Aufmerksamkeit, weil sie zu sehr mit sich selbst beschäftigt ist. Die Rolle des ruhenden Pols für die Nachkommenschaft muss ihr Mann übernehmen.

Die größten »zweisamen« Stärken der Polizistin sind ihre Fähigkeit, über kleine Macken des Angetrauten hinwegzusehen, sowie ihre Unkompliziertheit hinsichtlich der Planung gemeinsamer Aktivitäten.

Sex

Ins Schlafzimmer der Polizistin zu gelangen ist oft keine große Kunst, weil zu ihrem Selbstverständnis als emanzipierte Frau gehört, nicht die fromme Helene zu spielen, die sich ewig ziert, bis sie in die Horizontale übergeht. Zudem sind bei ihr durch vorangegangenen Alkoholkonsum häufig schon alle Schranken gefallen, wenn ein Flirt die Phase der körperlichen Fühlungnahme erreicht. Das hat zur Folge, dass sie mitunter relativ unreflektiert mit Männern im Bett landet und deshalb am nächsten Morgen ihr intimes Treiben bereut. Nicht selten komplimentiert sie ihre neue Bekanntschaft dann ziemlich unsanft aus der Wohnung. Diese kann allerdings die Erinnerung an eine heiße intime Begegnung als Trostpflaster mitnehmen. Geschlechtlich lässt die Polizistin nämlich kaum Wünsche offen, indem sie gleich beherzt zur Sache geht und oft in einer Liebesnacht das gesamte Kamasutra durchexerziert. Dabei übt sie auch schon Praktiken und Stellungen aus, für die andere Frauen gewöhnlich viel Vertrauen zu ihrem Partner brauchen.

Ideale Berufspartner

Eine Bank an Verlässlichkeit und Sicherheit stellen für die Polizistin der Gärtner, der Ingenieur sowie der Finanzbeamte dar. Einen großen Teil des Haushalts und der Kinderbetreuung nimmt ihr gerne der Pfarrer ab. In ihm findet sie dazu einen kompetenten Ansprechpartner, wenn es seelisch einmal wieder zwickt. Ein Tierarzt als Zweitmann oder als Affäre – in einer Kernbeziehung würde er ihr zu wenig Halt geben – entlastet den Etat ihres Minizoos merklich, indem er ihre Pfleglinge kostenlos oder zumindest kostengünstig behandelt. Weite Wege der geschlechtlichen Lust geht sie an der Seite des Vertreters sowie des Busfahrers. Ihre Sport- und Wellnessleidenschaft teilen die Krankengymnasten, während sich ihre männlichen Berufskollegen und besonders die Geschäftsführer zudem noch als Begleiter auf wilde Partys eignen.

Der Arzt

Basics

Abgesehen von einem gewissen Ansehensverlust des Berufsstandes durch ruchbar gewordene Verfehlungen und eine insgesamt kritischere Bevölkerung haben zumindest die Ärzte der Altersgruppe U50 auch vom eigenen Empfinden her kaum noch die Attitüde des Halbgottes in Weiß. Meist versuchen sie, sich auf Augenhöhe mit ihren Patienten zu bewegen, indem sie ihnen das Gefühl einer gleichberechtigten Partnerschaft vermitteln. Gleichermaßen ist der Umgang mit Berufskollegen erheblich weniger hierarchisch geprägt als in früheren Zeiten.

Privat können Ärzte ohnehin nicht mehr den Großkotz heraushängen lassen, weil Statusgeprotze im Freundes- und Bekanntenkreis durch Verachtung bestraft wird. Besonders Akademikerkreise zeichnen sich heute eher durch vornehmes Understatement aus, weshalb das gestelzte Gebaren des Gerichtsmediziners Karl Friedrich Boerne im Tatort Münster ebenso befremdlich wie lächerlich wirkt.

Was die Größe des sozialen Umfelds betrifft, legen Ärzte mehr Wert auf Qualität denn auf Quantität. Im Gegensatz zu den meisten ihrer Geschlechtsgenossen haben sie mehrere Freunde, mithin sogar Busenfreunde, während es ihnen nicht weiter wichtig ist, Gott und die Welt zu kennen. Oberflächliche menschliche Kontakte sind ihnen im Gegenteil zutiefst zuwider. Nicht selten brechen sie sogar verwandtschaftliche Kontakte ab, wenn sie ihnen inhaltsleer erscheinen.

Am meisten werden die Medikusse von ihren Lieben aufgrund ihrer Verbindlichkeit geschätzt. Um eine Zusage nicht einzuhalten, müssten sie schon halb tot sein.

Ziemlich schlecht steht es dagegen um ihren Humor. Echte Spaßvögel finden sich trotz eines Eckart von Hirschhausen nur ziemlich selten unter ihnen.

Das karitative Engagement der Ärzte erschöpft sich im Gegensatz zu ihren weiblichen Pendants meist darin, in Not geratenen Menschen ihrer direkten Umgebung zu helfen, was natürlich schon aller Ehren wert ist. Ansonsten nutzen sie die Zeit jenseits ihres Berufs gerne, um reisend die Welt zu erkunden. Ihren Leib ertüchtigen die Mediziner, indem sie den Tennis- oder Golfschläger schwingen und Wassersportarten wie Segeln, Tauchen oder Windsurfen betreiben.

Flirt und Verführung

Da Humor für Ärzte eher eine Krankheit ist, haben sie bei Frauen, die großen Wert darauf legen, von einem Mann zum Lachen gebracht zu werden, schlechte Karten.

Auf ihrer Habenseite steht natürlich der berufliche Status. Viele Frauen träumen immer noch davon, mit einem Doktor verheiratet zu sein, um im gesellschaftlichen Ansehen aufzusteigen. Sofern der Titel allein nicht reicht, imponieren die Mediziner dem anderen Geschlecht durch ihre weit überdurchschnittliche Allgemeinbildung. Daneben vermögen sie ihre Weltläufigkeit in die Waagschale zu werfen, sind sie doch meist viel herumgekommen. Auch imponieren ihre guten Manieren, die sie entweder schon aus dem Elternhaus mitbringen oder sich im Laufe der Jahre erworben haben. Was Komplimente betrifft, huldigen die Ärzte eher der Naturheilkunde, indem sie sie in homöopathischen Dosen verteilen. Dafür sind die Schmeicheleien aber meist von hoher Güte.

Jagdreviere

Ärzte sind es gewohnt, ziemlich schnell zum Jagderfolg zu kommen. Daher haben sie gewöhnlich keinen Vertrag mit Möglichkeiten zur Entsingelung, wenn diese ein erhöhtes Maß an Geduld und Ausdauer erfordern. In Single-Gesprächsgruppen schnuppern sie meist nur kurz hinein und verschwinden wieder, wenn sich nicht gleich eine verheißungsvolle Perspektive auftut. Manchmal schauen sie später noch sporadisch vorbei, um zu sehen, ob interessante weibliche Neuzugänge zu verzeichnen sind. Bei Singlereisen scheuen sie ebenfalls den hohen Zeitaufwand. Zudem schreckt sie der hohe Fun-Faktor der vermeintlichen Trips ins Liebesglück ab, wodurch sie leicht in die Rolle der Spaßbremse geraten könnten. Recht gerne besuchen Ärzte dagegen niveauvolle Singlepartys und nehmen an Running-Dinner teil. Beim kulinarischen Single-wechsel-dich-Spiel schätzen sie die Gediegenheit und das meist gehobene Klientel. Im Internet bevorzugen die Mediziner Online-Partnervermittlungen, weil sie sich von diesen mehr Passgenauigkeit bezüglich der vorgeschlagenen Kontakte versprechen. Gelegentlich bieten sie sich auch per Kontaktanzeige in überregionalen Tageszeitungen an. Auf freier Wildbahn kommen Ärzte fast überall beiläufig mit der Damenwelt ins Gespräch, und gewöhnlich dient eine Frage als Aufhänger dafür. Oft entwickelt sich aus dem unverbindlichen Smalltalk erst später ein ernsthafter Verpaarungsversuch.

Partnerschaft

Aufgrund ihrer überdurchschnittlich guten Menschenkenntnis zeigen Ärzte ein glückliches Händchen bei der Partnerwahl. Nur in Ausnahmefällen geraten sie an Goldgräberinnen, die überwiegend auf ihr Geld und ihren Status schielen. Meist sind sie im Gegenteil mit Frauen liiert, die ihnen den Rücken für ihre kraftzehrende Arbeit frei halten. Als Ausgleich bieten die Mediziner ihrer Frau ein hohes Maß an emotionaler Stabilität und finanzieller Sicherheit. Nur die wenigsten unter ihnen geraten zeitlebens in wirtschaftliche Not, und wenn doch, dann oft durch kostenintensive Scheidungen. Bisweilen tauscht nämlich der Mediziner in der Midlife-Crisis seine gleichaltrige Ehefrau gegen eine erheblich jüngere Lebensgefährtin aus. Tritt er auch mit ihr noch einmal vor den Traualtar oder den Standesbeamten, so kann es sein, dass er wegen des Vitalitätsunterschieds bald wieder verlassen wird und recht schnell zwei gescheiterte Ehen im Lebenslauf stehen hat.

Zu ihren Kindern bauen die Mediziner in der Regel schon früh ein sehr enges Verhältnis auf, indem sie ihnen in ihren wenigen Mußestunden Zuwendung schenken.

Zum gemeinsamen Werkeln muss sich der Nachwuchs allerdings andere Partner suchen, weil Ärzte gewöhnlich nur über geringe handwerkliche Fähigkeiten verfügen. In dieser Hinsicht braucht auch ihre bessere Hälfte nicht mit Wünschen an sie heranzutreten. Bevor sich Ärzte fruchtlos abmühen, bestellen sie ganz pragmatisch lieber gleich einen Fachmann, der die Arbeit im Handumdrehen erledigt.

Ihre umfangreiche Reisetätigkeit als Single setzen Ärzte in der Zweisamkeit unvermindert fort. Da sie ihre zahlreichen Eindrücke auf Reisen gerne teilen, sollte die Partnerin des Mediziners über ein ausgesprochenes Globetrotter-Gen verfügen.

Sex

Ausgerechnet die angehenden Ärzte zeigen in der Kindheit nur ziemlich wenig Interesse am Körper des anderen Geschlechts, so dass sie sich kaum an Doktorspielen beteiligen. Erst die Gelegenheit macht schließlich Diebe aus ihnen, wenn sie an der Uni zahlreichen Versuchungen von Kommilitoninnen und Krankenschwestern ausgesetzt sind. Mit der sexuellen Freizügigkeit, so diese überhaupt größere Ausmaße annimmt, ist aber bald wieder Schluss, indem den Arzt eine seiner intimen Gespielinnen an die Kandare nimmt und in eine feste Beziehung zwingt.

Was ihre Sexualpraktiken betrifft, weisen die Berufsvertreter nur selten Absonderlichkeiten auf. Meist sind sie gute Liebhaber, ohne jedoch durch besondere Fantasie zu glänzen. Ihre Stärken liegen horizontal eher in ihrer Beständigkeit, verfügen sie doch über eine dauerhaft hohe Libido. Das macht sie für Seitensprünge anfällig, wenn die Lust ihrer Frau im Verlaufe der Wechseljahre nachlässt. Nicht wenige Mediziner haben aber auch schon grundsätzlich einen gewissen Drang zum Fremdgehen, dem sie mal mehr und mal weniger widerstehen können.

Ideale Berufspartner

Die Verlässlichkeit der Ärzte wissen vor allem Bankkauffrau, Apothekerin und Finanzbeamtin zu schätzen, weil diese selbst ganz ähnlich ticken. Ihre Reiselust können Mediziner indes hervorragend mit den Lehrerinnen und Journalistinnen ausleben. Für beide Berufsgruppen stellt das Reisen schon fast eine Pflichtaufgabe dar, um ihren Horizont zu erweitern. Den Rücken optimal frei halten den Medizinern neben den Sekretärinnen die Floristinnen. Keine Wunderdinge im Bett erwarten von ihnen sowohl die Altenpflegerinnen als auch die Kosmetikerinnen, die zwar kraftvolle Liebhaberinnen sind, aber horizontal das Standardprogramm bevorzugen. Kaum Einbußen bezüglich ihrer Libido haben während und nach der Wechseljahren die Gärtnerinnen, so dass sexuell häufig tatsächlich erst der Tod die beiden scheidet.

Die Ärztin

Basics

Bis vor wenigen Jahrzehnten nahmen Medizinstudentinnen das Studium mitunter nur auf, um sich schnellstmöglich einen angehenden Arzt zu angeln und hernach die Arztfrau spielen zu können. Diese Spezies ist inzwischen fast ausgestorben. Allenfalls bei den Zahnheilkundlerinnen mag es noch ein paar solche Einzelfälle geben. Schon während des Studiums zeigen die jungen Frauen oft mehr Engagement als ihre männlichen Kommilitonen, was sich bis in die Berufstätigkeit hinein fortsetzt. Dahinter steckt weniger die Motivation, das andere Geschlecht zu übertrumpfen, sondern vielmehr der starke Wunsch, Dienst am Patienten zu leisten. Regelmäßig setzen sich die Ärztinnen auch jenseits von Behandlungszimmer und Krankenbett für das Wohl der Welt ein, indem sie vielerlei karitative Organisationen unterstützen.

Aber auch der Mikrokosmos ihres sozialen Umfelds profitiert von dieser Nächstenliebe. Ihren Lieben sind sie ebenso einfühlsame wie verlässliche Ansprechpartnerinnen bei allen Problemen. Das macht sie in ihrem Freundeskreis außerordentlich beliebt. Unter Einsamkeit haben sie fast nie zu leiden, gemäß dem Stadionsong »You Never Walk Alone« des englischen Fußballclubs FC Liverpool.

Nachdem die Ärztin kurz die Welt gerettet hat, kann sie sich in ihrer Freizeit auch profaneren Vergnügungen hingeben. So verschlingt sie förmlich Bücher, reist ähnlich gerne wie ihre männlichen Kollegen und treibt mäßig Sport. Bei der Leibesertüchtigung braucht sie – anders als die Herren Mediziner – nicht unbedingt direkten Kontakt zu Wasser. Beim öffentlichen Kulturgenuss bevorzugt sie Konzerte querbeet von Abba bis Zappa sowie Musical- und Theaterbesuche. Aber auch auf dörflichen Veranstaltungen fühlt sie sich mitunter pudelwohl. Haustiere hält sie aufgrund ihrer ausgedehnten Arbeitszeiten als Single nur selten.

Flirt und Verführung

Heutige Ärztinnen umgibt eine viel wärmere Ausstrahlung als die Doktorinnen früherer Zeiten. Dadurch können sie Menschen, natürlich speziell auch Männer, leicht für sich gewinnen. Einen weiteren Pluspunkt der Heilkundlerinnen beim Suchen und Finden der Liebe stellt ihre Authentizität dar. Wenn sie Interesse an einem potenziellen Prinzen zeigen, dann ist diese Zuneigung fast immer echt. Spielchen, etwa um ihr Gegenüber nur in den Bann zu ziehen und dadurch ihren Marktwert zu testen, lehnen sie aus tiefstem Herzen ab. Mit ihrer Herzlichkeit und Verbindlichkeit gleichen sie gewisse optische Defizite aus. Zumindest *Germany's Next Topmodel* wird kaum je Stethoskop tragen.

Für die sexuelle Notfallversorgung sind Humanmedizinerinnen nur wenig geeignet, weil sie – anders als ihre Kolleginnen aus der Tiermedizin – eine gewisse Zeit brauchen, bis sie einem Paarungskandidaten die Tür ihres Wigwams öffnen. Den ersten Schritt hin zur Intimität sollte, davon ganz abgesehen, ohnehin eher die andere Seite tun.

Jagdreviere

Das Krankenhaus oder ihre Praxis ist für die Ärztin nur sehr selten ein Ort zum Anbandeln, weil der Ruf, beruflich keine klaren intimen Grenzen zu ziehen, einen Spießrutenlauf an Anzüglichkeiten nach sich ziehen würde. Zudem würden im Angestelltenverhältnis bei einer Klinik ihre Karrierechancen auf nahezu null sinken. In dieser Hinsicht wird bei Männern und Frauen zumindest hinter vorgehaltener Hand noch mit zweierlei Maß gemessen. Ohne Frage würde sie aber deshalb die Chance auf die große Liebe am Arbeitsplatz nicht unbedingt verstreichen lassen. In ihrer Freizeit hat die Ärztin eine Stammkneipe, eine Stammsauna, einen Stammitaliener, also Lokalitäten, die sie immer wieder besucht. Das erhöht ihre Paarungschancen insofern, als sie eher eine Frau für den zweiten Blick ist und sie den Stein erst durch stetes Flirten ins Rollen bringt. Dazu kommt, dass sie selbst auch nicht gerade schnell vom Feuer der Leidenschaft erfasst wird.

Vom Internet als Medium der Partnersuche wendet sich die Ärztin schnell mit Grausen ab, weil sie von den vielen Hochstaplern und Abenteurern dort die Nase voll hat. Zudem bevorzugt sie ohnehin die direkte Kontaktaufnahme von Angesicht zu Angesicht, die ihr beispielsweise Single-Cooking oder Singlepartys bieten. In Single-Gesprächsgruppen befürchtet sie indes, einen Seelenstriptease vor potenziellen Patienten vollziehen zu müssen.

Partnerschaft

Zur Liebe hat die Ärztin ein recht pragmatisches Verhältnis. Ihr ist durchaus bewusst, dass sie Arbeit bedeutet und mit Höhen und Tiefen verbunden ist. Zwar ist die Medizinerin durchaus ein romantischer Typ, der immer wieder kleine Highlights von der Zweisamkeit erwartet, aber andererseits muss für sie nicht permanent die »Titanic« auslaufen oder der Wind verwehen. Beziehungspraktisch wirft sie nur selten schnell die Flinte ins Korn. Wenn doch, dann muss schon einiges zusammengekommen sein, wie Alkoholismus gepaart mit massiver Gewalt. Die Beziehungsqualität versucht die Frau Doktor trotz ihrer knappen Zeit durch regelmäßige Zwiegespräche und die Einführung partnerschaftlicher Rituale aufrechtzuerhalten. Das kann ganz profan der gemeinsame sonntägliche Nachmittagsspaziergang oder die gegenseitige Wohlfühlmassage jeden zweiten Freitag im Monat sein.

Die Gründung einer Familie steht für die Ärztin unbedingt auf der Agenda, doch wird sie dieses Unternehmen nur mit einem Mann in Angriff nehmen, der bereit ist, seinen Teil an der Pflege und Erziehung der Sprösslinge zu übernehmen. Ihre Berufstätigkeit längerfristig komplett für die Familie aufzugeben passt nicht zu ihrem Lebensentwurf.

Weil der Medizinerin Gemütlichkeit in ihrem Wohnumfeld wichtig ist, schafft sie der Familie ein warmes Nest. Dabei scheut sie sich keineswegs, selbst Tapetenmesser und Bohrmaschine in die Hand zu nehmen. Im Gegenzug darf sich aber auch der Herzbube keinen schlanken Fuß machen, wenn es um die Erledigung der Hausarbeit geht. Einen Putz- und Kochmuffel an ihrer Seite wird sie niemals dulden.

Sex

Im Bett ist die Ärztin ein Hund, der nicht bellt, aber beißt. So ist sie auf Mädelsabenden mit intimen Geschichten aus den Liebesnächten ihrer Freundinnen leicht zu schockieren. Ein wenig erinnert sie in dieser Hinsicht an Charlotte aus *Sex and the City* bei den erotischen Schilderungen ihrer Freundin Samantha. Das »Schweigen der Medizinerinnen« hat aber fast nie etwas mit Verklemmtheit zu tun, vielmehr betrachten sie ihre Intimität ganz diskret als eine Angelegenheit, deren Details nur die Betroffenen kennen sollten.

Hinter verschlossener Schlafzimmertür allerdings zeigt die Ärztin, was wirklich hinter ihrer keuschen Fassade steckt. Gewöhnlich ist das Schatzkästlein ihrer intimen Lustbarkeiten prall gefüllt, weil sie aufgrund ihrer kindlichen Neugierde im Laufe ihres Sexuallebens schon viel ausprobiert und an vielem Spaß gefunden hat. Die rote Linie verläuft im wahrsten Sinne des Wortes erst dort, wo Blut fließt, obwohl sie ansonsten ein recht lockeres Verhältnis zu Körperflüssigkeiten hegt. Sadomaso-Praktiken zeigt sie in aller Regel die kalte Schulter.

Ideale Berufspartner

An der Seite des Journalisten kann die Ärztin eine Zeitlang in die Fremde gehen und Entwicklungshilfe leisten, indem er die wirtschaftlichen Missstände im Zielland anprangert, während sie den Ärmsten der Armen medizinische Nothilfe leistet. Ihre Freizeitinteressen teilen die kulturinteressierten Lehrer der Geisteswissenschaften, die Ingenieure und Designer. Eine Gemeinschaftspraxis kann die Doktorin eher mit einem Krankengymnasten oder einem Psychologen als mit einem männlichen Berufskollegen aufbauen, weil es mit Letzterem häufig zu Kompetenzgerangel kommt. Ihre Diskretion und Vielfalt in der Sexualität teilt vor allem der Finanzbeamte. Viel Unterstützung bei der Kindererziehung sowie den täglichen häuslichen Pflichten erhält die Ärztin vom Pfarrer, der sogar Bereitschaft zeigt, zeitweise die Rolle des Hausmanns zu übernehmen.

Der Vertreter

Basics

Würde man bei einer Quizshow einen Kandidaten fragen, welchen Beruf ihr Telefonjoker am ehesten haben sollte, würde wohl kaum jemand den Vertreter nennen. Was ihre geistigen Leistungen betrifft, wird die Berufsgruppe aber gemeinhin unterschätzt. Meist weisen ihre Mitglieder ein hohes Maß an Intelligenz und Allgemeinbindung auf. Letztere ist alleine schon dafür nötig, um die Kunden im Verkaufsgespräch dort abzuholen, wo ihre Interessen liegen. So müssen Vertreter den Einstieg ins Gespräch gleichermaßen mit dem Globetrotter über Reiseziele wie mit dem Fußballbegeisterten über die aktuelle Transferpolitik seines Lieblingsvereins finden können. Oftmals arbeiten sie sehr hart daran, ihr Wissen zu vermehren, um dem Vorurteil, minderbemittelt zu sein, entgegenwirken zu können. Nicht selten aber übertreiben sie es auch damit und lassen den Oberlehrer heraushängen.

Der Ruf der Schlitzohrigkeit, der Vertretern anhaftet, ist hingegen nicht ganz von der Hand zu weisen. Eine gewisse Ausgefuchstheit mag wohl auch unabdingbare Voraussetzung sein, um im Job Erfolg zu haben. Ehrlichkeit stellt jedenfalls kaum die Haupttugend dieser Berufsgruppe dar, wovon aber leider auch ihr Privatleben betroffen ist. Freunde und Bekannte sollten ihnen bestenfalls zwei Drittel von dem, was sie ihnen erzählen, auch wirklich glauben. Dafür wird es an der Seite eines Verkäufers im Außendienst niemals langweilig. Wer die besten Locations für wilde Partys oder die heißesten Swingerclubs erkunden möchte, liegt bei ihm absolut richtig. Nicht selten lebt der Vertreter auf seinen exzessiven nächtlichen Touren weit über seine Verhältnisse, so dass er ständig am Rande der Privatinsolvenz steht.

Mitunter gibt er hier den Krösus, um die Komplexe seines Berufsstands zu kompensieren. Intensive Leibesertüchtigung treibt in seiner Freizeit gewöhnlich nur die etwas kleinere Fraktion der strikt karriereorientierten Vertreter, während für die »Wild Boys« unter ihnen Sport eher Mord ist.

Flirt und Verführung

Für ihre Verhältnisse buhlen Vertreter manchmal erstaunlich lange um die Gunst einer Frau. Das hat aber meist weniger damit zu tun, dass ihnen das Objekt ihrer Begierde so außerordentlich begehrenswert erscheint, sondern vielmehr damit, dass das Eingestehen einer Niederlage ihrem narzisstischen Ego einen heftigen Schlag versetzen würde. Zudem kann die Angebetete nie ganz sicher sein, ob sie in diesem Moment die Einzige ist, der vom Vertreter der Hof gemacht wird. Nicht selten nämlich streuen Vertreter auf vielen Feldern gleichzeitig die Saat aus und hoffen, dass sie zumindest auf einem davon Frucht bringt. Bei dieser Strategie vertrauen die Mitarbeiter im Außendienst ihrer rhetorischen Brillanz. Ebenso geschickt, wie sie als Eismann ihren Kunden den Fisch und Fleisch aus der Kühltruhe verkaufen können, vermögen sie auch den eigenen Körper schmackhaft zu machen. Interessanterweise bevölkern gerade Vertreter die Flirtkurse der Republik, vermutlich aber, um nachher selbst als Coaches aus den Veranstaltungen hervorgehen zu können.

Jagdreviere

Not an Frauen herrscht beim Vertreter gewöhnlich nur, wenn er etwa als Mitarbeiter im technischen Außendienst beruflich nur wenig Umgang mit dem anderen Geschlecht hat. In anderen Bereichen – »Mister Vorwerk« lässt grüßen – liegt oft nur eine Tür zwischen ihm und dem Schlafzimmer seiner Kundinnen. Und die bedeutet nur selten ein ernstzunehmendes Hindernis, sofern er es darauf anlegt.

Tatsächlich nutzen fast ausnahmslos die Techniker und Ingenieure unter den Vertretern auch professionelle Möglichkeiten der Kontaktanbahnung wie etwa das Speed-Dating. Breiter wird die Streuung schon, wenn mit der Kontaktaufnahme zu anderen Singles auch der Aufbau eines neuen Freundeskreises oder Freizeitaktivitäten verbunden sind, was besonders in Singleclubs der Fall ist.

Die Techniker unter den Vertretern wiederum schalten Kontaktanzeigen in Zeitungen und Zeitschriften, beginnen aber ihre Texte fast nur mit der stark veralteten Floskel »Aus Mangel an Gelegenheit«, während auf Dating-Plattformen im Internet auch andere Vertreter unterwegs sind. Hier stoßen sie allerdings mitunter an ihre Grenzen, weil sie die seriöse Damenwelt aufgrund ihrer Angebereien und Übertreibungen abschrecken.

Auf freier Wildbahn bringen die Klinkenputzer das Kunststück fertig, Paarungskandidatinnen aus der Fußgängerzone direkt in ein Café zu entführen. Folglich fällt es ihnen nirgendwo wirklich schwer, mit dem anderen Geschlecht in Kontakt zu kommen.

Partnerschaft

Eine Frau, die sich auf eine Beziehung mit einem Vertreter einlässt, sollte sich im Klaren sein, dass stets ein Damoklesschwert über der Zweisamkeit schwebt. Leider macht nämlich häufig Gelegenheit Diebe. Überall warten erotische Versuchungen auf den Außendienstmitarbeiter. In Hotels, in denen er auf seinen Verkaufstouren nächtigt, vor allem aber in den Wohnungen seiner zum Teil einsamen oder von der Ehe frustrierten Kundinnen. Zudem kann er potenzielle Eskapaden trefflich geheim halten, weil für seine Partnerin nur schwer nachzuvollziehen ist, ob er beruflich oder erotisch im Außendienst ist.

Zu Hause spielt der Vertreter oft perfekt die Rolle des treusorgenden Familienvaters. Niemand würde auf den Verdacht kommen, dass er insgeheim eine Art Doppelleben führt. Seinen Sprösslingen bietet er viel, indem er sie häufig zu großen Sportevents wie Formel-1-Rennen oder Fußballspielen mitnimmt und ihnen dabei fast alle Wünsche von den Augen abliest. Bei gemeinsamen Freizeitparkbesuchen kultiviert er nicht zuletzt sein eigenes inneres Kind.

Auch die Herzdame des Repräsentanten wird kaum je über Langeweile klagen müssen. Sie führt er regelmäßig auf gesellige Veranstaltungen zum Tanz aus und unternimmt an ihrer Seite luxuriöse Reisen, oft in exotische Gefilde. Allerdings bewegt sich das eheliche Bankkonto infolgedessen regelmäßig am Anschlag. Als weiterer Pluspunkt können Vertreter ihre handwerklichen Fähigkeiten in die Waagschale werfen. Oftmals sind sie wahre Tüftler vor dem Herrn und finden für jeden auch noch so diffizilen Wunsch ihres Herzblatts zur Nestverschönerung eine Lösung. Wenn bei seiner Gattin eheliche Treue auch eher als Sekundärtugend firmiert, kann sie neben dem Handlungsreisenden durchaus glücklich werden.

Sex

Jenseits des heimischen Schlafzimmers lassen Vertreter im wahrsten Sinne des Wortes die Puppen tanzen, indem sie sich in Striptease-Bars an der Entblätterung der Tänzerinnen erfreuen, um später mit ihren Kolleginnen vom horizontalen Gewerbe im Zimmer oder im Whirlpool zu verschwinden. Dort leben sie, oft stark alkoholisiert, Fantasien aus, die sie zu Hause nicht in die Tat umsetzen können. Besonderen Genuss bereiten den Außendienstmitarbeitern Gruppensex-Abenteuer, bei denen sie an der Seite weniger männlicher Mitstreiter eine Vielzahl von willigen Damen abwechselnd beglücken. Bisweilen integrieren sie auch ihre Ehefrauen in den Gruppensex, aber vielen bereitet gerade der Ruch des Heimlichen und Verbotenen den ultimativen Kick. Weit verbreitet bei Vertretern ist auch der Wunsch nach erotischer Züchtigung, wobei sie erheblich häufiger den passiv unterwürfigen Part übernehmen. Kuschelrock jedenfalls wird man aus ihren Schlafzimmern kaum vernehmen.

Ideale Berufspartner

Die nötige Bewunderung, um in einer Beziehung dauerhaft glücklich zu sein, bringen dem Vertreter die Friseuse, die Sekretärin und die Reinigungsfachkraft entgegen. Seine beständige Lust auf Unternehmungen ruft gerade bei den aktiven Krankenschwestern und Kellnerinnen Begeisterungsstürme hervor. Mit allen drei Berufen kann er auch im Bett weite Wege gehen. Eher Bereitschaft, über seine außerehelichen Eskapaden hinwegzusehen, zeigt neben der Altenpflegerin auch die Briefträgerin. Sowohl von Kosmetikerinnen als auch von Floristinnen wird der Außendienstmitarbeiter gerne für das Projekt »Schöner wohnen« eingespannt. Den Liebesfilm »Jenseits von Balkonien« kann er mit der ebenfalls reiselustigen Journalistin drehen.

Die Vertreterin

Basics

Für die Vertreterin bedeutet zu große familiäre Nähe häufig Gefahr. Oft wurde sie von ihren Eltern autoritär erzogen oder gegenüber einem Geschwisterteil benachteiligt. Aus dieser Aschenputtelrolle heraus hat sie starke, oft sogar generalisierte Bindungsängste entwickelt. Konkret kann sich das in häufig wechselnden Partnerschaften, Freundschaften, Wohnorten und Freizeitbeschäftigungen äußern. Beruflich haben Vertreterinnen oft Schwierigkeiten, in einem beständigen Arbeitsumfeld tätig zu sein. In einem Büro mit den immer gleichen Leuten eingesperrt zu sein bedeutet den Horror für sie. Permanent bestünde dort die Gefahr, dass jemand räumlich und emotional ihre intimen Grenzen verletzt. Diesbezüglich kommt ihr die Rolle als freier Vogel im Außendienst perfekt entgegen.

Die privaten Kontakte der Vertreterin sind meist geprägt von einer gewissen Oberflächlichkeit. Oft überschätzt sie den Wert ihrer Freundschaften und wird sich dessen erst schmerzlich bewusst, wenn in der Not keiner mehr für sie da ist. Oft nimmt sie das zum Anlass, mit eisernem Besen in ihrem Umfeld auszumisten.

Dabei gehört es aber zu ihrem bindungsphobischen Denkmuster, dass sie den eigenen Anteil an der mangelnden Substanz ihrer Beziehungen außer Acht lässt. Denn diese Selbsterkenntnis könnte sie auf den gefahrvollen Weg bringen, gegebenenfalls mit therapeutischer Unterstützung, mehr Nähe zuzulassen. Um das zu vermeiden, macht sie lieber andere zum Sündenbock. Nicht selten tritt sie auch die Flucht vor ihren Problemen an, indem sie sich weit entfernt einen anderen Arbeitsplatz und eine neue Wohnung sucht.

Natürlich leiden die Freizeitaktivitäten der Vertreterin gleichermaßen unter ihrer psychischen Verfasstheit. Vereinen schließt sie sich nur selten an, weil das zu viele Verpflichtungen mit sich bringen würde. Relative Konstanzen stellen ihre Tanzleidenschaft sowie mäßiges Sporttreiben dar. Ihre Seele lässt sie gerne und regelmäßig bei Wellnesswochenenden mit ausgiebigen Saunabesuchen baumeln.

Flirt und Verführung

Im Gegensatz zu ihren männlichen Kollegen sehen die Vertreterinnen ihren Job nicht als Kontaktbörse für häufig wechselnden Geschlechtsverkehr. Im Gegenteil umgeben sie sich hier, oft sogar ganz bewusst, mit einer Aura der Unnahbarkeit. Leider zeigen sie diese Rührmichnichtan-Ausstrahlung auch ein Stück weit im Privatleben. Auf augenscheinliche Flirtsignale in Richtung des anderen Geschlechts oder gar Komplimente wartet man bei ihnen vergeblich.

Ebenso wenig sind sie selbst in der Lage, an sie adressierte Flirtbemühungen zu erkennen. Nicht selten sind daher beide Seiten bass erstaunt, wenn sie sich ihre heimliche Zuneigung doch irgendwann gestehen.

Ist die Katze erst einmal aus dem Sack, muss die Außendienstmitarbeiterin nicht mehr lange zum erotischen Stelldichein gebeten werden. Mitunter öffnet sie dem Objekt ihrer Begierde noch am Abend des Liebes-Outings die Schlafzimmertür.

Jagdreviere

Die Vertreterin schützt sich vor Partnerschaft und Nähe, indem sie keine Möglichkeit zur Entsingelung so konsequent nutzt, dass ihr daraus ernsthafte Paarungschancen erwachsen könnten. Egal wo sie auftaucht, spielt sie nur die Rolle der sporadischen

Besucherin. Spätestens aber, sobald sich zwischen den bindungs-
willigen Singles auf den Piazzas der einsamen Herzen eine Bin-
dungsdynamik zu entwickeln beginnt, drängen sie die beziehungsphobischen Anteile ihres Unterbewusstseins, das Weite zu
suchen. Durch ihre Unbeständigkeit schreckt sie damit auch die
Männer ab, die eine verlässliche Zweisamkeit suchen. Interessant
bleibt sie aufgrund ihrer hervorragenden Optik nur für Blitz-
krieger, Womanizer und Liebesflüchter.

Mit Internet und Kontaktanzeige steht die Handlungsreisende
auf dem Kriegsfuß, weil sie nicht das Sitzfleisch hat, stundenlang
E-Mails zu wechseln oder Briefe zu schreiben. Zum Verfassen
von eigenen Suchtexten fehlt ihr indes die Fantasie. Speed-Dating kommt ihr insofern entgegen, als ihr bei den Kurzdates
kaum je ein Kandidat zu nahe auf die Pelle rücken kann und sie
nicht in die unangenehme Lage kommt, sofort nach ihren Kontaktdaten gefragt zu werden.

Bei der Pirsch nach Mister Right in freier Wildbahn bleibt die
Vertreterin ebenso quecksilberhaft schwer greifbar. Nur selten
bleibt sie so lange in Kennenlern-Locations, bis es dort zu vorge-
rückter Stunde zum Flirt-High-Noon kommt.

Partnerschaft

Das partnerschaftliche Leben der Vertreterin ist stark von ihren
Bindungsängsten geprägt. Oft sabotiert sie ihre Beziehungen
aber noch nicht einmal selbst, sondern bindet sich an ein männli-
ches Gegenstück, das ähnlich gestrickt ist wie sie und an ihrer
Stelle den destruktiven Part übernimmt. Dadurch kann sie die
Rolle der passiven Beziehungsverweigerin spielen. Unbewusst
schützt sie sich also vor einer harmonischen Langzeitbeziehung,
indem sie sich in Typen verliebt, die dafür absolut ungeeignet
sind. Oft fahren ihre männlichen Bekanntschaften zweigleisig
oder lassen sie am langen Arm verhungern, so dass dauerhafte

Nähe niemals aufkommen kann. Da der Vertreterin meist noch nicht einmal der Schritt gelingt, ihre Probleme wirklich zu erkennen und zu verstehen, bleibt sie zeitlebens in ihrem bindungsphobischen Muster verhaftet.

Den klassischen Verlauf mit Heirat, Kindern und lebenslanger Partnerschaft wird die Liebesvita der Vertreterinnen jedenfalls kaum nehmen. Wenn aus einem ihrer Beziehungsversuche doch Nachwuchs entspringt, ist dieser schutzlos dem ambivalenten Verhalten seiner Eltern ausgeliefert. Keinesfalls wird er ihren Zusammenhalt stärken, sondern zusätzlichen Sprengstoff liefern, weil er für beide Seiten zu viel Verantwortung und Bindung bedeutet. So recht will keiner der Elternteile die Erziehung übernehmen, was immer wieder Anlass zu Streit gibt.

Gemeinsame entspannte Paaraktivitäten haben für die Außendienstmitarbeiterin Seltenheitswert. Überschattet sind sie häufig von mangelnder gegenseitiger Loyalität und Aufmerksamkeit, wobei sie meist die Bedürftigere ist. Regelmäßig vergrößert ihr Herzbube die Distanz noch zusätzlich, indem er filmreife Eifersuchtsdramen inszeniert. Nicht selten kommt es dadurch zu einer vorübergehenden Trennung, bis die gegenseitige Sehnsucht wieder die Überhand gewinnt.

Sex

Häufig ist die fleischliche Lust der Vertreterin der Bereich, in dem sie sich selbst zu beweisen versucht, dass sie Nähe aushalten kann. Sie ist daher bekannt für ihre sexuelle Offenheit. Und weil sie mit ziemlich vielen Männern schon ziemlich viel ausprobiert hat, mangelt es ihr auch keineswegs an Variantenreichtum beim intimen Stelldichein. Zwar bevorzugt sie im Bett Praktiken, bei denen sie den Partner tief in sich spüren kann, doch hat sie gegen Rollenspiele ohne eigentlichen Geschlechtsakt oder gegenseitige manuell-orale Befriedigung durchaus nichts einzuwenden. Nicht selten demütigt sie sich sexuell selbst als Strafe für ihre empfundene Wertlosigkeit, was zum Teil skurrile Züge annimmt und ein wenig an Szenen aus Roman Polanskis Film *Bitter Moon* erinnert. In die Flucht treiben Vertreterinnen aufgrund ihrer Probleme mit Nähe exzessive Kuschler. Nach dem Beischlaf kehren sie ihrem Partner meist schnell den Rücken zu.

Ideale Berufspartner

Sehr viel Luft zum Atmen lassen der Vertreterin gewöhnlich der Journalist und der Busfahrer, weil sie selbst auch Kinder der Freiheit sind. Ihren Hedonismus, was leibliche Genüsse und Wellness betrifft, teilen neben ihren männlichen Kollegen, fast schon berufsbedingt, die Köche. Zum Experimentierfeld par excellence wird das eheliche Schlafzimmer mit einem Polizisten, Finanzbeamten oder Geschäftsführer. Einen großen Teil der Verantwortung für Haus, Hof und Garten nimmt der Außendienstmitarbeiterin der Gärtner ab, während der Psychologe das Gros der Kindererziehung übernimmt. Einen regen intellektuellen Austausch wird sie zu guter Letzt an der Seite ihrer männlichen Kollegen erleben, die wie sie eher lebensklug als bücherweise sind.

Der Krankengymnast

Basics

»Leben ist Bewegung, Bewegung ist Leben.« Dieser Satz von Leonardo da Vinci könnte das Lebensmotto der Krankengymnasten sein, zeichnet die Berufsgruppe doch ein hohes Maß an innerer und äußerer Agilität aus. Im Gegensatz zu anderen aktiven Menschen treibt sie jedoch nicht innere Unruhe – die berühmten Hummeln im Hintern –, sondern eine gesunde Freude an der Bewegung an. So können sie, wenn es sein muss, sich auch durchaus für längere Zeit auf ihre vier Buchstaben setzen, etwa um ein gutes Buch zu lesen. Die meisten Physiotherapeuten betreiben in ihrer Freizeit mindestens ein bis zwei Sportarten. Hierbei ist die Bandbreite zwar sehr groß, häufig aber spielen Kampfsportarten, die ein Höchstmaß an Körperbeherrschung und Disziplin verlangen, eine große Rolle. Neben dem reinen Spaßfaktor wirkt sich die Leibesertüchtigung für Krankengymnasten auch positiv auf ihre Psychohygiene aus. Nur selten erkranken sie an Depressionen oder anderen seelischen Leiden. Im Gegenteil zeichnet sich der Krankengymnast durch eine große Portion Zuversicht aus, indem er stets auf die helle Seite des Lebens schaut.

Noch mehr als im beruflichen Bereich ist Krankengymnasten im privaten Bereich menschlicher Kontakt wichtig. Von emotionalen Aspekten abgesehen, lieben sie den Austausch von Wissen und Erfahrungen mit ihrem sozialen Umfeld. Ein wenig erinnern sie an den Fährmann in Hermann Hesses *Siddharta*, dessen Weisheit sich aus den Erzählungen seiner Passagiere speist. Besonders geschätzt werden die Vertreter der Berufsgruppe von ihren Lieben wegen ihrer Authentizität. Was sie sagen, meinen sie auch so. Allerdings stoßen sie mit ihrer ebenso direkten wie hemdsärmeligen Art sensible Zeitgenossen bisweilen, ohne es zu beabsichtigen, vor den Kopf.

Auch zu allem, was kreucht und fleucht, haben Krankengymnasten eine große Affinität. Auf ihren ausgiebigen Spaziergängen oder Joggingrunden werden sie häufig von Hunden begleitet, während sie andere Haustiere wie Zierfische überwiegend zu Zuchtzwecken oder zur optischen Erbauung halten. Nicht selten engagieren sie sich auch für das Thema Naturschutz, oder es liegt ihnen zumindest sehr am Herzen.

Flirt und Verführung

Vom lieben Gott ist dem Krankengymnasten kaum ein hoher Flirtfaktor in die Wiege gelegt worden. Zudem wollte in seiner Kindheit und Jugend so recht auch kein weibliches Wesen auftauchen, an dem er seinen Charme hätte testen können. Folglich ist er noch ein ziemlich ungeschliffener Diamant, wenn er im Erwachsenenalter seine ersten Balzerfahrungen macht. Ziemlich hölzern in seiner Art, sich gegenüber dem anderen Geschlecht auszudrücken, tritt er in so manches Fettnäpfchen. Leider verfügt er dabei auch nicht über das Aussehen eines George Clooney, was die Damenwelt über seine Fauxpas hinwegschauen lassen würde. Nach diversen schlechten Erfahrungen begibt er sich spätestens ab seinem vierten Lebensjahrzehnt in die Hände eines professionellen Flirtcoaches und verschlingt Literatur zum Thema. Zwar wird er dadurch nur noch selten zu einem geschmeidigen Frauenverführer, doch erwirbt er sich Fähigkeiten beim Flirten, die für den Hausgebrauch allemal reichen.

Jagdreviere

Obwohl Frauen unter seinen massierenden Händen häufig förmlich dahinschmelzen, stellt die eigene Praxis kein gutes

Jagdrevier für den Krankengymnasten dar. Schon ein Griff an die falsche Stelle oder eine anzügliche Bemerkung kann ihn in größte Schwierigkeiten bringen. Wenn er partnerschaftliches Interesse an einer Patientin hat, ist er, sofern er es mit seinem Berufsethos ernst nimmt, im Prinzip zur Passivität verdonnert und muss abwarten, bis sie eindeutiges Interesse an einem privaten Kontakt signalisiert. Zumindest aber darf er auf keinen Fall in den Ruch geraten, sein Behandlungszimmer sei ein von verbalen und intimen Übergriffen geprägter Ort.

Unter den professionellen Vehikeln zum Suchen und Finden der Liebe kommen für die Berufsvertreter am ehesten diejenigen in Frage, die ein mehrmaliges gegenseitiges Beschnuppern erlauben. Besonders gerne nutzen sie dafür Singleclubs und Singlereisen, zumal dort zusätzlich meist noch viel körperliche Aktivität im Spiel ist. Hier bietet sich ihnen die Möglichkeit, die Scharten, die sie durch ihre Tritte in Fettnäpfchen bei den letzten Treffen geschlagen haben, bei nächster Gelegenheit wieder auszuwetzen. An Single-Gesprächsgruppen stört sie allein der hohe Sitzanteil, bei Kontaktanzeigen und dem Flirt im Internet der Umstand, dass sie nicht gleich rankommen an den Speck. Bei der Brautschau in freier Wildbahn hoffen die Krankengymnasten eher auf Zufallsbekanntschaften in Sauna oder Straßenbahn, als dass sie zur Verpaarung gezielt Kennenlern-Locations wie bestimmte Kneipen oder Diskotheken aufsuchen würden.

Partnerschaft

Die Herzdame des Krankengymnasten wird, positiv formuliert, kaum je auf einer Schleimspur ausrutschen. Anders ausgedrückt: Der Physiotherapeut leidet nicht gerade an einem Übermaß an Charme und Romantik. Allzu gefühlvolle Komplimente sind genauso wenig sein Ding wie Candle-Light-Dinner unter Sternenhimmel. Insgesamt ist er eher ein Arbeiter als ein Künstler der

Liebe. Seinen Mangel an »Herzstreicheln« macht er aber wett, indem er seine Angetraute in allen Lebenslagen unterstützt.

Für die gemeinsamen Sprösslinge – Krankengymnasten lassen sich auch fast wie selbstverständlich auf Stiefkinder ein – sind sie ohnehin die Universalwaffe. Denn besonders bei der Bespaßung der Kleinen kennt ihre Fantasie keine Grenzen. Sie erfinden eigene Spiele, bauen Baumhäuser und erklären dem Nachwuchs die Welt bei Exkursionen durch Wald und Flur. Nur von Elternabenden hält sie ihre bessere Hälfte gewöhnlich fern, weil sie dort wegen ihrer forschen, bisweilen sogar herausfordernden Art regelmäßig Gefahr laufen anzuecken. Das kann auch in der Pubertät der Sprösslinge zum Problem werden, wenn diese beginnen, empfindlicher auf die markigen Ansagen ihres Vaters zu reagieren.

Not wird die Familie des Krankengymnasten nie leiden müssen, behandelt er doch seine finanziellen Ressourcen – ohne dabei geizig zu sein – pfleglich und erwirtschaftet ein erkleckliches Einkommen. Verschwendungssucht stellt für ihn jedoch ein rotes Tuch dar. Wirft seine Frau Gemahlin dauerhaft das Geld zum Fenster hinaus, kann es passieren, dass er sie gleich hinterherwirft.

Sex

Das Sexualleben der Krankengymnasten zeigt Licht und Schatten. Nur die wenigsten von ihnen sind in der Lage, im Bett ein echtes Feuerwerk der Leidenschaft abzubrennen. Es mangelt ihnen einfach ein wenig an der dafür notwendigen Fantasie. Allerdings zeigen Krankengymnasten häufig ein deutliches Entwicklungspotenzial und erweitern mit zunehmendem Alter ihr horizontales Repertoire merklich. Auf der Habenseite steht dabei ihre schon berufsnotwendige Fingerfertigkeit. Allein kraft ihrer Hände können sie ihre Gespielin ins Nirwana der Lust entführen. Natürlich verfügen sie auch über die entsprechenden anatomischen Kenntnisse, um bei ihr die entsprechenden Lustpunkte zu treffen. Anders als manche ihrer Geschlechtsgenossen wissen sie sehr wohl, dass weder die Klitoris ein Himmelskörper noch die Gräfenberg-Zone ein militärisches Sperrgebiet ist. Dieselbe Stufe der Erregung, die sie ihrer Partnerin bereiten, erreichen die Physiotherapeuten indes nur selten. Meist hindert sie ihre Kopflastigkeit daran, in völlige Ekstase zu verfallen. Im erotischen Tagebuch seiner Liebhaberin bekommt er daher gewöhnlich nur die Note 3+.

Ideale Berufspartner

Genügend Toleranz, um über die gelegentlichen Ausrutscher ins Fettnäpfchen des Krankengymnasten hinwegzusehen, können die Floristinnen, die Bankkauffrauen und die Sekretärinnen in die Waagschale werfen. Seine Zauberhände intim besonders zu schätzen wissen die berührungssensitiven Bankkauffrauen sowie Hebammen. Im Bett kaum je überfordern wird er die Briefträgerin. Den Fels in der Brandung bilden Physiotherapeuten für die mitunter etwas chaotischen Polizistinnen, indem sie ihnen einen Großteil der Verantwortung im Alltag abnehmen. Die Sparsamkeit des Krankengymnasten teilt neben der soliden Pfarrerin auch die Finanzbeamtin, wobei Letztere ihre berufstypische Reiselust in Zaum halten sollte. Schnell könnte ihrem Partner ihr andauerndes Globetrotten doch einmal zu kostspielig werden.

Die Krankengymnastin

Basics

Im Gegensatz zu ihren männlichen Kollegen, die ihre Patienten fast schon verletzend direkt mit ihren körperlichen Defiziten konfrontieren, gehen die Krankengymnastinnen erheblich taktvoller zu Werke. Sie geben dem Kind nicht unnötigerweise gleich einen Namen, sondern machen sich zunächst daran, es zu beseitigen. Bei ihrer Arbeit am Menschen sind sie meist außerordentlich engagiert. Das ist umso bewundernswerter, als ihre Behandlungen von den Krankenkassen hoffnungslos unterbezahlt werden. Wenn sie einmal unmotiviert wirken, dann deshalb, weil sie zu lange arbeiten müssen, um ein Auskommen mit dem Einkommen zu haben.

Einen Ausgleich für ihren harten Job finden die Berufsvertreterinnen in ihren Freizeitaktivitäten. Nicht wenige von ihnen sind eng dem Pferdesport verbunden und entspannen sich bei stundenlangen Ritten durch Gottes freie Natur. Bisweilen verbinden sie auch das Angenehme mit dem Nützlichen, indem sie für ihre Patienten therapeutisches Reiten anbieten. Neben ihren Rossen halten sie oft noch andere Haustiere, Hunde dabei häufiger als Katzen. Sport treiben sie allerdings – abgesehen vom Dressur- und Springreiten – nur moderat. Wenn überhaupt, dann nutzen sie die eigenen Beine eher walkend als joggend, und Federball ist ihnen allemal lieber als Squash.

Einsam wird es um die Physiotherapeutinnen zeitlebens selten, weil sie sozial hervorragend vernetzt sind. Sie haben eine Vielzahl an qualitativ hochwertigen Kontakten und wissen in der Not fast immer, an wen sie sich wenden können. Nur sehr selten erleben sie im zwischenmenschlichen Bereich Enttäuschungen. Die größte Stärke der Krankengymnastin liegt fraglos darin, dass sie ihren Mitmenschen stundenlang aufmerksam zuhören kann. Aufgrund ihrer bescheidenen Art bereitet es ihr überhaupt keine Schwierigkeiten, sich zurückzunehmen und gegebenenfalls nur die zweite Geige zu spielen. Nicht in vorderster Front zu stehen bewahrt sie dabei gleichzeitig vor so manchem Konflikt.

Flirt und Verführung

Die Krankengymnastin unternimmt fast nie den einen ultimativen Vorstoß in Richtung des Objekts ihrer Begierde. Vielmehr ergeben viele kleine Mosaiksteine das Mosaik ihres Interesses. Mal macht sie ihrem Gegenüber ein indirektes Kompliment, mal schenkt sie ihm vorsichtig Bewunderung für eine Idee oder einen Gedanken. Oftmals sind ihre Signale so fein, dass die andere Seite sie nur empfangen und richtig einordnen kann, wenn sie über genügend sensible Antennen dafür verfügt. Bisweilen verzweifeln die Berufsvertreterinnen an Paarungskandidaten, denen die Sensibilität fehlt, zu erkennen, was die Stunde geschlagen hat. Am liebsten würden sie ihnen dann einen Schlag mit dem Zaunpfahl verpassen, das verbietet aber allenthalben ihre vornehme Zurückhaltung. Im beruflichen Bereich hängt sie sich für ihre Verhältnisse schon extrem weit aus dem Fenster, wenn sie dem Herzbuben in spe das Du anbietet. Damit zeigt sie ihm überdeutlich, dass sie ihre »Behandlung« von der Massageliege gerne auf ihr heimisches Bett verlagern würde.

Jagdreviere

Aufgrund ihrer langen Arbeitszeiten hat die Krankengymnastin während der Woche nur noch selten den Elan, sich abends ausgiebig auf die Pirsch nach Mister Right zu begeben. Daher bevorzugt sie Internet und Kontaktanzeigen, die ihr auch im stillen Kämmerlein Kontakte zur Männerwelt ermöglichen. Eine »Herzensangelegenheit« stellt diese Möglichkeit der Kontaktaufnahme für sie aber auch nicht dar, weil sie die Prinzen in spe viel lieber gleich persönlich beschnuppern würde. Mit überregionalen Kontaktbörsen kann sie überdies nur wenig anfangen. Aufgrund ihrer Praxis ist sie nämlich ziemlich ortsgebunden und die ständige Fahrerei sowie das Leben aus dem Koffer im Rahmen einer Fernbeziehung möchte sie möglichst vermeiden. Relativ sympathisch sind der Physiotherapeutin indes Single-Cooking oder Running-Dinner, weil sie hier in einem begrenzten Zeitrahmen relativ viele männliche Kandidaten unter die Lupe nehmen kann. Dabei nicht zuletzt auch unter dem Aspekt ihrer Haushaltseignung.

Am Arbeitsplatz ist sie flirtmäßig insofern äußerst vorsichtig, als sie die Indiskretion möglicher intimer Männerkontakte, seien es Patienten oder Kollegen, fürchtet.

Die höchste Bindungsquote erzielen die Berufsvertreterinnen in ihrem privaten sozialen Umfeld. Oft treffen sie ihren Herzbuben bei gemeinsamen Events oder bei Freizeitunternehmungen ihrer Clique. Bisweilen schlüpfen dabei Freunde in die Rolle von Amor und bahnen ein Kennenlernen an.

Partnerschaft

Wenn es eine Scheidungsstatistik für Berufsgruppen gäbe, würden Krankengymnastinnen vermutlich ganz weit hinten rangieren. Das liegt zum einen daran, dass die Vertreterinnen der Profession aufgrund ihrer guten Menschenkenntnis, gepaart mit einer gewissen Vorsicht bei der Partnerwahl, nur selten wirklich danebengreifen. Zum anderen sind sie durch ihr ausgleichendes Wesen trefflich in der Lage, die Ecken und Kanten ihres Partners bis zu einem gewissen Maß auszugleichen. Absolut rot sehen sie nur, wenn ihr Herzbube allzu sehr der Bequemlichkeit anheimfällt. Niemals würden sie auf Dauer einen Couch-Potato neben sich dulden, der sich bereits mit seiner Situation arrangiert oder angefreundet hat.

Andererseits sollte der Angetraute der Physiotherapeutin kein Reinlichkeitsfanatiker sein. Ist dies doch der Fall, dann muss er Staubtuch und Putzlappen schon selbst in die Hand nehmen. Zwar ist auch für sie Ordnung wichtig, aber gewiss ist sie nicht das halbe Leben.

Auch zeigt sie keinerlei Ambitionen, die Wahl zur »Miss Kochlöffel« zu gewinnen, bevorzugt sie doch wochentags allein schon aus Zeitgründen die schnelle Küche. Da flott und lieblos aber für sie beileibe nicht dasselbe bedeuten, kommt trotzdem immer etwas Schmackhaftes auf den Tisch. An den Wochenenden oder Festtagen lässt sie sich gerne von ihrem Partner kulinarisch verwöhnen oder holt ihn sich zumindest zur tatkräftigen Unterstützung an den Herd.

Ihren Kindern ist die Krankengymnastin eher beste Freundin als Erziehungsperson. Im Rahmen weit gefasster Regeln lässt sie sie an der langen Leine laufen und steht immer Gewehr bei Fuß, wenn ihr Rat gebraucht wird.

Sex

Die Krankengymnastin lebt ihre Geschlechtlichkeit nach dem Motto: Appetit holt man sich woanders, gegessen wird zu Hause. Dabei stellt vorrangig ihre Arbeit einen Hort der Inspiration dar. Nicht selten hegt sie dort ausgiebige sexuelle Fantasien mit ihren Patienten und bisweilen auch Patientinnen. Eine häufige Vorstellung kreist um einen Rollentausch dergestalt, dass sie zunächst massiert und anschließend von hinten penetriert wird. Handelt es sich um eine Patientin, tritt in ihrer Vorstellung meist ein Dildo an die Stelle des männlichen Glieds. Beidgeschlechtlich imaginiert sie oft gegenseitige orale oder manuelle Befriedigung bis zum Höhepunkt.

Setzt sie, etwa als Single, ihre Fantasien ausnahmsweise auch um, bereitet ihr gerade die Angst vor der Entdeckung einen besonderen Kick. Für die Berufsgruppe typisch ist nämlich auch ein gewisser Hang zum Exhibitionismus. Interessanterweise manifestiert sich diese Zeigelust der Physiotherapeutin aber fast nie in ihren Kleidungsgewohnheiten. Weder schweben ihre Brüste in permanenter Gefahr, aus dem Dekolleté zu hüpfen, noch blitzen unter ihrem Minirock bereits die Pobacken hervor. Sie gibt sich stattdessen hier eher hoch- beziehungsweise tiefgeschlossen.

Ideale Berufspartner

Das Harmoniebedürfnis der Krankengymnastin teilen der Ingenieur und der Gärtner, auf die cholerischen Bademeister und Köche dagegen kann sie mäßigend und ausgleichend wirken. Dass sie an der heimischen Couch festwächst, braucht sie vor allem mit einem unternehmungslustigen Polizisten oder Briefträger kaum je fürchten. Ihre sexuellen Fantasien kann die Physiotherapeutin am besten mit dem Pfarrer ausleben, den nicht zuletzt ihre Lust zum Exhibitionismus enorm anturnt. Dass sie im öffentlichen Rahmen eher züchtig gekleidet auftritt, kommt ihm von Berufs wegen hervorragend zupass. Fünfe gerade sein, weil sie weder eine Putz- noch eine Kochfee ist, lässt neben dem Journalisten gerne der Programmierer. Beide brauchen weder unbedingt eine Drei-Sterne-Küche noch eine Wohnung auf Hochglanz.

Der Verkäufer

Basics

Das Erfolgsrezept des Verkäufers im Job lautet Identifikation mit
dem Produkt. Bastelt er zum Beispiel in seinen Mußestunden gerne an Elektrogeräten herum, wird er auch im Beruf voller Leidenschaft Kühlschrank und Co. an den Mann beziehungsweise an die
Frau bringen. Arbeitet er indes im Baumarkt, obwohl er selbst
zwei linke Hände hat, dümpelt er beruflich meist nur so herum.
Das ist die Spezies, die mit den Kunden Verstecken ohne Finden
spielt, die also alles tut, um nicht ins Blickfeld der Käuferschaft zu
geraten. Zum Glück aber sind die meisten Vertreter der Berufsgruppe passgenau nach ihren Interessen im Einsatz.
Die private soziale Einbindung des Kaufmanns hängt sehr stark
von dem Bereich ab, in dem er seine Brötchen verdient. So sind
Textilverkäufer gewöhnlich erheblich besser vernetzt als die Mitarbeiter der Computerabteilung, die sich in ihren Mußestunden
lieber mit dem PC als mit Freunden beschäftigen. Wirklichen
Tiefgang in ihren menschlichen Beziehungen erreichen aber sowohl die einen als auch die anderen nur selten, weil sie entweder
zu sehr auf sich bezogen sind oder ihnen die nötige emotionale
Intelligenz fehlt. Beide Gruppen haben genau genommen nur
Bekannte, mit denen ein Gedankenaustausch auf relativ unpersönlicher Ebene und eine gemeinsame Freizeitgestaltung möglich sind.
Apropos Freizeitgestaltung: Meist gehen Verkäufer jenseits der
Ladentheke Beschäftigungen ohne allzu hohen geistigen Anspruch nach. Häufig läuft nach Dienstschluss die Spielekonsole
heiß, oder es werden Serien im Fernsehen konsumiert. Daneben
steht oft der Besuch von Sportveranstaltungen – vornehmlich die
Spiele der Lieblingsfußballmannschaft – auf der Agenda. Der

Typus geselliger Verkäufer ist nicht selten ein regelrechter Party-
löwe. Sein schier unerschöpfliches Witze- und Anekdotenreper-
toire kann in geselligen Runden Segen oder Fluch sein. Segen,
wenn er das richtige Maß findet, sie einzustreuen, Fluch, wenn er
damit, ohne es zu merken, die Nervschwelle überschreitet.

Flirt und Verführung

Im Umgang mit Frauen finden Verkäufer nur selten die goldene
Mitte. Entweder sie versuchen, ihren relativ geringen beruflichen
Status zu kompensieren, indem sie sich ihnen gegenüber ziemlich machohaft verhalten, oder sie mutieren zum Leisetreter und
machen sich noch kleiner, als sie in Wirklichkeit sind. Letzteres
kommt natürlich beim anderen Geschlecht überhaupt nicht an,
wohingegen die Überbetonung der Männlichkeit immerhin
noch gewisse Kreise der Damenwelt anspricht.

Von ihrer Jagdstrategie her neigen die Kaufmänner im Einzelhandel zum Überraschungsangriff. Meist stürzen sie sich förmlich in Kamikazemanier auf das Objekt ihrer Begierde. Zu ernsthaften Verletzungen kommt es dabei zwar meist nicht, zumindest holen sie sich aber oft blaue Flecken. Nicht selten übersehen
sie nämlich im Rahmen ihrer Schnellschüsse, dass ihre Favoritin
bereits Blickkontakt zu einem Konkurrenten aufgenommen hat
und ihre Flirtbemühungen lediglich als lästiges Störfeuer empfindet.

Jagdreviere

Da die Verkäufer auf freier Wildbahn flirttechnisch oft recht un-
glücklich agieren und gegenüber geschmeidigeren Konkurrenten meist den Kürzeren ziehen, müssen sie versuchen, potenzielle Herzdamen aus dem Pulk an Singles in eine exklusive Zweier-
situation zu verfrachten. Das gelingt am besten über Internet,

Kontaktanzeige oder SMS-Chat. Klassische Partnervermittlung bietet diese Möglichkeit zwar gleichermaßen, kommt aber aus Kostengründen für Verkäufer meist nicht in Frage. Honorare im vierstelligen Bereich können sich gewöhnlich nur die Topverdiener der Branche leisten. Ansonsten versprechen allenfalls noch Kuppelevents, bei denen mehrere Frauen »bachelormäßig« um seine Gunst werben, eine gute Paarungschance.

Wenn sie nicht gerade im Baumarkt oder Elektrofachhandel arbeiten, sind Verkäufer an ihrem Arbeitsplatz oft mehr oder weniger Hahn im Korb. Nicht wenige ihrer Beziehungen werden daher hinter der Ladentheke, in der Kantine oder auf der Betriebsfeier geschlossen. Das ist im Falle einer späteren Trennung nur dann unproblematisch, wenn das vormalige Paar in einem großen Betrieb arbeitet, in dem man sich recht gut aus dem Weg gehen kann.

Partnerschaft

Die Zweisamkeit mit Verkäufern gestaltet sich aus mehreren Gründen nur selten einfach. Da ist zunächst ihre Freizeitgestaltung, bei der sie sich gerne ins stille Kämmerlein zu PC und Konsole zurückziehen oder mit Kumpels im Städtchen unterwegs sind. Oft werden sie von ihrer Herzdame irgendwann vor die Wahl gestellt, entweder ihre Alleingänge einzuschränken oder sie wieder als Single zu vollziehen. Beruflicher Frust aufgrund geringer Anerkennung und schlechter Bezahlung stellt einen weiteren Konfliktherd dar, den die Verkäufer häufig an der gesamten Familie auslassen. Meistens haben sie zudem ein Steckenpferd, wie etwa ihre Musikanlage, deren ständige Erweiterung Unmengen an Geld verschlingt. Besonders bringen sie ihre bessere Hälfte zur Weißglut, indem sie größere Anschaffungen ohne vorherige Absprache machen und damit das gemeinsame Konto überbeanspruchen.

Was die Hausarbeit betrifft, müssen die Kaufmänner im Einzelhandel eher zum Jagen getragen werden. Oft entstammen sie einer wenig emanzipierten Familie, in der der Vater als Alleinversorger fungierte, dafür aber von der Mutter nicht mit Putzen, Waschen und Co. behelligt wurde. Dieses Muster versucht er in seiner Ehe fortzuführen, was natürlich an der Seite einer modernen Frau Anlass zu Reibereien gibt.

Den Nachwuchs integrieren die Vertreter der Berufsgruppe in ihre Aktivitäten, anstatt sich in deren Aktivitäten zu integrieren. So nehmen sie ihn mit zu Sportevents oder zeigen ihm, wie man einen defekten DVD-Player wieder zum Laufen bringt.

Sex

Da Verkäufer regelmäßige Konsumenten von Pornos sind, haben sie häufig die Vorstellung, dass es im heimischen Bett ähnlich ablaufen sollte: Frauen, die allzeit bereit sind, sie intim zu beglücken, Tabulosigkeit, wenige Worte bis zum Sex, Rudelbumsen. Um diese Verhältnisse in die Realität zu übertragen, nerven sie ihre Geschlechtspartnerinnen mitunter gehörig. Natürlich beißen sie damit bei Frauen, deren Niveau über dem des heimischen Laminatbodens liegt, allenthalben auf Granit. Gerade der Wunsch des Verkäufers, die Schlafzimmertür für Dritte zu öffnen, stellt für die große Mehrzahl der Frauen ein absolutes No-Go dar.

Als geschlechtliche Bonbons hat die Berufsgruppe fraglos Vielseitigkeit und eine enorme Potenz vorzuweisen. Weder besteht bei Verkäufern die Gefahr, dass im Bett Tristesse einkehrt, noch ist während des Akts das Erschlaffen ihres besten Stücks zu beklagen. Sofern die horizontale Gespielin des Verkäufers seine bisweilen etwas bizarren Fantasien teilt oder in noch akzeptable Bahnen lenken kann, ist das Liebesspiel mit ihm geprägt von großen erotischen Sinnenfreuden.

Ideale Berufspartner

Auf die gute Optik und die schon von Berufs wegen vorhandene Gepflegtheit des Verkäufers fahren sowohl die Friseurin als auch die Kosmetikerin voll ab. Umgekehrt wird er beiden gegenüber kaum je Komplexe bezüglich ihres beruflichen Status entwickeln.

Seine häufigen Alleingänge kommen neben den Altenpflegerinnen besonders den Kellnerinnen sehr gelegen, weil sie selbst viel Zeit für sich alleine brauchen. Die Hauswirtschafterinnen, die Briefträgerinnen sowie die Raumpflegerinnen legen ebenfalls Wert auf eine traditionelle Rollenverteilung mit dem Mann als finanziellem Hauptversorger der Familie und der Frau als Hausfrau und Mutter.

Geschlechtlich wird die Krankenschwester weite Wege mit den Berufsvertretern gehen, während es die Sekretärin geschickt schafft, seine leicht abwegigen sexuellen Neigungen im Zaum zu halten. Viel Verständnis für seine ungünstigen Arbeitszeiten bringt die tolerante Floristin auf.

Die Verkäuferin

Basics

Unter den Verkäuferinnen lassen sich ganz klar zwei Gruppen voneinander abgrenzen. Die erste übt ihren Beruf nicht zuletzt deshalb aus, um allen möglichen Klatsch und Tratsch zu verbreiten, während die zweite der Wunsch umtreibt, ihre Kundschaft bestmöglich zu beraten sowie ihr Gutes und Schönes zu veräußern.

Von ihrer Berufsauffassung her hat die Plaudertasche noch immer nicht verstanden, dass der Kunde König ist. Bestenfalls sieht sie in ihm noch eine Informationsquelle für brandheiße Neuigkeiten, schlimmstenfalls empfindet sie ihn als Störfaktor, über den bitterböse mit den Kolleginnen hergezogen wird, sobald er den Laden verlassen hat.

Da im Einzelhandel das Thema Kundenorientierung immer mehr in den Mittelpunkt rückt, stellt dieser Typus eher eine aussterbende Spezies dar. Die Qualitätsverkäuferin dagegen bringt fast immer den Ehrgeiz mit, in der Geschäftshierarchie aufsteigen zu wollen. Dafür leistet sie gerne Mehrarbeit in Form von Überstunden und Doppelschichten, wenn Not am Mann beziehungsweise der Frau ist. Im Umgang mit Kunden überzeugt sie lieber, anstatt zu überreden.

Ihren freundlichen Umgangston legt diese Art Verkäuferin im Privatleben gleichermaßen an den Tag. Aus diesem Grund verfügt sie über einen recht großen Freundes- und Bekanntenkreis. Dennoch ähnelt ihre Wohnung nur selten einem Taubenschlag, gewährt sie doch bei weitem nicht jedem Zugang in ihr Nest. Meist trifft sie sich mit ihren Lieben eher an neutralen Orten und startet von dort aus die gemeinsamen Touren durch die Stadt. Verständlicherweise steht dabei kaum je Shopping im Mittelpunkt, weil sie davon im Arbeitsalltag schon mehr als genug hat. Wenn sie sich in ihre trauten vier Wänden zurückgezogen hat, liest die Verkäuferin mit Niveau gerne, bevorzugt spirituelle Literatur und Krimis. Apropos Krimis: Auch beim *Tatort* am Sonntagabend sollte man sie besser nicht stören, will man nicht Gefahr laufen, womöglich selbst bald zum Mordopfer zu werden.

Flirt und Verführung

Die positive Einstellung gegenüber ihrer Arbeit und dem Leben allgemein spiegelt sich in der Ausstrahlung der »Qualitätsverkäuferin« wider. Aber als wäre das noch nicht genug, ist sie darüber hinaus auch von der Optik her meist ein echtes Sahnestückchen. Allein schon ihr bezauberndes Lächeln lässt die Herrenwelt nur so dahinschmelzen. Auch gehört sie zu der seltenen Spezies Frau, die allenthalben nicht an charmanten Komplimenten gegenüber einem Mann spart, was ihr einen entscheidenden Wettbewerbsvorteil gegenüber nüchterneren Geschlechtsgenossinnen verschafft.

Andererseits macht sie sich auch zu einer leichten Beute, indem sie konsequent die Nähe ihres Auserwählten sucht. Wie ein reifer Apfel hängt sie vor der Nase des Prinzen, so dass dieser nur noch zugreifen muss.

Jagdreviere

Da die Verkäuferin kein Typ ist, für den Alleinsein eine dauerhafte Option ist, probiert sie als Single viel aus, um ihren Beziehungsstatus zügig wieder in »vergeben« abändern zu können. Bei der Pirsch nach Mister Right bevorzugt sie Vehikel der Entsingelung wie Speed-Dating oder Running-Dinner, die von ihrem Setting her einen schnellen Paarungserfolg versprechen. Damit zollt sie

aber nicht nur ihrer Ungeduld Tribut, sondern auch ihren ungünstigen Arbeitszeiten. Regelmäßige Teilnahme an wöchent-
lichen Gesprächszirkeln für Singles etwa verbieten meist ihre
unflexiblen Dienstschichten.

Das Internet nutzt die Einzelhandelskauffrau zur Partnerpirsch
nur sporadisch und oberflächlich. Sobald sie den ersten Schiff-
bruch erleidet, stellt sie den PC wieder in die Ecke. Stattdessen
schnappt sie sich dann ihre Freundinnen und zieht an deren Seite zur Bräutigamschau ins Städtchen. Meist kennt sie die besten
Locations am Ort, weil sie einen regen Austausch mit ihren ebenfalls solitären Leidensgenossinnen pflegt.

In ihrem Freundes- und Bekanntenkreis nach dem Herzbuben
zu fischen stellt insofern ein Problem dar, als die Verkäuferin
häufig noch im Laden steht, wenn dort das Fell des Bären verteilt
wird. Die besten Männer sind dann meist einfach schon vergeben. Nicht wenige Kandidaten schreckt auch ab, dass sie abends
oftmals erst aus dem Geschäft nach Hause kommt, wenn sich
Fuchs und Hase bereits gute Nacht gesagt haben. Apropos Geschäft: Bevor sie sich auf einen Kunden einlässt, sollte sie recht
gut auskundschaften, wie er tickt, kann er sie doch als Stalker
nach dem möglichen Ende der Beziehung immer wieder leicht
an ihrer Arbeitsstelle heimsuchen.

Partnerschaft

Leider verfügt selbst die Qualitätsverkäuferin über keine sonderlich gute Menschenkenntnis, häufig ist es aber einfach die Liebe,
die sie blind macht. Daher greift sie besonders in jungen Jahren
bei der Partnerwahl oft gründlich daneben, so dass sie fast nie
gleich den Mann fürs Leben kennenlernt. Typisch für sie sind
Vertreter der Herrenwelt, die das Arbeiten nicht gerade erfun-
den haben und in ihrem Windschatten einen ruhigen Lenz schieben. Zumindest im Haushalt machen sie meist keinen Finger

krumm. Die Verkäuferin versucht das, um die Familie zu erhalten, lange zu kompensieren, indem sie für zwei schuftet. Nach dem Motto »Undank ist der Welten Lohn« wird sie dafür von ihrem Angetrauten auch noch betrogen. Das aber bringt das Fass endgültig zum Überlaufen. Oft infolge eines Burn-outs setzt sie ihrem Pascha von Göttergatten den Stuhl vor die Tür. Dort bleibt er dann auch.

Eigentlich aber sind die Vertreterinnen der Berufsgruppe liebevolle, fürsorgliche Ehefrauen. Wenig berechnend, erwarten sie das, was sie in die Beziehung investieren, nicht in gleichem Maß zurück. Mit nur einem Mindestmaß an Aufmerksamkeit kann sie ihr Gegenüber schon glücklich machen. Mal hier ein kleines Geschenk zwischendurch, mal dort ein gemeinsamer Tanzabend, und sie schnurrt wie ein Kätzchen.

Ihren Kindern ist die Verkäuferin trotz ihrer familienfeindlichen Arbeitszeiten stets eine verlässliche Ansprechpartnerin. Wenn alle Stricke reißen, bestellt sie ihren Nachwuchs eben zu einem Krisengespräch in den Pausenraum. Ansonsten hält sie ihre Sprösslinge ebenso wie ihren Ehemann an der langen Leine, weil sie anderen Menschen grundsätzlich so lange vertraut, bis sie vom Gegenteil überzeugt wird.

Sex

Beim Ringelpiez mit Anfassen ist die Verkäuferin eher nicht der Typ, der den Anfang macht. Da sie aber häufig über eine starke Libido verfügt, muss sie intim kaum je lange zum Jagen getragen werden. Meist funktioniert sie nämlich im Bett wie ein Gasherd, der gleich hundert Prozent Leistung bringt, sobald er erst einmal brennt. Allerdings fährt sie in der Regel auch gleich auf null zurück, wenn die Suppe gekocht ist. Nur selten schreit es in ihr dann gleich nach Wiederholung. Sie wünscht sich fast täglich Sex, nur muss er sich nicht ewig lange hinziehen, was eher der männlichen Vorstellung horizontaler Aktivität entspricht. Ebenso nach Herrenart tickt sie in partnerlosen Phasen, in denen sie sich selbst befriedigt, während viele ihrer Geschlechtsgenossinnen den Schalter der Lust einfach ausschalten.

Küssen spielt beim Liebesspiel der Verkäuferin allenfalls eine untergeordnete Rolle. Entsprechend wenig Leidenschaft und Gefühl legt sie in den oralen Austausch von Körperflüssigkeiten. Stattdessen setzt sie ihren Mund meisterhaft dazu ein, ihren Herzbuben genital zu beglücken. Wenn sie bläst, weht förmlich ein französischer Atlantiksturm durch ihr Schlafzimmer.

Ideale Berufspartner

Dem schwatzhaften Typus der Verkäuferin bringen der Busfahrer und der Briefträger immer viele interessante Neuigkeiten zum Weitererzählen ins Haus. Letzterer kommt für die Qualitätsverkäuferin ebenso in Frage, weil auch er einen freundlichen menschlichen Umgang schätzt. Aus demselben Grund harmoniert die Einzelhandelskauffrau mit dem Gärtner hervorragend, während sie beim Bäcker und beim Metzger neben der Liebe gleich auch eine Anstellung findet.

Ihre leichte Erregbarkeit im Bett weiß die lüsterne Troika Vertreter, Landwirt und Geschäftsführer sehr zu schätzen. Die Aufmerksamkeit, die die Verkäuferin in der Zweisamkeit zum Glücklichsein benötigt, schenken ihr der Ingenieur sowie der Schreiner, während die Investments des Bankers ihr gegenüber eher materieller Natur sind.

Der Briefträger

Basics

Briefträger leben nach dem Motto »Wer morgens singt, dass es nur so schallt, wird über hundert Jahre alt«. Meist sind sie schon direkt nach dem Aufstehen putzmunter und pfeifen oder singen in der Dusche ein fröhliches Liedchen. Durch ihre gute Laune gelingt es ihnen am Frühstückstisch, selbst dem größten Morgenmuffel ein Lächeln zu entlocken. Indem sie andere mit ihrem Optimismus anstecken, anstatt sich von deren Pessimismus herunterziehen zu lassen, bleibt ihnen ihre positive Einstellung auch meist den ganzen Tag über erhalten. Bei geselligen Veranstaltungen fungieren sie regelmäßig als Stimmungskanonen, weshalb sie an Fasching nur allzu gerne in die Bütt geschickt werden. Der Auftritt des launig über das Dorfgeschehen schwadronierenden Postboten stellt fast immer eines der Highlights jeder Fremdensitzung dar. Weil er seine geistigen Grenzen kennt, versucht er nie, sich dabei einen intellektuellen Anstrich zu verpassen, sondern bleibt wunderbar bodenständig. Mit den großen Hunden pinkeln zu wollen und das Bein nicht heben zu können, steht in völligem Widerspruch zu seiner bescheidenen Art.

Da die meisten Vertreter der Berufsgruppe neben ihrem Engagement im Karneval auch in anderen Vereinen aktiv sind und mitunter im selben Ort ihre Arbeit ausüben, kennt sie dort jedes Kind. Echte Busenfreundschaften pflegen sie indes eher selten. Schwerwiegende persönliche Probleme besprechen sie entweder mit ihrer Mutter oder später mit ihrer Frau.

Beliebt sind die Briefträger besonders aufgrund ihrer Authentizität. Außerdem haben sie für jeden ein gutes Wort übrig, ohne dabei den Therapeuten spielen zu müssen. Jenseits ihrer diversen Vereinsaktivitäten, zu denen häufig die Mitgliedschaft in einer

Sportmannschaft zählt, besuchen die Brief- und Paketzusteller gerne als Zuschauer die Spiele ihrer Lieblingsfußballmannschaft. Daneben frequentieren sie regelmäßig ihre Stammkneipe, um zu darten. Eine weitere Grundkomponente in ihren Mußestunden stellt Musik dar, die sie entweder selbst machen oder »nur« genießen.

Flirt und Verführung

Ausgefeilte Komplimente kann eine Frau vom Briefträger kaum erwarten. Dafür ist er von seiner Art her nicht filigran genug. Allerdings muss er die kleinen Schmeicheleien nur selten einsetzen, um das Objekt seiner Begierde an den Haken zu bekommen. Meist reicht es schon aus, wenn er gute Stimmung verbreitet und die andere Seite mit seinen Witzen zum Lachen bringt. Sein Gebaren stellt dabei aber ohne Frage auch einen Tanz auf Messers Schneide dar, weil immer die Gefahr besteht, dass sein Humor in die Albernheit abrutscht. Passiert ihm dieses Malheur ausnahmsweise, geht er gewöhnlich als Verlierer vom Platz.

Gezielte Paarungsattacken, indem er zunächst aus der Ferne Blickkontakt mit der potenziellen Herzdame aufbaut und sich dann zu ihr gesellt, reitet der Postbote fast nie. Entweder leitet sie die ersten Schritte ein, oder der Gesprächskontakt ergibt sich durch ein zufälliges Zusammenstehen. Nicht selten wird ein Kennenlernen auch von Dritten initiiert, etwa durch gegenseitiges Bekanntmachen.

Jagdreviere

In Wirklichkeit klingelt der Postmann kaum je zweimal. Während der Arbeitszeit kann ihn nämlich schon ein Quickie den Job kosten, wenn etwa ein neidischer Nachbar beobachtet, wie er für ungewöhnlich lange Zeit in der Wohnung seiner intimen Gespielin verschwindet. Allenfalls nach Dienstschluss sind Hausbesuche gefahrlos möglich. Flirtkontakte mit Kolleginnen sind insofern nicht ganz einfach, weil beim morgendlichen Briefesortieren und den mittäglichen Nacharbeiten ziemlicher Zeitdruck herrscht und alle zügig auf die Rundfahrt wollen.

Eindeutig die höchste Bindungsquote erzielen Briefträger in freier Wildbahn. Meist lernen sie die spätere Mutter ihrer Kinder schon recht früh auf der Kirmes oder im Rahmen von Vereinsaktivitäten kennen. Oft ziehen sie auch zwecks Brautschau ganz klassisch durch die Diskotheken der Umgebung. Meist bleiben sie hier jedoch als Dorfmenschen bei ihren Leisten, indem sie ländliche oder allenfalls kleinstädtische Tanzlokale bevorzugen.

Kommen die Berufsvertreter nach einer Trennung wieder auf den Singlemarkt, nehmen sie trotz der hohen Kosten mitunter eine Partnervermittlung in Anspruch. Besonders anfällig sind sie hierfür, wenn das Liebesaus noch ganz frisch ist, weil sie nur schlecht allein sein können und ihnen professionelle Kuppler das Blaue vom Himmel versprechen. Meist sind sie aber dann nicht so schnell wieder gebunden, wie ihnen in Aussicht gestellt wird, sondern einfach nur schnell sehr viel Geld los.

Partnerschaft

Der Postbote ist in der Zweisamkeit äußerst vertrauensselig und trägt seine Partnerin auf Händen. Das kann ihm zum Verhängnis werden, wenn die andere Seite seine Arglosigkeit missbraucht, indem sie fremdgeht oder ständig neue Wünsche an ihn heranträgt. Wie im Märchen *Der Fischer und seine Frau* muss der Briefträger aufpassen, dass die Begehrlichkeiten seiner Partnerin nicht zu groß werden. Legt seine Gattin dagegen ein erwachsenes Verhalten an den Tag und streichelt die Hand, die sie füttert, steht einer harmonischen Ehe nichts im Wege.

Neben seiner Fürsorglichkeit und Aufmerksamkeit vermag der

Briefträger als weiteren Pluspunkt auch seine Solidität in die partnerschaftliche Waagschale zu werfen. Niemals geht er unüberschaubare finanzielle Risiken ein oder führt seine Lieben durch halbseidene Machenschaften an den Rand des Abgrunds. Mit seinem ausgeprägten Humor kann er dauerhaft die ganze Truppe bei Laune halten.

Apropos Truppe: Dazu gehören meist ein bis zwei Sprösslinge. Größere Familien gründen die Berufsvertreter interessanterweise fast nie, obwohl sie ausgesprochene Kindernarren sind. Die Gründe dafür liegen meist auf Seiten ihrer Angetrauten. Entweder wünscht sich diese nicht mehr Nachwuchs, oder medizinische Gründe hindern sie an weiteren Geburten. Wie auch immer, kümmern sich die Postboten geradezu aufopferungsvoll um die lieben Kleinen. Allein die geistige Förderung sollte später ihre Frau übernehmen. Für stundenlange Hausaufgabenhilfe etwa haben sie gewöhnlich keinen Nerv. Auch hausmännlich sind Briefträger nur bedingt brauchbar, weil ihnen Kochen und Co. gewöhnlich nur schwer von der Hand geht.

Sex

Auf dem Venushügel seiner Intimpartnerin ist der Briefträger ein fleißiger Arbeiter vor dem Herrn. Frauen, die den besonderen Kick durch spektakuläre Stellungen und Sexualpraktiken suchen, sind bei ihm allerdings an der falschen Adresse. Von den Dutzenden Arten der geschlechtlichen Vereinigung des Kamasutras kennt er allenfalls zwei bis drei Handvoll, was für den Hausgebrauch aber auch völlig ausreicht. Die Frau an seiner Seite sollte in horizontaler Hinsicht nur nicht allzu experimentierfreudig sein, sonst wird sie im Laufe der Zeit im wahrsten Sinne des Wortes vertrocknen. Dafür kann sie ein hohes Maß an Zärtlichkeit von ihm erwarten. Der Postbote ist nämlich äußerst verschmust und verkuschelt. Das tägliche Sortieren der Briefe steigert vermutlich seine naturgegebene Fingerfertigkeit noch, so dass seine Herzdame bei seinen Streicheleinheiten schnurrt wie ein Kätzchen.

One-Night-Stands sind für Postboden in der Regel keine Alternative, weil es Zeit braucht, bis sie im Schlafzimmer alle Hemmungen fallen lassen können. Im schlimmsten Fall verursachen flüchtige sexuelle Begegnungen Nullnummern bei ihnen.

Ideale Berufspartner

Die Gutmütigkeit des Postboten schätzen statt ausnutzen werden die Floristin, die Bankkauffrau und die Sekretärin. In seinen fröhlichen Gesang stimmen die ebenfalls meist gutgelaunten Apothekerinnen ein, während sich die manchmal etwas schwermütigen Altenpflegerinnen von ihm aufheitern lassen. Zu seinen diversen Vereinsaktivitäten begleiten den Postboten gerne die Köchinnen, Friseurinnen und Kellnerinnen, denn alle drei teilen seine Geselligkeit. Unter seinen Liebkosungen schmilzt die verschmuste Hebamme dahin, mit der auch sein Wunsch nach mehreren Kindern in Erfüllung geht. Die Kosmetikerin vermag den Briefträger perfekt für seine zahlreichen Auftritte beim Karneval vorzubereiten und findet andererseits nach langer partnerschaftlicher Irrfahrt in ihm endlich den sicheren Hafen.

Die Briefträgerin

Basics

»Irgendwas ist immer« könnte das Motto der Briefträgerin lauten. So ganz glücklich und zufrieden lebt sie nämlich niemals wirklich. Einmal liegt sie gerade mit einem Teil ihrer Familie verquer, ein anderes Mal fühlt sie sich in ihrem Job unwohl, während ihr ein drittes Mal gerade ein Beziehungsproblem die Gerste verhagelt. Sie kann daher nur selten mit einer derart positiven Ausstrahlung aufwarten, wie sie ihre männlichen Kollegen an den Tag legen. Das macht es für andere Menschen nicht ganz leicht, auf sie zuzugehen, weil sie in den Phasen des Missbehagens auch häufig noch eine Aura der Unnahbarkeit umweht. Nichtsdestoweniger fällt sie nur selten der Einsamkeit anheim, sondern ist allenfalls manchmal allein, dann aber hat sie ihr Schicksal selbst gewählt und sich freiwillig ins Schneckenhaus zurückgezogen.

Wirklich nah an sich heran lässt die Briefträgerin nur einen exklusiven Zirkel an Freundinnen. Das liegt daran, dass sie vom Typ her eher misstrauisch ist und wenige intensive vielen oberflächlichen Kontakten vorzieht. Ihre Unzufriedenheit, die sicherlich auch nicht zur Steigerung ihrer Attraktivität beiträgt, kompensiert sie im Umgang mit ihren Lieben durch bedingungslose Loyalität. Wen sie erst einmal ins Herz geschlossen hat, der muss schon sehr viel anstellen, damit sie ihn wieder fallenlässt. Bisweilen aber wird ihr diese Nibelungentreue zum Verhängnis, wenn sie nur Undank dafür erntet.

Bezüglich ihres Freizeitverhaltens sind die Vertreterinnen der Berufsgruppe, obwohl sonst ziemlich beständig, stets für eine Überraschung gut. So buchen sie zum Beispiel eine Flugreise in die Karibik, obwohl sie eigentlich an Flugangst leiden, oder schließen sich als bekennende Sportmuffel mal eben einem Lauftreff an. Zu den Konstanten im Bereich Freizeitgestaltung zählen regelmäßiges Basteln oder Handarbeit sowie der Besuch von Tanzveranstaltungen. Außerdem treffen sie sich in ihren Mußestunden gerne mit ihren Freundinnen zum Ratschen oder gemeinsamen Ausgehen. Wilde Partys und Saufgelage sind ihnen zuwider. Die Post geht für sie buchstäblich nur auf der Arbeit ab.

Flirt und Verführung

Da Briefträgerinnen sehr gut mit dem Alleinsein zurechtkommen, steht ihnen ihr Singledasein kaum je auf die Stirn geschrieben. Im Gegenteil signalisieren sie gestisch und mimisch eher das »Rührmichnichtan«. Selbst auf einen Mann zuzugehen würde ihnen im Traum nicht einfallen, weil sie die konservative Auffassung vertreten, er solle doch bitte den ersten Schritt machen. Leider kommt ihnen auch ihre Optik nicht wirklich zu Hilfe, weil sie nur selten Knallerfrauen sind, an denen die Augen des starken Geschlechts hängenbleiben.

Die einzige meist unbewusste Jagdstrategie der Berufsvertreterinnen besteht in ihrer Beständigkeit, was Ausgeh-Locations betrifft. In der Stammkneipe etwa ist die Wahrscheinlichkeit höher, potenziellen Herzbuben mehrmals über den Weg zu laufen und ihnen so die Chance zu geben, sich auf den zweiten Blick in sie zu verlieben. Des Weiteren kommt die Postbotin bisweilen unter die Haube, indem sie ihren Zukünftigen zunächst aus einer Bredouille, bevorzugt finanzieller Art, befreit.

Jagdreviere

Als Bewegungsnaturell verspürt die Briefträgerin nur wenig Lust, tagelang vor dem Computer zu hocken oder an ihrem Schreibtisch Kontaktanzeigen zu beantworten, um Mister Right an den Haken zu bekommen. Auch Single-Gesprächsgruppen sind ihr physisch zu passiv, so dass sie es dort höchstens ein bis zwei Sitzungen aushält und gewöhnlich unbemannt wieder verschwindet. Gefallen findet sie indes an professionellen Vehikeln der Entsingelung, die mit viel körperlicher Action verbunden sind, wie Singleclubs oder Single-Cooking. Singlereisen erfüllen dieses Kriterium zwar auch, dauern ihr aber meist zu lange. Mehr als ein paar Stunden am Stück möchte sie nicht mit ihren Leidensgenossen verbringen, spätestens dann braucht sie wieder ihr stilles Kämmerlein.

Am besten können die Vertreterinnen der Berufsgruppe ihre Kontaktdosis noch bei der Bräutigamschau auf freier Wildbahn kontrollieren. Beim Besuch einer Bar etwa gehen sie einfach wieder, wenn sie glauben, genug geflirtet zu haben, oder genervt sind von den Baggerversuchen der anwesenden Herrenwelt.

Beim Thema Flirt am Arbeitsplatz schließlich gibt es unter den Postbotinnen zwei Fraktionen. Die eine davon kennt hier keine Tabus, während die andere Liaisons mit Kollegen scheut wie der Teufel das Weihwasser, weil sie den Tratsch im Amt fürchtet. Der private Freundes- und Bekanntenkreis als Jagdrevier bietet demgegenüber den Vorteil, dass die unnahbare Fassade der Briefträgerin ihre Paarungskandidaten schon nicht mehr zu sehr abschreckt.

Partnerschaft

Wenn die Briefträgerin schon eine Bindung eingeht, was meist sowieso eine schwere Geburt darstellt, dann möchte sie auch eine Liebe für immer. Dafür investiert sie bis ans Limit in die Zweisamkeit, manchmal sogar darüber hinaus. Infolgedessen fällt die Bilanz von Geben und Nehmen fast nie zu ihren Gunsten aus. Das bereitet ihr aber nur selten Verdruss, da sie in menschlichen Beziehungen selten aufrechnet. Allein gegenüber Totalschmarotzern packt sie irgendwann die heilige Wut, so dass sie sie samt Koffern vor die Tür setzt – Comeback ausgeschlossen.

Da sich die Briefträgerin gerne in ihren heimischen vier Wänden aufhält, schafft sie sich und ihrer Familie ein gemütliches Nest. Nicht selten stellt sie die Wohnaccessoires selbst her, indem sie etwa Gardinen näht oder dekorativen Schmuck bastelt. Die handwerklichen Arbeiten sollte indes eher ihr Göttergatte übernehmen, hat sie doch mit Bohren, Hämmern und Co. nur wenig am Hut. Zudem schwört sie bei der Verteilung der häuslichen Pflichten eher auf die klassische Rollenverteilung.

Als Mutter muss die Postbotin aufpassen, ihre Kinder nicht überzubehüten. Oft macht sie sich allzu große Sorgen um das Wohl und Weh ihrer Sprösslinge. Stehen die ersten Diskobesuche der Kleinen an, liegt sie bisweilen aus Furcht, ihnen könnte etwas zustoßen, nächtelang wach. Nachdem die Kinder flügge geworden sind und das Haus verlassen haben, gelingt es ihr jedoch ganz gut, liebende Distanz zu ihnen aufzubauen. Von ihrer zunehmenden Lockerheit profitiert gleichermaßen ihre bessere Hälfte, da sie auch ihn immer mehr an der langen Leine laufen lässt. Loslassen zu können ist das Ergebnis eines jahrelangen Reifungsprozesses, in dessen Verlauf sie lernt, die Verlustängste ihrer Kindheit zu überwinden.

Sex

Die gelegentlichen Sexfantasien ihrer männlichen Kollegen, etwa dass eine Zustellungskundin sie in die Wohnung zieht und leidenschaftlich vernascht, teilt die Briefträgerin mitnichten. Sie ist eher froh, wenn sie während der Arbeitszeit von Annäherungsversuchen jedweder Art verschont bleibt. Auch steigert weder die Bewegung an der frischen Luft ihre Libido, noch holt sie sich durch den Kontakt zu verhältnismäßig vielen Vertretern des starken Geschlechts Appetit für zu Hause. Denn auch im heimischen Schlafzimmer muss die Postbotin von ihrer besseren Hälfte erst angeheizt werden. Ihr Hunger kommt bestenfalls erst beim Essen, und stets ist sie nur Mitläuferin. Hatte sie zudem noch einen schlechten Tag, läuft abends häufig gar nichts mehr. Wenn überhaupt, lässt sie sich zu intimen Tätigkeiten hinreißen, um den Bestand der Zweisamkeit zu gewährleisten. Entsprechend kann ihr Partner kaum je Initiativen zu neuen Spielarten der Lust von ihr erwarten. Häufig kommt dadurch irgendwann eine Geliebte ins Spiel, die die Briefträgerin in Form einer stillen Übereinkunft duldet, während er sie dafür sexuell nicht mehr behelligt. Sie selbst betrügt ihren Herzbuben allenfalls platonisch, um emotionale Zuwendung zu ergattern.

Ideale Berufspartner

Die Loyalität der Briefträgerin sehr zu schätzen wissen, ohne sie auszunutzen, der Ingenieur, der Finanzbeamte sowie der Bäcker. Verständnis für ihr gelegentliches Rückzugsverhalten kann neben dem Schornsteinfeger auch der Programmierer aufbringen. Die Angehörigen beider Berufsgruppen kennen das Bedürfnis, sich ins Schneckenhäuschen zurückzuziehen, nämlich selbst nur allzu gut. Zum gepflegten Paartanz führt der taktsichere Busfahrer die Postbotin gerne aus, während der Gärtner bestens dafür geeignet ist, ein gemütliches Nest mit ihr zu bauen. An ihrer kurzen Leine kaum zerren wird der Kfz-Mechaniker, weil sich sein Freiheitsbedürfnis ziemlich in Grenzen hält. Wie die Postbotin legt auch der Pfarrer sehr viel Wert auf zweisame Beständigkeit. Zu guter Letzt kommt ihr der Krankengymnast im Bett sehr entgegen, erwartet er doch im Schlafzimmer kein Feuerwerk der Leidenschaft von ihr.

Der Finanzbeamte

Basics

Die Zeiten, in denen der Finanzbeamte zum Einschlafen Erbsen anstatt Schäfchen gezählt hat, sind längst vorbei. Der neue Typus des Staatsdieners im Fiskalwesen drückt, soweit es das Gesetz erlaubt, gerne einmal ein Auge zu und entscheidet im Zweifelsfall fast immer für die Steuerpflichtigen. Natürlich gilt aber bei ihm wie für Vertreter anderer Professionen das Sprichwort »Wie man in den Wald hineinruft, so schallt es heraus«. Fraglos verfügt er über genügend Härte, sein Gegenüber auf Granit beißen zu lassen, wenn es ihm allzu frech oder gar beleidigend kommt. Auch das Vorurteil von der emotionslosen Zahlenmaschine greift bei der jüngeren Generation innerhalb des Berufsstands weitgehend ins Leere. Meist nehmen sie diesbezüglich eine gesunde Mittelstellung zwischen reinem Seelchen und Gefühlspanzer ein.

Anders als viele ihrer Geschlechtsgenossen, die sich privat nicht um ihre Kollegen scheren, sind Finanzbeamte mit ihresgleichen auch gerne in den Mußestunden unterwegs. Sei es, dass sie mit ihnen gemeinsam in einer Fußballmannschaft kicken, oder sei es, dass sie mit ihnen an den Wochenenden zusammen durchs Städtchen ziehen. Aber auch darüber hinaus sind sie sozial meist gut integriert, indem sie diversen Vereinen angehören und Freundschaften jenseits des Amtes pflegen. Für ihre Eltern übernehmen sie im Alter ein Stück weit die Verantwortung, indem sie regelmäßig bei ihnen nach dem Rechten schauen, Erledigungen für sie machen und als ihr Fahrdienst fungieren. Ihre Gutmütigkeit wird dabei mitunter ausgenutzt, indem sie antreten müssen, obwohl ihre Hilfe eigentlich im Moment gar nicht vonnöten wäre. Dieses Problem stellt sich ihnen gleichermaßen in ihrem sonstigen sozialen Umfeld, wo ihre chronische Schwäche, nein sagen zu können, allseits bekannt ist und ihnen häufig undankbare Aufgaben einbringt.

Abschalten können Finanzbeamte am besten zu Hause vor dem Fernseher oder am Radio. Dabei ist ihr Geschmack ziemlich vielfältig. Allein mit kitschigen Schnulzen können sie wenig anfangen. Die »Titanic« müssen sie weder unbedingt sinken sehen, noch müssen sie die Begleitmusik dazu hören. Ein wenig härter darf es schon sein.

Flirt und Verführung

Obwohl der Finanzbeamte grundsätzlich neugierig auf das andere Geschlecht ist, kommt er mit ihm in Kindheit und Jugend relativ wenig in Kontakt. So verpasst er es aus Mangel an Gelegenheit, sich in der Zeit seiner Sozialisation Kenntnisse im Flirten anzueignen. Dieses Manko auszugleichen gelingt ihm auch im Erwachsenenalter nicht mehr gemäß dem Motto: Was Hänschen nicht lernt, lernt Hans nimmermehr. Stets wirkt er im Umgang mit potenziellen Herzdamen gehemmt, so als hätte er ein Stück weit die Handbremse angezogen. Das Gegenüber spürt diese Zurückhaltung und verliert ihrerseits an Interesse, wodurch der Finanzbeamte natürlich noch unsicherer wird. Und schon ist die Teufelsspirale in Gang gesetzt.

Inhaltlich stellt meist der Übergang vom Smalltalk zum tiefer gehenden Gespräch den Knackpunkt in den Flirts des Finanzbeamten dar. Die intime Ebene, wo der Zug beginnt in Richtung Schlafzimmer abzufahren, erreicht nur noch eine kleine Fraktion von ihnen. Da sie aber optisch oft leckere Kerlchen sind, macht nicht selten das Objekt ihrer Begierde den Sack zu und bringt sie in die Horizontale.

Jagdreviere

Da der Finanzbeamte beim Anbandeln ein wenig umständlich ist, braucht er Zeit, um seine Herzdame in spe von sich zu überzeugen. Die findet er am ehesten in Singleclubs oder auf Singlereisen. Single-Gesprächsgruppen bieten zwar auch einen günstigen Zeitfaktor, doch überfordern sie sein Sitzfleisch, das ohnehin schon den ganzen Tag im Amt arg strapaziert wird. Dasselbe gilt für die Brautschau im Internet und für Kontaktanzeigen. Klassische Partnervermittlung nehmen die Berufsvertreter dagegen recht gerne in Anspruch, weil durch diese Dienste zumindest einmal der Erstkontakt sicher hergestellt wird. Bei der Brautschau auf freier Wildbahn hapert es nämlich nicht selten schon daran. Apropos freie Wildbahn: Jenseits der medialen Suche nach Miss Perfect zieht der Finanzbeamte an der Seite seiner männlichen Jagdgruppe häufig durch die Kneipen und Bars der Stadt, um an die Frau zu kommen. In seiner Clique direkt, die meist ausschließlich aus Männern besteht, sind die Erfolgsaussichten eher gering, aber oft ergeben sich durch das soziale Umfeld seiner Kumpane Kontakte zum anderen Geschlecht. Gut möglich etwa, dass er die Schwester oder Freundin eines seiner Kumpels heiratet.

Die Liebe am Arbeitsplatz gestaltet sich für den Finanzbeamten schwierig, weil sie leicht durch Klatsch und Tratsch im Büro belastet werden kann. Mehrfache Versuche, bei Kolleginnen zu landen, bringen ihm zudem schnell den Ruf eines Schürzenjägers ein, was sich durch die engen Netzwerke des Amts verbreitet wie ein Lauffeuer.

Partnerschaft

Frauen, denen es einen besonderen Kick bereitet, von ihrem Partner abgewertet, versetzt und betrogen zu werden, sind beim Finanzbeamten völlig fehl am Platze. Vielmehr setzt er auf unaufgeregte Beständigkeit. Das bedeutet aber gerade nicht, dass er mit seiner Herzdame jeden Abend nur auf der Couch sitzt, um sich das Fernsehprogramm zu Gemüte zu führen. Vielmehr setzt er dem Alltagstrott immer wieder kleine Highlights entgegen, etwa einen gemeinsamen Kinoabend oder Wochenendtrip. Zudem überrascht er sein Herzblatt gerne mit kleinen unerwarteten Aufmerksamkeiten. An Action und Zuwendung lässt er es also nicht fehlen, dafür aber an Beziehungsstress für weibliche Adrenalinjunkies.

Im Haushalt sind die Vertreter der Berufsgruppe am besten als »Ordnungshüter« geeignet. Staubwedel und Putztuch schwingen sie allein schon aus Eigeninteresse, weil ihnen Schmutz in der Wohnung ein Greuel ist. Andere häusliche Verrichtungen gehen ihnen weniger leicht von der Hand. Besonders mit dem Kochen stehen sie auf dem Kriegsfuß. Zwar hinterlassen sie danach eine geleckte Küche, allerdings leckt sich auch kaum einer angesichts ihrer kulinarischen Ergüsse den Mund.

Eine Familiengründung gehört nicht zwingend zum Lebensentwurf des Finanzbeamten, weil er durchaus auch ohne Kinder glücklich sein kann. Wenn sich aber ungeplant Nachwuchs einstellt, kümmert er sich hinlänglich um ihn und ist ein liebevoller Vater. Hat er erst einmal Geschmack an seiner neuen Rolle gefunden, lässt er seinem ersten Sprössling häufig noch ein bis zwei weitere folgen. Da er selbst häufig Einzelkind war, möchte er dies seinen Nachkommen nicht auch »antun«.

Sex

Beim Finanzbeamten gilt im Bett das Sprichwort »Stille Wasser sind tief«. Schon sonst kein großer Redner, ist das Thema Sex für ihn in der Öffentlichkeit völlig tabu. Niemals würde er über seine Liebschaften aus dem Nähkästchen plaudern, so dass er nach außen hin fast schon ein wenig verklemmt wirkt. Seine Herzdame staunt deshalb anfangs nicht schlecht, wenn er im Bett plötzlich den Tiger aus dem Tank lässt und zur Höchstform aufläuft. Bis es so weit kommt, braucht er allerdings fast immer etliche intime Begegnungen, um genügend Vertrauen zur anderen Seite aufbauen zu können.

Die größte Überraschung in horizontaler Hinsicht stellt der Variantenreichtum des Staatsbeamten im Fiskalwesen dar. Sowohl von der Intensität, die die gesamte Bandbreite zwischen Gänseblümchensex und Stoßorgien umfasst, als auch von den Spielarten der Lust her ist es mit ihm fast nie so wie beim letzten Mal. Allein der Beteiligung Dritter am Liebesspiel kann er nur wenig abgewinnen. Meist ist er nämlich fast schon südländisch eifersüchtig, weshalb ihn die Überführung seiner Partnerin in geschlechtlichen Allgemeinbesitz schier rasend vor Wut machen würde.

Ideale Berufspartner

Sehr vom Verantwortungsbewusstsein des Finanzbeamten auf partnerschaftlicher Ebene profitieren die Kellnerin, die Journalistin und die Krankenschwester, weil sie selbst ein wenig leichtsinniger sind als er. Seinen Wunsch nach verbindlichen sozialen Kontakten teilen sowohl die Sekretärin als auch die Hebamme, während er mit der Journalistin in ganz neue Dimensionen der Lust vordringen kann. Die Hauswirtschafterin sowie die Arzthelferin nehmen ihm ohne größeres Murren die Hausarbeit jenseits von Staubwedel und Putztuch ab. Große Dankbarkeit für seine Aufmerksamkeit empfindet neben der Bankkauffrau allenthalben die Erzieherin. Beide zahlen seine liebevolle Zuwendung mindestens eins zu eins zurück.

Die Finanzbeamtin

Basics

Damit keiner ihrer Kunden jemals auf die Idee kommt, er könnte mit ihr als Frau Schlitten fahren, überpointiert die Finanzbeamtin nicht selten im Job ihre Härte oder gibt sich unnahbar. Aus diesem Grund tut sie sich im Gegensatz zu ihren männlichen Kollegen schwer, im Zweifelsfalle ein Auge zuzudrücken. »Hart, aber fair« lautet gewöhnlich ihr professioneller Leitsatz.

Ihre Rolle als toughe Lady spielen die Berufsvertreterinnen auch im Privatleben so perfekt, dass nur noch die wenigsten Menschen in ihrem sozialen Umfeld beurteilen können, ob sie nun spielt oder nicht. Mit ihrer mitunter recht barschen Art schreckt sie besonders sensiblere Zeitgenossen ab, so dass sie nur selten über einen allzu großen Freundeskreis verfügt. Das kommt ihr aber durchaus entgegen, da sie zum einen gut allein sein kann und zum anderen nur wenige enge Bezugspersonen für ihr persönliches Wohlbefinden braucht.

Geschätzt wird die Staatsdienerin im Finanzwesen von ihren Lieben vor allem aufgrund ihrer Geradlinigkeit. Wenn sie eine Verabredung getroffen oder Hilfszusage gegeben hat, dann steht sie auch hundertprozentig dazu. Ihre Unterstützung ist dabei allerdings meist praktischer Natur, weil das eher ihrem Naturell entspricht. Lieber managt sie einer Freundin den Umzug, als ihr in Seelennot beizustehen. Zur psychologischen Beraterin fehlt ihr gewöhnlich allein schon die Geduld, und auch mit ihrem Einfühlungsvermögen steht es, noch vorsichtig ausgedrückt, nicht gerade zum Besten.

Die Freizeitgestaltung der Finanzbeamtin gestaltet sich ausgesprochen vielfältig. Eine große Rolle spielen dabei fast immer ausgedehnte Reisen in ferne Länder, bevorzugt mit kulturellem

Hintergrund. Auch gegenüber geselligen Veranstaltungen ist die Finanzbeamtin nicht abgeneigt. Dabei ist es ihr Jacke wie Hose, ob sie von wenigen ausgewählten Personen oder einer ganzen Clique begleitet wird. In ihren stillen Stunden liest sie gerne Bücher von leichter bis mittelschwerer Kost, bisweilen auch im Ruheraum einer Sauna. Haustierhaltung lässt sich indes nur selten befriedigend mit ihren ausgiebigen Reisen vereinbaren.

Flirt und Verführung

Die Finanzbeamtin kommt flirttechnisch aus dem Königreich »Mach-du-mal«. Das heißt, sie überlässt die Werbung komplett ihrem Herzbuben in spe, während sie dafür keinen, aber auch überhaupt keinen Finger rührt. Sie erinnert dabei an die Prinzessin im Märchen von der goldenen Gans, die der zukünftige Gemahl erst zum Lachen bringen muss, um sie zur Frau zu bekommen. Tatsächlich legen die Berufsvertreterinnen bei der Wahl ihres Bräutigams sehr viel Wert auf ein humorvolles Auftreten der Anwärter. Dadurch versuchen sie, die eigenen Defizite in diesem Bereich zu kompensieren.

Leider ist es mit der einen Aufgabe aber noch nicht getan, so dass der angehende Gemahl noch drei Prüfungen bestehen muss: Die erste besteht darin, ihr Vertrauen zu gewinnen, da sie von Natur aus eher skeptisch gegenüber Männern ist. In der zweiten obliegt es dem Bewerber, ihr intellektuell das Wasser zu reichen, möchte sie doch einen Mann an ihrer Seite haben, der geistig zumindest auf Augenhöhe liegt. Kann der wackere Jüngling ihr in der dritten Prüfung auch noch ein hinreichendes Maß an materieller Sicherheit bieten, öffnet sie ihm das Brautgemach.

Jagdreviere

Damit ein Mann all die Prüfungen bestehen kann, die sie von ihm verlangt, muss die Finanzbeamtin viel Zeit mit ihm verbringen. Die findet sie unter den Vehikeln der Entsingelung eigentlich nur auf Singlereisen, in Singleclubs und in Single-Gesprächsgruppen. Dabei sind ihr Letztere am sympathischsten, weil sie dort am besten die intellektuelle Eignung der Kandidaten checken kann. An allen drei Veranstaltungen gefällt ihr, dass sie sofort auf Tuchfühlung mit den Prinzen in spe gehen kann.

Sehr günstig vom Zeitfaktor her ist auch ihr Arbeitsplatz. Dort bieten sich der Finanzbeamtin immer wieder Möglichkeiten, das Objekt ihrer Begierde ausgiebig in Augenschein zu nehmen. Auch kann sie am Arbeitsplatz kaum je Opfer fest liierter Womanizer werden, die nur ein Bettabenteuer suchen. Meist ist nämlich der Bindungsstatus der Kollegen durch die Buschtrommeln im Amt hinlänglich bekannt. Gegen die Liebe zwischen Schreibtisch und Aktenschrank spricht allerdings ähnlich wie bei ihren männlichen Kollegen die Gefahr, ins behördliche Tratschvisier zu geraten.

Genügend Muße zum gegenseitigen Beschnuppern bietet der Finanzbeamtin last, but not least der private Freundes- und Bekanntenkreis. Weil ihr soziales Umfeld aber relativ überschaubar ist, mangelt es hier ein wenig an Masse.

Partnerschaft

Entgegen ihrem passiven Flirtverhalten, das nicht auf Trägheit, sondern auf klassischen Rollenvorstellungen vom Mann als Jäger beruht, zeigt die Finanzbeamtin in der Partnerschaft relativ viel Investitionsbereitschaft. So managt sie etwa kraft ihres ausgeprägten Organisationstalents und ihrer Disziplin perfekt den Haushalt. Dabei erwartet sie allerdings als berufstätige Frau, dass ihr Herzbube zumindest einen Teil der häuslichen Pflichten übernimmt. Schließlich erledigt sie auch noch den ganzen häuslichen Papierkram, insbesondere die gemeinsame Steuererklärung. Speziell das Kochen zu besonderen Anlässen aber sollte der Herr des Hauses übernehmen, weil ihr pragmatisches Verhältnis zur Essenszubereitung für ausgedehnte kulinarische Genüsse in der Regel nicht ausreicht. Selbst an den Wochenenden fehlt ihr für das Kochen neben dem Spirit die rechte Lust.

Kinder setzen die Berufsvertreterinnen fast immer in die Welt, ohne allerdings ein besonders tiefes emotionales Verhältnis zu ihnen aufzubauen. So sind sie schon vom Typ her ein wenig distanziert und weisen darüber hinaus auch nur wenige mütterliche Züge auf. Ausgiebige Streicheleinheiten oder übermäßige Fürsorge bei Krankheit lässt die Finanzbeamtin dem Nachwuchs somit kaum je zuteilwerden. Ihr Augenmerk liegt eher darauf, die Sprösslinge materiell gut zu versorgen, sie geistig zu fördern und zu anständigen Menschen zu erziehen. Dies gelingt ihr allerdings dann fast immer.

In der Freizeit mit ihrem Partner sind die Staatsbeamtinnen im Fiskalwesen die berühmten Typen zum Pferdestehlen. Selbst kleinen Verrücktheiten jenseits der Legalitätsgrenze wie dem gemeinsamen nächtlichen Eindringen ins Freibad zum Nacktbaden gibt sie sich bisweilen voller Vergnügen hin.

Sex

Die Finanzbeamtin ist »nicht ohne«, auch wenn es auf den ersten Blick häufig so aussieht. Tatsächlich vermag nur der echte Frauenversteher die Triebhaftigkeit aus dem Gesicht der Finanzbeamtin abzulesen, manifestiert sich diese doch häufig nur in kleinen erotischen Blitzen in ihren Augen.

Beim Sex selbst legen die Berufsvertreterinnen eindeutig mehr Wert auf Qualität als auf Quantität. Da sie ein wenig zu Stimmungsschwankungen neigen, haben sie durchaus nicht immer den Nerv zu intimer Verlustierung. Hat sie das Feuer der Leidenschaft aber erst einmal erfasst, brennt das Schlafzimmer lichterloh. Besonders auf ihre Kosten kommen bei ihnen Liebhaber härterer Kost. Die Finanzbeamtin geht nämlich weder zimperlich mit ihrem horizontalen Gespielen um, noch möchte sie mit Samthandschuhen angepackt werden. Blaue Flecken, Beiß- oder Kratzspuren wertet sie infolgedessen nicht als Kollateralschäden, sondern eher als Trophäen der fleischlichen Lust.

Ein Grund, ihren Geschlechtspartner vom Hof zu jagen, stellt eine schlechte Kusstechnik seinerseits dar. In dieser Disziplin selbst Meisterin, erwartet sie selbiges von ihm.

Ideale Berufspartner

Mit der toughen Art der Finanzbeamtin kommen der Polizist und der Koch gut zurecht, weil auch sie von Berufs wegen klare Worte gewohnt sind. Beide schätzen zudem ihre Geradlinigkeit. Ähnlich vielseitig wie sie sind in ihrer Freizeitgestaltung der Gärtner, der Pfarrer sowie der Journalist. Besonders mit Letzterem kann sie ihre unbändige Reiselust befriedigen. Die Liebeswerbung nehmen ihr sowohl der Busfahrer als auch der Vertreter ab, weil sie eine Frau lieber erobern, als sich von ihr erobern zu lassen. Die etwas härtere Gangart der Finanzbeamtin im Bett turnt neben dem Tierarzt den Schornsteinfeger an. An der Seite des Bademeisters bekommt sie zumindest keine Anzeige an den Hals, wenn ihr nachts plötzlich die Idee kommt, das Freibad für ein kleines erotisches Intermezzo zu entern.

Der Gastwirt

Basics

Die Redensart »Wer nichts wird, wird Wirt« greift bei der heutigen Generation von Gastwirten weitgehend ins Leere. So erwählen junge Wirte den Beruf nicht mehr als Verlegenheitslösung, sondern weil sie eine Vision haben und ihre Gäste dadurch begeistern wollen. So können sie bisweilen selbst im knallharten Wettbewerb ökonomisch bestehen. Als Grundeigenschaften weisen erfolgreiche Gastronomen meist neben Ideenreichtum ein ausgeprägtes kaufmännisches Geschick auf. Daneben werfen sie, um das Geschäft am Laufen zu halten, eine enorme Ausdauer in die Waagschale.

Durch die extrem ungünstigen Arbeitszeiten – Gastwirte arbeiten dann, wenn die meisten anderen Berufstätigen Feierabend haben – leidet das Privatleben noch mehr als bei anderen Selbständigen. Intensive Freundschaften pflegen sie infolgedessen eher selten. In ihrer Lokalität knüpfen sie zwar unzählige Kontakte, die aber fast nie wesentlich über Tresen und Barhocker hinausreichen. Besonders spürbar wird das, wenn sie ein Unglück ereilt und niemand da ist, der sie auffängt. Zu wundern brauchen sie sich darüber indes nicht, denn für gewöhnlich beruht das zwischenmenschliche Desinteresse auf Gegenseitigkeit. Sie selbst nämlich verspüren auch kaum Lust, sich in ihren Mußestunden noch die Probleme anderer Leute anzuhören, zumal sie doch schon in ihrer Kneipe ständig unfreiwillig den Psychologen für die seelischen Wehwehchen ihres Publikums spielen müssen. Und anders als im Job, wo sich eine gewisse Anteilnahme und Einfühlung nur schwer vermeiden lässt, tragen sie privat gemeinhin eine gewisse Wurstigkeit offen zur Schau.

Ihre Hobbys üben Gastwirte nicht selten im Rahmen ihrer Berufstätigkeit aus. Bisweilen kegeln, darten oder spielen sie eine Runde Skat mit ihren Gästen. An ihren wenigen Urlaubstagen im Jahr unternehmen sie gerne Kurztrips zu Sportgroßereignissen wie Formel-1-Rennen, oder sie relaxen zu Hause auf der Couch.

Verführung und Sex

Der moderne Gastwirt ist redegewandt, humorvoll und verfügt über ein breites Allgemeinwissen. Das sind natürlich Pfunde, mit denen er bei der Brautwerbung wuchern kann, weil sie bei Frauen ungemein ziehen. Auf der Liste der Must-have-Eigenschaften des Traumpartners belegen sie fast immer Spitzenpositionen.

Dazu spielt dem Gastronom in die Karten, dass er als halber Psychologe an der Körpersprache des anderen Geschlechts ablesen kann, bei welcher Frau etwas geht und um welche er besser einen weiten Bogen machen sollte.

Die Jagdstrategie des Gastwirts besteht darin, der Herzdame in spe das Gefühl zu vermitteln, sie sei absolut einzigartig. Das gelingt ihm, indem er sich vollkommen auf sie fokussiert. Wenn beide erst einmal in den Flirt vertieft sind, könnte die Welt um sie herum zusammenstürzen, ohne dass einer der beiden deshalb auch nur mit der Wimper zucken würde. Derart hofiert, schmilzt das Objekt der Begierde nur so dahin. Zweifel an der Echtheit der »gastronomischen« Flirtbemühungen sind allerdings durchaus angebracht. Jeder zweite Flirt etwa stellt lediglich eine Inszenierung ohne tiefere Substanz dar, die nur dazu dient, das Gegenüber für eine Nacht ins Bett zu bekommen.

Jagdreviere

Die totale Konzentration auf die Auserwählte ist für den Gastwirt an seinem Arbeitsplatz kaum je möglich, verlangen doch auch das Personal und die anderen Gäste bisweilen nach seiner Aufmerksamkeit. Eine Fokussierung auf einen einzigen Gast könnte von den restlichen Besuchern des Lokals als Affront empfunden werden. Daher versucht der Gastronom gewöhnlich, flott an die Telefonnummer seiner Angebeteten zu kommen, um das Gespräch später an einem ruhigeren Ort intensivieren zu können.

Innerhalb seines sozialen Umfelds findet der Gastwirt nur selten sein Liebesglück. Meist sind seine Kontakte zum anderen Geschlecht, wenn überhaupt vorhanden, zu oberflächlich und flüchtig, als dass sich daraus eine Partnerschaft entwickeln könnte. Geschweige denn darf er darauf hoffen, im Freundeskreis verkuppelt zu werden. Im Hinblick auf seine Arbeitszeiten und seinen Frauenverschleiß ist er nämlich nicht unbedingt der Typ zum Weiterempfehlen.

Unter den professionellen Vehikeln der Kontaktanbahnung nutzen die Berufsvertreter allenfalls solche, die ihnen einen schnellen Paarungserfolg versprechen wie Singlepartys oder Speed-Dating. Die Kurzdates am laufenden Band nutzen sie vor allem, um die weibliche Beute schnell auf sich aufmerksam zu machen. In lockeren Beschnupperrunden nach dem eigentlichen Event versuchen sie dann, die Auserwählte auch zu erlegen. Sofern der Fall knifflig wird, etwa wenn der Gastwirt nicht nur eine Lebensgefährtin, sondern auch eine Wirtin für sein Lokal sucht, nutzt er mitunter die Dienste einer klassischen Partnervermittlung.

Partnerschaft

Das Leben an der Seite eines Gastwirts ist gemeinhin die Wahl zwischen Pest und Cholera. Entweder seine Partnerin wirkt als Wirtin oder Kellnerin im Betrieb mit, dann dreht sich die ganze Partnerschaft nur um das Thema Arbeit, oder sie übt eine komplett andere Profession aus, dann sitzt sie abends gewöhnlich allein zu Hause, insbesondere wenn das Paar kleine Kinder hat.

Dazu kommt, dass Gastronomen tagsüber oft zu ausgelaugt sind, um sich noch um familiäre Belange kümmern zu können. Diese Aufgabe bleibt folglich fast komplett an der weiblichen Seite hängen, was natürlich enormes Konfliktpotenzial birgt. Dieses vergrößert sich häufig noch, wenn sie als Dank für ihr häusliches Management von ihrem Mann auch noch betrogen wird.

An der Müdigkeit des Gastwirts in seinen Mußestunden scheitern auch gemeinsame Unternehmungen als Paar. Oft möchte er jenseits der Schanktheke einfach nur auf der heimischen Couch bei TV oder Radio chillen. Längere Urlaube sind kaum je möglich, weil er die Wirtschaft nicht über Wochen hinweg komplett schließen kann. Doch auch wenn er sich vertreten lässt, wird er per Telefon immer wieder mit auftretenden Problemen behelligt, was seine Urlaubsstimmung ziemlich einzutrüben vermag.

Seine Kinder erlebt der Gastwirt selten, es sei denn, sie werden früh in seinen Betrieb eingebunden, etwa zum Gläserspülen oder Bierzapfen. Ansonsten gibt er sich mit ihnen meist die Klinke in die Hand. Vor allem an den Wochenenden, wo in anderen Familien Zoobesuche und Co. anstehen, verdient er hauptsächlich seine Brötchen und ist häufig von morgens bis nachts im Dienst.

Sex

Gastwirte liegen, was die Anzahl ihrer Geschlechtspartnerinnen betrifft, mitunter annähernd im dreistelligen Bereich. Daher ist ihnen an Sexualpraktiken fast nichts mehr fremd. Um ihnen intim noch den ultimativen Kick zu verschaffen, muss in ihrem Schlafzimmer allemal mehr stattfinden als das Standardprogramm. Apropos Schlafzimmer: Der heimische Wigwam wird ihnen für den Ringelpiez mit Anfassen oft schon bald zu fad, so dass sie den horizontalen X-Faktor in Swingerclubs und Bordellen suchen. Dort nehmen sie an wilden Orgien teil, weil ihnen eine Partnerin meist keine hinreichende Befriedigung mehr verschaffen kann. Zumindest aber suchen sie Abwechslung, indem das Beischlafpersonal häufig wechselt.

In Kontinuität zu ihrer Ursprungsfamilie, die recht häufig von psychischer oder physischer Gewalt der Eltern untereinander geprägt war, neigen Gastronomen bisweilen auch zu BDSM-Techniken. Das einzige Buch, das sie in ihrem Leben womöglich mit Genuss gelesen haben, ist *Fifty Shades of Grey*. Auffällig häufig übernehmen sie beim Spiel mit Dominanz und Unterwerfung die Rolle des Opfers. Zu Hause holen sich die Berufsvertreter oft durch den Konsum von Pornos Anregungen für ihr nächtliches Treiben.

Ideale Berufspartner

Die gute Allgemeinbildung und den Ideenreichtum des Gastwirts bewundern die Designerin und die Floristin, für die Kreativität selbst unabdingbare Voraussetzung ist, um im Beruf erfolgreich zu sein. Vom Arbeitsrhythmus her harmonieren die Berufsvertreter sowohl mit den Kellnerinnen als auch mit ihren weiblichen Gegenstücken. Relativ wenig ficht die Krankenschwestern, die Finanzbeamtinnen sowie die Gärtnerinnen an, dass Gastronomen in ihren Mußestunden relativ passiv sind, weil sie zu ihrer Freizeitgestaltung nicht unbedingt einen Mann brauchen. Auf der Suche nach immer neuen sexuellen Kicks begleitet den Gastwirt neben der Journalistin gerne die Vertreterin. Geringe intime Besitzansprüche stellt die Polizistin, für die eine offene Beziehung durchaus möglich ist.

Die Gastwirtin

Basics

Hinter der Schanktheke bewegt sich die Gastwirtin ständig auf dem schmalen Grat zwischen Engel und Teufel. Einerseits gehört zu ihrem beruflichen Anforderungsprofil, dass sie für jeden ihrer Gäste ein gutes Wort übrig hat, andererseits aber muss sie auch knallhart durchgreifen können, wenn die Mäuse auf dem Tisch zu tanzen beginnen. Überbetont sie ihre gutmütige Seite, wird sie gnadenlos ausgenutzt, indem etwa die Kundschaft die Zeche nur anschreiben lässt, anstatt sie zu bezahlen, oder das Personal mit ihr umspringt, wie es will. Gibt sie dagegen der unnachgiebigen Seite in sich zu viel Raum, vergrault sie die Besucher und verliert ihre fähigsten Mitarbeiter. Fraglos gehört darüber hinaus eine gewisse Derbheit zum Geschäft, zum einen, um das männliche Publikum durch deftigen Humor unterhalten zu können, und zum anderen, um auch die plumpsten Plumpheiten betrunkener Gäste ertragen zu können.

Apropos unterhalten: Zwecks Kundenbindung muss sich die Gastronomin ständig neu erfinden und neue Wege der Unterhaltung einschlagen. Dafür ist neben Einfallsreichtum ein hohes Maß an Innovationskraft vonnöten.

Anders als ihre männlichen Berufskollegen verfügen die Gastronominnen über ein umfangreiches soziales Netzwerk. Sie freunden sich bisweilen mit Gästen an und begrüßen ihre Lieben gerne im Schankraum des eigenen Lokals. So beordern sie ihre Clique oft zum Mädelsstammtisch oder zu Events in ihre Kneipe. Nicht selten verschaffen sie Mitgliedern daraus auch einen Broterwerb, indem sie ihnen eine Anstellung in ihrem Betrieb geben. In ihrer begrenzten Freizeit unternimmt die Gastwirtin gerne Tagesstrips, teilweise zwecks Shopping, teilweise zwecks Sightseeing. Auf Urlaubsreisen lässt sie es nachts bei Wein, Kerl und Gesang so richtig krachen. Davon erholt sie sich dann anderntags ausgiebig in der Sauna oder am Strand. Zu Hause pflegt sie ihre Nachbarschaften etwa durch gemeinsame Grill- und Fernsehabende. Stunden im stillen Kämmerlein braucht sie sehr selten. Im Gegenteil fällt ihr das Alleinsein meist sogar ausgesprochen schwer. Ist niemand direkt verfügbar, dudelt fast durchgängig das Radio, um ihr das Gefühl menschlicher Nähe zu simulieren.

Flirt und Verführung

Aufgrund ihres natürlichen Sexappeals bräuchte die Gastwirtin eigentlich nur wie die Spinne im Netz auf Beute zu warten. Da sie aber nichts dem Zufall überlassen und sich ihre Opfer selbst aussuchen möchte, verlässt sie ihr Gespinst, um aktiv auf die Jagd zu gehen. Wenn ihr ein Mann gefällt, spielt die Frage, ob er es ernst meint oder nur ein schnelles Bettabenteuer sucht, meist keine große Rolle. Vielmehr steht dann zunächst ihr Geschlechtstrieb im Vordergrund, den sie befriedigen möchte. Versagt ihre neue Bekanntschaft im Bett, ist an eine feste Beziehung ohnehin nicht zu denken. Der Appetit aufs Verlieben kommt bei ihr eben erst beim Essen. Damit die Gastronomin die Betttauglichkeit des Objekts ihrer Begierde zügig testen kann, bringt sie das Flirtgespräch schon nach kurzer Zeit auf die sexuelle Schiene, indem sie anzügliche Bemerkungen macht oder einen Spruch unter die Gürtellinie vom Stapel lässt. Bisweilen wird sie dabei sogar handgreiflich. Derart intim angeheizt, folgt ihr der Paarungskandidat meist alsbald ins Schlafzimmer.

Jagdreviere

Ob die Gastwirtin zur Beutejagd auch ihren Arbeitsplatz in Anspruch nimmt, hängt stark davon ab, ob sie ihre Unternehmung in der Stadt oder auf dem Land führt. Durch die starke Vernetzung innerhalb der Dorfgemeinschaft ist die Gefahr allgegenwärtig, durch Techtelmechtel am Zapfhahn schnell in den Ruch einer Schlampe zu geraten, während sich im sozialen Dunkeln der Stadt gut munkeln lässt. Zudem ist in der Stadt die Fluktuation der Gäste erheblich größer, was die Gerüchtebildung erschwert.

Die größte Bindungsquote erzielen Gastronominnen fraglos auf geselligen Events, seien es Musikveranstaltungen, Kirmessen oder öffentlichen Partys. Dort stehen sie weniger im Mittelpunkt als in ihrem eigenen Betrieb, so dass sie hemmungslos ihre weiblichen Reize zur Geltung bringen und mit dem anderen Geschlecht auf Tuchfühlung gehen können. Steht Tanz an, geht die Gastronomin körperlich bald in die Vollen und deutet mit rhythmischen Bewegung in der Vertikalen schon an, was sie später in der Horizontalen verwirklichen möchte.

Mediennutzung zwecks Suchen und Finden der Liebe hat die Gastronomin kaum je nötig, weil sie Mister Right meist schon am Arbeitsplatz oder auf freier Wildbahn kennenlernt. Ohnehin ist sie kein Typ, der sich nur für ein wenig Geplänkel stundenlang vor den Computer hockt. Zudem hält sich ihre Lust, Geld für die Partnersuche zu investieren, sehr in Grenzen. Als Geschäftsfrau durch und durch wägt sie stets Kosten und Nutzen ab, wobei die Bilanz der tatsächlichen Ausbeute an Männern durch professionelle Vehikel der Kontaktanbahnung meist eher schlecht ausfällt.

Partnerschaft

Durch ihre erotische Anziehungskraft gelingt es der Gastwirtin immer wieder, Männer an sich zu binden, doch haben diese Zweisamkeiten meist ein kurzes Verfallsdatum. Sobald das Bett als Beziehungskitt an Wirksamkeit verliert, suchen ihre Herzbuben regelmäßig das Weite, weil die Gastronomin dem starken

Geschlecht darüber hinaus nur wenig von dem bieten kann, was es sich typischerweise wünscht. Weder bringt sie ihm besondere Bewunderung entgegen – dafür steht sie selbst zu gerne im Mittelpunkt –, noch hält sie ihm den Rücken für die berufliche Karriere frei, indem sie ihm eine häusliche Komplettversorgung bietet. Im Gegenteil, sobald ihr Gegenüber paschaeske Züge an den Tag legt, bläst sie ihm gehörig den Marsch. Dazu kommen ihre ungünstigen Arbeitszeiten, die kaum ein Vertreter der holden Männlichkeit auf Dauer zu akzeptieren bereit ist. Last, but not least neigt sie dazu, aus fremden Töpfen zu naschen, wenn sie zu Hause nicht das bekommt, was sie braucht. Ihre Hypersexualität eignet sich also kaum je als Druckmittel des Mannes, um sie sich im Alltag gefügig zu machen. Das gilt umso mehr für emotionalen Liebesentzug, weil sie auch diesen gut anderweitig zu kompensieren vermag.

Läuft die Gastronomin trotz all ihrer Tücken in den vermeintlich sicheren Hafen der Ehe ein, erwartet sie beim Thema Familiengründung ein neues Problemfeld. Entscheidet sie sich für Kinder, laufen diese fast immer nur nebenher. Hier zeigen sich sehr deutlich ihr Narzissmus und ihre Egozentrik, weswegen der Nachwuchs nur selten im Mittelpunkt ihres Interesses steht. Natürlich tragen auch die Widrigkeiten ihres Berufs und ihre mangelnde Herzenswärme ein Übriges dazu bei. Infolgedessen weisen Sprösslinge von Gastwirtsmüttern nicht selten gravierende soziale Defizite auf.

Sex

Männer, die sich eine Granate im heimischen Schlafzimmer wünschen, sind bei der Gastwirtin bestens aufgehoben. Zum letzten Tango in Paris lässt sie sich nicht lange bitten, weil sie geschlechtlich über alle Maßen erregbar ist. Schon ein schmutziger Witz oder eine sexuelle Anspielung vermögen sie in Wallung zu bringen. Wenn das Liebesspiel dann körperlich wird, geht sie dementsprechend sofort beherzt zur Sache, indem sie ihren Partner oral befriedigt oder ihn ohne Umschweife dazu auffordert, sich aller seiner Kleider zu entledigen. Für den Spruch »Es kommt nicht auf die Größe an« hat sie dabei nur ein müdes Lächeln übrig, weil ein Stummelschwänzchen sie kaum je wirklich in Ekstase versetzen könnte.

Intime Grenzen kennen die Berufsvertreterinnen kaum je. Dort, wo bei vielen anderen Frauen schon das Ende der Fahnenstange erreicht ist, fängt bei ihnen der Spaß erst an. Häufig hegt die Gastronomin auch intensive Partnertausch-Fantasien, die ihr Herzbube bereit sein sollte, mit ihr in die Tat umzusetzen. Verweigert er, öffnet sie anderen Männern die Schlafzimmertür.

Ideale Berufspartner

Auf ihren Tagestrips begleiten die Gastwirtin neben den Kfz-Mechanikern gerne die Polizisten. Letztere werden auch relativ viel Verständnis für ihre Arbeitszeiten aufbringen, weil sie häufig selbst bis in die Puppen auf Streife gehen. Ihre Fähigkeit, nicht jedes Wort auf die Goldwaage legen zu müssen, wissen die deftigen Landwirte und Metzger zu schätzen. Beide können zudem als Fleischlieferanten für ihr Lokal dienen. Die weitesten Wege im Bett gehen die Berufsvertreterinnen mit den Busfahrern, denen keine Schweinerei zu schweinisch ist, ebenso wie den Bademeistern und Vertretern. Die Tierärzte erwarten indes keine allzu intensive Zuwendung von ihnen, während der Ingenieur sie tatkräftig im Haushalt unterstützt. Die Erziehung des Nachwuchses nimmt ihnen zu einem Gutteil der kinderliebe Elektriker ab.

Der Koch

Basics

Wenn aus Wut und Tobsucht irgendwo Töpfe fliegen, ist meist ein Koch zu Werke, geben doch die Berufsvertreter an der Arbeit gerne das *HB*-Männchen. Tatsächlich bildet bei vielen Köchen neben einer charakterlichen Disposition und Überforderforderung der Wunsch nach Selbstinszenierung den Hintergrund für ihre emotionalen Amokläufe. Das heißt, sie erzielen einen Lustgewinn, indem sie ihre narzisstischen Bedürfnisse befriedigen. Besonders Chefköche rücken sich auf diese brachiale Weise gerne in den Mittelpunkt. Auf der anderen Seite sind Köche aber auch ein Stück weit Idealisten, die ihre Profession trotz nicht gerade üppiger Bezahlung und ungünstiger Arbeitszeiten mit viel Leidenschaft ausüben. Fast immer haben sie ihr Hobby zum Beruf gemacht, während nur die wenigsten dazu wie die Jungfrau zum Kinde gekommen sind.

Privat haben Köche ihr Gefühlsleben besser im Griff, nicht zuletzt auch, weil sie hier erheblich seltener an die Grenzen der Belastbarkeit stoßen als bei der Ausübung ihres Jobs. Die selbstverliebten »Maîtres de Cuisine« pflegen jenseits der Betriebsküche ihre Egozentrik in geselliger Runde durch das Erzählen von tausendundeiner Anekdote aus ihrem Leben. Wenn sie es damit nicht übertreiben, sind sie auf Partys als Entertainer gerngesehene Gäste. Eine weitere Möglichkeit, sich in ihrem sozialen Umfeld zu profilieren, stellt natürlich die Zurschaustellung ihrer Kochkünste dar. Nicht selten übernehmen sie die kulinarische Gestaltung von Feiern ihrer Lieben, wobei sie sich den einen oder anderen Showeffekt einfallen lassen. Ihre Freunde bewirten die Köche auch regelmäßig auf Spielabenden, die sie meist selbst ins Leben gerufen haben.

Karitativ ist nur eine Minderheit der Berufsangehörigen engagiert, diese wenigen aber dafür hochgradig. Nicht selten opfert
diese Fraktion viele Stunden, um den reibungslosen Ablauf einer
Tafel für Bedürftige oder den Transport von Nahrungsmitteln in
ärmere Länder zu organisieren. Allein im stillen Kämmerlein,
etwa um sich zu entspannen, sitzen die Küchenmeister nur selten, weil sie als Bewegungsnaturelle ständig in Action sein müssen. Sport treiben sie interessanterweise aber nur in den seltensten Fällen.

Flirt und Verführung

Köche haben natürlich allein durch ihren Beruf schon ein hervorragendes Gesprächsthema für die Konversation mit dem Objekt ihrer Begierde. Welche Frau lauscht nicht gespannt wie ein
Flitzebogen den Ausführungen über die Kunst der Essenszubereitung und ist nicht ganz Ohr bei Tipps zu deren Verfeinerung.
Dazu kommt meist noch eine lebhafte Art der Erzählung, die
das weibliche Geschlecht im Handumdrehen in den Bann zieht.
Eine gute Brise Charme – Köche können Komplimente – rundet
das Flirtrezept meist ab.

Regelmäßig punkten die Berufsvertreter auch mit einer interessanten Optik. Dadurch versuchen sie bewusst, sich von der breiten Masse abzuheben. Auffällige Bärte, wie die der Fernsehkö-
che Horst Lichter, Ralf Zacherl und Stefan Marquard, der außerdem noch durch ein freakiges Outfit glänzt, sind durchaus keine
Seltenheit.

Eine Gefahr für den Paarungserfolg der Küchenmeister hingegen stellt ihr Drang zur Selbstdarstellung dar. Lassen sie sich zu
stark von ihm übermannen und fühlt sich das weibliche Gegenüber nicht mehr genug wertgeschätzt, laufen die Köche Gefahr,
leer auszugehen.

Jagdreviere

Da der Restaurantkoch im Gegensatz zum Gastwirt und zum Kellner meist hinter den Kulissen agiert, bietet sich ihm kaum je die Chance, mit der weiblichen Kundschaft anzubandeln. Die einzige Ausnahme davon bildet Show-Cooking, wobei hier die Berufsvertreter meist zu beschäftigt sind, um sich auf einen ausgiebigen Flirt einlassen zu können. In der Küche selbst herrschen indes ein rauher Ton und zu viel Hektik, um romantische Gefühle unter den Kollegen entstehen zu lassen.

An der Freestyle-Partnersuche hindern den Küchenmeister häufig seine ungünstigen Arbeitszeiten. Wenn er nicht gerade in einer Werkskantine oder sozialen Einrichtung tätig ist, schwingt er gerade dann den Kochlöffel, wenn andere Alleinstehende Ausschau nach dem passenden Gegenstück halten. Daher gehört er zu der Spezies Singles, deren Kontaktanzeigen typischerweise mit der Redewendung »Aus Mangel an Gelegenheit« beginnen. Genau aus diesem Grund nutzt er auch andere professionelle Medien der Kontaktanbahnung, allerdings dürfen diese natürlich nicht nur auf die Abendstunden beschränkt sein. Meist bleiben dann nur Aktivitäten von Singleclubs morgens oder am frühen Nachmittag. Jederzeit nutzbar ist das Internet, wobei dort die Musik meist ebenfalls nach Sonnenuntergang spielt. Klassische Partnervermittlung fällt gewöhnlich wegen der vierstelligen Honorare weg.

Neben den professionellen Möglichkeiten setzen Köche ihre Hoffnung noch auf Zufallsbekanntschaften im Bus oder in der Schlange an der Supermarktkasse.

Partnerschaft

»Ilse Bilse, keiner will'se, kam der Koch und nahm'se doch.« Dass die Küchenmeister bei der Partnerwahl gerade auf das Mauerblümchen schielen, stimmt nur zum Teil. Eine andere Fraktion unter den Köchen fährt genau umgekehrt und sucht die Frau zum Vorzeigen. Letztlich ist keine der beiden Lösungen der Weisheit letzter Schluss. Die graue Maus wird irgendwann, wenn sie auch die Schwächen ihres Pappenheimers kennt, nicht mehr bedingungslos zu ihm aufschauen, während das Vorzeigepüppchen irgendwann beginnt, nach einem finanziell lukrativeren Herzbuben Ausschau zu halten.

Abgesehen von seinem häufig übergroßen Geltungsdrang gestaltet sich das Leben an der Seite des Kochs auch ansonsten kaum je wirklich angenehm. Zwar vermag er seine cholerischen Anfälle privat recht gut im Zaum zu halten, doch wirkt er ständig in einer gewissen Weise gereizt und steckt voller innerer Anspannung. Immer wieder kommt es auch zu kleineren Entladungen, mit denen er verhindert, dass das Fass zum Überlaufen kommt und er die Kontrolle verliert.

Gemeinsame partnerschaftliche Unternehmungen stehen für die Berufsvertreter nur am Anfang der Beziehung regelmäßig auf der Tagesordnung. Je weiter die Zweisamkeit fortschreitet, desto seltener werden die gemeinsamen Ausflüge. Stattdessen treten zunehmend Alleingänge des Kochs in den Vordergrund. Da er sich davon auch aufgrund seines Egoismus nicht abbringen lässt, gilt für seine bessere Hälfte das Prinzip »Accept or quit«. In der Regel geht aber dem Quittieren der Liebe, sofern das die Konsequenz ist, eine lange Phase des Nebeneinanderhers voraus. Seinen Kindern gegenüber zeigt der Koch nur wenig Geduld, weshalb sie eher die Nähe zu ihrer Mutter suchen und ihn mitunter regelrecht meiden.

Sex

Noch mehr als die männlichen Vertreter anderer Berufsgruppen betrachten Köche den Höhepunkt ihrer Partnerin als Beischlaftrophäe. Damit sie ihn erreicht, lassen sie sich einiges einfallen.

Besonders wenn die Liebe noch frisch ist, bringen sie ihre intime Gespielin zunächst in Wallung, indem sie ihr stimulierende Speisen kredenzen. Anschließend verwöhnen sie ihren Körper ausgiebig mit den Händen und ihrer Zunge. Weist ihr weibliches Gegenüber masochistische Züge auf, treten sie auch leicht züchtigend in Erscheinung, etwa durch den Einsatz einer Ledergerte. Wenn sie die Rolle des Opfers selbst spielen, wünschen sie sich allerdings eine heftigere Erziehung, nicht selten bis an die Schmerzgrenze.

Während des Geschlechtsakts schwanken die »Maîtres de Cuisine« zwischen Phasen heftiger Penetration und Softsex. Durch diesen Wechsel treiben sie ihre Herzdame an den Rand des Wahnsinns vor Lust. Für die heftigeren Phasen benötigen sie ihren Penis natürlich in voller Prachtentfaltung, weshalb sie bewusst verhindern, zu früh zum Orgasmus zu kommen.

Ideale Berufspartner

Die Bewunderung, die der Koch wie die Luft zum Atmen braucht, bringen ihm die Sekretärin, die Friseurin und die Floristin entgegen. Das karitative Engagement eines Teils der Berufsvertreter haben neben den Krankenschwestern auch die Erzieherinnen mit ihnen gemeinsam. Dass die Küchenmeister im Bett sehr darauf bedacht sind, ihre Partnerin ins Nirwana der Lust zu vögeln, wissen die orgasmusorientierten Kellnerinnen sehr zu schätzen. Sie teilen auch den gewissen Hang des Kochs zum Sadomasochismus. Intellektuell auf Augenhöhe werden den professionellen Essenszubereitern sowohl die Verkäuferin als auch die Arzthelferin begegnen.

Die Köchin

Basics

Im Gegensatz zu ihren männlichen Kollegen sind Köchinnen, da familienfreundlicher, eher in Einrichtungen wie Mensen oder Krankenhausküchen beschäftigt, die hauptsächlich tagsüber arbeiten. Dort gibt es für sie allerdings auch erheblich weniger als in gastronomischen Betrieben die Möglichkeit, sich Sporen in Form von Auszeichnungen zu verdienen. Das liegt aber auch nicht in ihrer Absicht, da sie ihren Beruf häufig pragmatisch als Broterwerb sehen und kaum je als Vehikel zur Befriedigung eines narzisstischen Bedürfnisses nach Anerkennung. Diese Sicht der Dinge bedeutet aber keineswegs, dass sie ihre Profession ohne Leidenschaft ausüben. Im Gegenteil sind sie meist voller Herzblut bei der Sache, vor allem wenn sie in einem guten Team arbeiten.

Die gewisse Härte, die die Berufsvertreterinnen entweder schon mitbringen oder sich durch den rauhen Umgang im Job erwerben, legen sie ebenfalls privat an den Tag. Deshalb suchen sie ihre Freundinnen eher auf, um sich den Kopf von ihnen waschen zu lassen, als um sich bei ihnen auszuheulen. Ihre Ratschläge werden zwar, da unbequem, häufig in den Wind geschlagen, sind aber meist zielführend. Einen Orden für Diplomatie verdienen sie kaum je, womöglich aber einen für ihre Authentizität und Offenheit. Echte Lästerschwestern sind eher die große Ausnahme unter ihnen.

Neuen Kontakten tritt die Köchin gewöhnlich mit einer gewissen Vorsicht entgegen, weil sie von Natur aus ein wenig misstrauisch ist. Selbst wenn sie Menschen schon sehr gut kennt, wahrt sie immer eine gewisse Distanz.

In ihrer Freizeit besuchen die professionellen Kochlöffelschwingerinnen gerne Tanzlokale oder Festivitäten, auf denen sie ausgiebig schwofen können. Um auf dem Parkett eine gute Figur zu machen, haben sie zuvor oft zahlreiche Tanzkurse besucht. Auch Reisen steht bei ihnen regelmäßig auf der Agenda, doch müssen es dabei nicht unbedingt exotische Gefilde sein. Viel lieber erfreuen sie sich an der Schönheit der heimischen Landschaften. Ihr Zuhause stellt indes meist nur das Basislager dar, von dem aus sie ihren nächsten Ausflug planen. Entsprechend wenig investieren sie in dessen Umgestaltung und Verschönerung.

Flirt und Verführung

Köchinnen haben den Flirtfaktor XXL-minus, das heißt, sie senden massive Rührmichnichtan-Signale an das starke Geschlecht. Meist vermag die andere Seite noch nicht einmal einzuschätzen, ob die Berufsvertreterinnen sie sympathisch oder unsympathisch finden. Den Hintergrund für ihre vermeintliche Sprödheit bildet die feste Auffassung, dass die Herrenwelt beim Suchen und Finden der Liebe die Initiative ergreifen sollte. Auf diesem althergebrachten Weg der Kontaktaufnahme zwischen den Geschlechtern gebührt es allerdings der Henne, den Hahn zum Krähen zu bringen, indem sie zumindest auf seine Annäherungsversuche reagiert. Doch selbst diese nonverbale Aufforderung zur Balzattacke etwa in Form eines einladenden Lächelns bleibt die Köchin ihrem Gegenüber schuldig, weil sie auf keinen Fall bedürftig wirken möchte. Im Gegenteil überkompensiert sie diese Befürchtung noch durch Zeichen der Ablehnung. Und selbst wenn ein Prinz die Dornenhecke überwindet, bleibt der Kampf um ihr Herz mühselig. Bis er ihr natürliches Misstrauen überwunden hat und sie sich ihm hingibt, muss noch so einiges an Überzeugungsarbeit geleistet werden.

Jagdreviere

Da bei der Köchin der stete Tropfen den Stein höhlt, sollten für sie gangbare Wege des Kennenlernens ihr viel Zeit bieten und auf Wiederholung ausgelegt sein. Ideal wären dafür Single-Gesprächsgruppen und Singlereisen, auf denen ihr die Paarungskandidaten immer wieder über den Weg laufen. Nichtsdestoweniger nutzt sie diese Medien der Entsingelung kaum, erstere, weil sie ihre Zweifel an der Honorigkeit der Gruppenleiter nicht überwinden kann, und die zweite, weil sie grundsätzlich nicht dazu bereit ist, en bloc einen vierstelligen Geldbetrag in die Partnersuche zu investieren. Das Suchen und Finden der Liebe per Mausklick lehnt sie eher ab. Wenn sie es ernsthaft betreiben möchte, müsste sie viele Stunden pro Woche vor dem PC hocken, was ihren Bedürfnissen als Bewegungsnaturell völlig widerspricht. Speed-Dating oder Running-Dinner klingen ihr allein schon aufgrund des englischen Namens zu fremdartig, als dass sie sich darauf einlassen würde. Daher versucht sie ihr Glück auf professionellem Wege allenfalls gelegentlich über das Schalten und Beantworten von Print-Kontaktanzeigen.

Am Arbeitsplatz bieten sich den Berufsvertreterinnen kaum Chancen zur Verbandelung, weil sie meist nur in fast reinen Frauenteams arbeitet. Ihre Freundinnen versuchen – in Erwartung eines Donnerwetters der Entrüstung – gar nicht erst, sie zu verkuppeln. Am häufigsten kommen die Köchinnen beim Reigen in ihrem Stammtanzlokal unter die Haube, wo sie ihre Pappenheimer meist schon gut kennen.

Partnerschaft

In ihrer Ursprungsfamilie hat die Köchin gewöhnlich nur wenig Nähe erlebt. Ihre Eltern gingen emotional getrennte Wege, blieben aber zunächst wegen der Kinder und später aus Gewohnheit zusammen. Ein ähnliches Muster leben die Berufsvertreterinnen in ihrer Ehe. Wenn die Köchin mit ihrem Mann in der Öffentlichkeit auftritt, gewinnen Außenstehende fast nie den Eindruck, dass es sich bei dem Duo um ein Paar handeln könnte. Weder finden intensive Gespräche statt, noch kommt es zu einem Austausch von Zärtlichkeiten. Zu Hause verschwinden selbst die ritualisierten Küsse zum Abschied und zur Begrüßung bald. In den Mußestunden macht jeder weitgehend sein Ding, indem er seinen Hobbys nachgeht oder sich mit Freunden trifft. Das geht so weit, dass zum Teil sogar Urlaube getrennt verbracht werden. Natürlich kann in einer solchen Atmosphäre nur schwer Nestwärme entstehen, so dass die gemeinsamen Sprösslinge gefühlsmäßig oft förmlich verhungern. Für ihre Sorgen und Nöte ist die Köchin kaum die richtige Ansprechpartnerin, weil es ihr sowohl an der Geduld als auch an der notwendigen Empathie fehlt, sich intensiv mit dem Nachwuchs zu befassen. Ihr Defizit an emotionaler Zuwendung versucht sie durch praktische Fürsorge zu kompensieren. Stets ist es ihr eine Herzensangelegenheit, dass die Kinder adrett gekleidet, wohl genährt und materiell hinreichend versorgt sind. Vor allem versucht sie, ihnen eine gute Ausbildung zu ermöglichen.

Apropos Kompensation: Ihrem Angetrauten gegenüber schafft die Köchin Ausgleich für ihre Kühle, indem sie ihn komplett von der lästigen Hausarbeit entbindet. Bisweilen zieht sie sich so einen Pascha in vier Wänden heran. Allerdings herrscht bei ihren »Dienstleistungen« das Prinzip Freiwilligkeit. Befehlen lässt sie sich auch im Haushalt nichts.

Sex

So wie die Köchin an ihrem Arbeitsplatz nur ein beschränktes und immer wiederkehrendes Repertoire an Speisen zubereitet, bietet sie auch im Bett ein ziemliches Einerlei, das eher von Routine als von Probierfreudigkeit geprägt ist. Etwa achtzig Prozent ihres Beischlafs findet in Missionarsstellung, der Rest im Doggy-style oder in der Reiterstellung statt. Andere Positionen stellen eher die große Ausnahme dar.

Bezüglich der Körperöffnungen, die beim Liebesspiel am häufigsten eine Rolle spielen, nutzt sie lustvoll nur ihre Vagina. Der Rest bleibt in der Regel jungfräulich. Selbst schon allzu leidenschaftlichen Zungenküssen kann sie nur wenig abgewinnen. Mitunter hegt sie sogar einen regelrechten Ekel davor. Das gilt umso mehr für Cunnilingus. Insgesamt gesehen geht es also im Schlafzimmer der Köchin ziemlich steril zu, vermutlich ebenfalls ein Erbe ihres Jobs.

Sehr entgegenkommen dürfte der Herrenwelt indes, dass die Berufsvertreterinnen recht flott zum Höhepunkt kommen, wenn sie sexuell erst einmal in Fahrt sind. Zudem benötigen sie weder ein Vorspiel in epischer Länge, noch möchten sie nach dem Akt unbedingt den Weltrekord im Dauerkuscheln aufstellen.

Ideale Berufspartner

Eher eine Kopfwäsche, weil sie sich danebenbenehmen, als psychischen Beistand, benötigen der Landwirt und der Apotheker. Alle drei Berufsvertreter kommen daher mit der schroffen Art der Köchin gut zurecht, ganz nach dem Motto »Auf einen groben Klotz passt auch ein grober Keil«. Dass die Berufsvertreterinnen in der Zweisamkeit mehr oder weniger ihren eigenen Brei kochen, bereitet weder den Vertretern noch den Bademeistern, die selbst gern eigene Wege gehen, größeres Kopfzerbrechen. Satt essen an ihrer Hausmannskost in der Küche und im Bett können sich gut der Tierarzt, der Bäcker, der Programmierer sowie der Briefträger, wobei Letzterer ein wenig unter ihrer Kühle leidet. Ihren »Ring of Ice« zu durchbrechen stellt indes für den Geschäftsführer eine sportliche Herausforderung dar.

Der Pfarrer

Basics

Evangelische Pfarrer haben ihren Beruf im Gegensatz zu manchen ihrer katholischen Kollegen nicht deshalb gewählt, weil sie Probleme mit Frauen oder eine homosexuelle Neigung haben, sondern weil ihnen das Wort Gottes und die christliche Ethik wirklich am Herzen liegen. Nicht selten findet sich in ihrer näheren Verwandtschaft schon ein Berufsvertreter, der von Kindesbeinen an ein Vorbild für sie war. Dazu gesellt sich eine frühe Lust am Fabulieren und am Vortrag. In der Schule sind die angehenden Seelsorger nicht selten sowohl Mitglieder der Theater-AG als auch Klassensprecher.

Schon in jungen Jahren singen sie in ihren Mußestunden im Kirchenchor. An der Uni führt sie ihr Wunsch, sich für die Belange ihrer Mitmenschen einzusetzen, in eine Studentenvertretung, meist in den ASTA. Verbringen sie ihr Auslandstudienjahr in einem Entwicklungsland, wird ihr soziales Gewissen noch zusätzlich geschärft, und sind sie später in Amt und Würden, setzen sie ihren Einsatz für die Humanitas unvermindert fort. Bei all dem karitativen Tun vergessen die Pfarrer aber nie ihr eigenes Wohlergehen. Dazu meditieren sie, können aber auch ganz profan in der Sauna bei einem guten Buch relaxen. Seelenhygiene betreiben sie, indem sie sich sportlich betätigen. Gerne fahren sie dabei mit einem gewissen Ehrgeiz Rennrad, joggen oder gehen schwimmen. Zu Mannschaftssportarten hegen sie interessanterweise, obwohl sonst gesellige Wesen, nur eine geringe Affinität. Aber auch gute Musik von Rock bis Klassik stellt stets einen Wellnessfaktor für sie dar, während Reisen meist ihrer Mission untergeordnet sind, eine bessere Welt zu erschaffen.

Nähe zulassen zu können gehört zu einer der Grundvoraussetzungen des Pfarrerberufs. Davon profitieren die Geistlichen auch in ihrem Privatleben. Meist sind ihre Freundschaften von einem hohen Maß an Intensität und Verbindlichkeit geprägt, Klasse ist ihnen dabei wichtiger als Masse. Um diesem Prinzip treu bleiben zu können, begrenzen sie ihren innersten Zirkel auf nur eine Handvoll enger Freunde und misten ihr Umfeld immer wieder einmal aus.

Flirt und Verführung

Eine kleinere Fraktion der protestantischen Pfarrer versucht dem Ruf der Frömmigkeit, der der Profession vorauseilt, entgegenzuwirken, indem sie den Womanizer gibt und Frauen in Harakiri-Manier zu erobern versucht. Die Mehrheit der Geistlichen verhält sich jedoch Frauen gegenüber ziemlich zurückhaltend, zumindest wenn es um das Suchen und Finden der Liebe geht. Die Schwierigkeit liegt dabei weniger in der Gesprächseröffnung, sondern vielmehr im Übergang vom persönlichen zum intimen Bereich der Konversation. So fällt es den evangelischen Seelsorgern schwer, den Sack zuzumachen, indem sie bei ihrem weiblichen Gegenüber sexuelles Interesse wecken. Oftmals wirken sie wie die Katze, die um den heißen Brei herumläuft. Da sie aber ansonsten recht lukrative Kandidaten sind, setzt nicht selten die andere Seite den finalen amourösen Fangschuss. Sobald das Eis erst einmal gebrochen ist, sind die Pfarrer ausgesprochen charmant und setzen ihr ganzes Herzblut ein, damit das zarte Pflänzchen der Liebe zu voller Prachtentfaltung gelangt.

Jagdreviere

Ihre zukünftige Frau lernen angehende Pfarrer oft schon im Studium kennen, und nicht selten ist sie eine Kollegin in spe. Misslingt der Coup, die Herzdame von der Unibank weg zu heiraten, bieten sich den evangelischen Seelsorgern auch später im Rahmen ihrer Berufsausübung noch zahlreiche Möglichkeiten, an die Frau zu kommen. So könnte Miss Right etwa ein Mitglied der Kirchengemeinde, eine kirchliche Mitarbeiterin oder Lehrerin an der Schule sein, an der er Religionsunterricht erteilt. Durch seine exponierte Stellung, gepaart mit einer interessanten Persönlichkeit, mangelt es ihm zudem kaum je an Verehrerinnen.

Kommen die Geistlichen doch einmal in die Verlegenheit, ein professionelles Medium der Kontaktanbahnung in Anspruch nehmen zu müssen, nutzen sie am liebsten die Kontaktanzeige in einer überregionalen Tageszeitung. Dort ist gewöhnlich das Niveau der Partnersuchenden höher und das Risiko geringer, an ein Schäflein aus der eigenen Herde zu geraten, dem es womöglich an der nötigen Diskretion fehlt.

Geeignet wären in diesem Sinne etwa auch Single-Cooking oder Running-Dinner in einer fremden Stadt oder Singlereisen in eine andere Gegend. Im Internet wird ihnen dagegen zu oft gegen das achte Gebot verstoßen: »Du sollst nicht lügen.«

Auf freier Wildbahn halten die Pfarrer bevorzugt im Rahmen von Konzerten oder in Musikkneipen Ausschau nach einer besseren Hälfte. Außerdem kommen sie häufig beim Saunanachmittag mit möglichen Paarungskandidatinnen ins Gespräch.

Partnerschaft

Unter den Berufen ist der evangelische Pfarrer ohne Frage einer der Traumpartner der Liebe. Da er sich auch für Sujets interessiert, die eher Frauen berühren, wie Spiritualität, Psychologie und Alternativmedizin, gehen ihm die Themen für eine angeregte Konversation mit seiner Herzdame niemals aus. Auch bezüglich seiner Freizeitunternehmungen trifft er den Geschmack seiner besseren Hälfte, so dass gemeinsame Theater-, Konzert-

und Ausstellungsbesuche regelmäßig auf der Tagesordnung stehen. Alleingänge unternimmt er als Familienmensch dagegen nur bedingt. Meistens sogar nur dann, wenn seine Frau verhindert oder er beruflich unterwegs ist, etwa nach einer kirchlichen Trauung, wenn er noch zum Kaffee eingeladen wird.

Pfarrer sind geistige, aber keine vergeistigten Menschen. Dass Wäscheberge wachsen, wenn sie nicht irgendwann der Waschmaschine anheimgegeben werden, liegt durchaus in ihrem Bewusstsein, und entsprechend schreiten sie auch zur Tat. Zum Helden mutieren die Seelsorger regelmäßig in der Küche. Zwar können sie kaum je den Sonntagsbraten zubereiten, weil sie zu der Zeit ihre Messe abhalten, aber sonst zaubern sie ihren Lieben gerne Festtagsmenüs. Ihre handwerkliche Begabung hält sich dagegen ziemlich in Grenzen. Über das Bohren eins Lochs in die Wand oder das Zusammenschrauben eines Ikea-Regals reichen ihre Fertigkeiten nur selten hinaus. Dafür wühlen sie aufgrund ihrer Naturverbundenheit voller Leidenschaft im Garten herum, wo sie besonders dem Obst- und Gemüseanbau frönen.

Den biblischen Satz »Lasset die Kindlein zu mir kommen« beherzigen die Berufsvertreter in vorbildlicher Manier. Oft setzen sie einen ganzen Stall voller Sprösslinge in die Welt, für die sie als Erzieher, Förderer und Bespaßer fungieren.

Sex

Der Pfarrer ist ein eifriger Arbeiter auf dem Venushügel seiner Frau. Die lutherische Vorgabe bezüglich des Geschlechtsverkehrs unter Paaren »In der Woche zwier schaden weder ihm noch ihr, macht ihm Jahre hundertvier« beherzigt er auch meist dann noch, wenn seine Ehe schon weit fortgeschritten ist. Und sofern die Angetraute mitspielt, brennen sogar noch im hohen Alter die Scheunen lichterloh.

Neben der relativ hohen Frequenz des ehelichen Vollzugs bieten die Seelsorger ihrer Partnerin im Schlafzimmer ein breites Repertoire an intimen Lustbarkeiten. Das erstreckt sich von Rollenspielen über exotische Stellungen bis hin zu voyeuristisch-exhibitionistischen Formen geschlechtlicher Befriedigung. Ihr reicher horizontaler Erfahrungsschatz speist sich meist aus einer wilden Phase an der Universität, in der sie sich hinlänglich die Hörner abgestoßen haben. Aber auch in späteren Singlephasen sind sie keine Kinder von Traurigkeit. Nachdem sie allerdings bei der kirchlichen Heirat den Treueschwur abgelegt haben, fokussieren sie die sexuelle Energie komplett auf ihre Gattin. In fremden Töpfen naschen sie nur sehr selten.

Ideale Berufspartner

Gut als Pfarrersfrau eignen sich die Krankenschwester, die Erzieherin und die Arzthelferin, weil sie selbst einen starken sozialen Touch haben und meist dazu bereit sind, karitative Aufgaben in der Gemeinde zu übernehmen. Die autonomen Psychologinnen lassen sich dafür zwar weniger einspannen, mit ihnen können aber gemeinsame wohltätige Projekte jenseits des Berufs in Angriff genommen werden. Viel Spaß im Bett bereitet den Geistlichen unter anderen das wollüstige Duo Journalistin und Ärztin. Noch mehr als den Austausch von Körperflüssigkeiten prägt die Beziehung zur Lehrerin der geistige Austausch. Sie wird ihm auch gewöhnlich einen reichen Kindersegen bescheren, was mindestens in gleichem Maße für die gebärfreudige Hebamme gilt.

Die Pfarrerin

Basics

Zwar fallen angehende Pfarrerinnen im Elternhaus und in der Schule durch gute Leistungen auf, trotzdem finden sie kaum Beachtung, weil sie von ihrer Optik her ziemlich graue Mäuse sind. Den Platz an der Sonne nehmen statt ihrer die Geschwister oder Mitschülerinnen ein, die mehr äußeren Glanz verbreiten. Da ihre Stärke in jungen Jahren auch noch nicht unbedingt in der Rhetorik liegt, sind Lehrer häufig bass erstaunt, wenn die ersten Klassenarbeiten der zukünftigen Geistlichen Bravourstücke sind. Nach dem Motto »Some guys have all the fuck« schießen sich die Seelsorgerinnen in spe allerdings oft ins Abseits, indem sie egoistisch nur auf ihren eigenen Erfolg achten. Die Spezies, die ihre Klassenkameraden bei Arbeiten gerne abschreiben lässt, verkörpert sie jedenfalls kaum je.

Mit ihrer Berufswahl eröffnen sie sich meist unbewusst die Möglichkeit, endlich einmal in den Mittelpunkt zu rücken. Leider ist die zentrale Rolle, die sie in ihrer Gemeinde einnehmen, gewöhnlich nur eine geborgte. Einer besonders großen Wertschätzung und Beliebtheit erfreut sich die Pfarrerin aufgrund ihrer fehlenden echten Herzenswärme nur selten. Charismatische Volkstribuninnen wie die ehemalige Bischöfin von Hannover Margot Käßmann stellen innerhalb der Profession allemal die große Ausnahme dar.

Auch privat wird die Pfarrerin allenthalben mehr für ihre Beständigkeit und Aufrichtigkeit als für besondere Liebenswürdigkeit geschätzt. Fraglos hört sie ihren Freundinnen aufmerksam zu, wenn sie erzählen, wo ihnen der Schuh drückt, aber für eine Seelsorgerin verfügt sie über erstaunlich wenig Einfühlungsvermögen. Dabei handelt es sich in der Regel um ein Erbe aus früheren Zeiten, als ihr schulischer Ehrgeiz noch eindeutig Vorrang vor menschlichen Belangen hatte.

In ihrer Freizeit findet die Pfarrerin meist eine gute Balance zwischen Aktivität und Ruhephasen. Ist Action angesagt, besucht sie gerne kulturelle Veranstaltungen. Nicht selten ist sie auch politisch engagiert. Ihre »Couchtime« verbringt sie gerne mit guter Musik oder der Lektüre eines interessanten Buches.

Flirt und Verführung

Die Kombination aus geringer optischer Strahlkraft, hoher Intelligenz und Wochenendarbeit haut die Herrenwelt wahrlich nicht vom Hocker. Daher stürzt sich die Pfarrerin wie ein Geier auf jedes männliche Wesen, das nur halbwegs Interesse an ihr bekundet sowie einigermaßen in ihr Beuteschema passt. Ziert sich die andere Seite ein wenig, ruft sie ihr gegenüber den Belagerungszustand aus. Fast wirkt sie dann ein wenig mannstoll, allein mit dem Unterschied, dass sie anders als ein Vamp ihre gesamte Energie nur auf eine Person fokussiert. Vertreter des starken Geschlechts, die nicht gerade an übertriebener Bindungslust leiden, schlägt sie mit ihrem obsessiven Bindungsverhalten oft nachhaltig in die Flucht.

Werden die Pfarrerinnen selbst von einem männlichen Wesen angesprochen, unterstützen sie lukrative Kandidaten für den Platz an ihrer Seite nach Geisteskräften, indem sie tunlichst darauf achten, die Konversation in Gang zu halten. Dadurch gelingt es ihnen, besonders schüchterne Prinzen an den Haken zu bekommen. Die haben auch später kaum etwas dagegen einzuwenden, wenn die Seelsorgerin sie vor den Traualtar zerrt und nicht umgekehrt.

Jagdreviere

In ihrer eigenen Gemeinde Ausschau nach Mister Right zu halten stellt durchaus eine Option für die Pfarrerin dar, allerdings muss sie dabei viel behutsamer vorgehen als außerhalb von Kirche und Gemeindehaus. Ansonsten gerät sie bei ihren Schäfchen schnell in einen zweifelhaften Ruf. Daher beschränkt sie sich in ihrer Dienstzeit aufs Locken und hofft, dass sie den Hahn damit zum Krähen bringt. Gehen die Berufsvertreterinnen in freier Wildbahn auf die Prinzenjagd, laufen sie häufig ihren männlichen Berufskollegen über den Weg, weil diese ebenfalls gerne in Locations mit guter Musik auf Partnerschau gehen. Darüber hinaus sind Pfarrerinnen allenthalben für einen kleinen Plausch zu haben, aus dem sich auch gerne ein intensiver Flirt entwickeln darf, sei es an der Tankstelle, in der Straßenbahn oder im Wartezimmer eines Arztes.

Medial ist die Pfarrerin zwecks Partnersuche hauptsächlich im Internet unterwegs, obwohl ihr selbst die seriöseren Portale wie *ElitePartner* oder *Parship* Enttäuschungen bereiten, weil sie dort bisweilen an Männer gerät, die noch an eine andere Frau gebunden sind. Größere Ansammlungen von Singles etwa im Rahmen von Singlepartys meidet sie, weil dort die Gefahr am größten ist, Mitgliedern ihrer Kirchengemeinde zu begegnen. Personell überschaubareren Single-Events wie einem gediegenen Running-Dinner kann sie hingegen viel abgewinnen, während sie für Singlereisen gewöhnlich zu geizig ist.

Partnerschaft

Wenn die Pfarrerin einen Gefährten gefunden zu haben glaubt, der in der Lage ist, regelmäßig ein stattliches Mammut vor die Höhle zu zerren, wird sie alsbald schwanger und überlässt ihm die materielle Versorgung der Familie. Indem sie zur Kindererziehung aus dem Beruf ausscheidet, verbindet sie das Angenehme mit dem Angenehmen. Zum einen erfüllt sie sich ihren Traum von einer Familie – meist setzt sie mindestens zwei Sprösslinge in die Welt – und schiebt zum anderen als reine Hausfrau eine ziemlich ruhige Kugel. Den Nachwuchs in jedweder Hinsicht zu umsorgen ist ihr eine Herzensangelegenheit, für ungeliebte Arbeiten wie Putzen und Aufräumen stellt sie aber doch lieber eine Haushaltshilfe ein. Die Zeit, die sie dadurch einspart, nutzt sie häufig, um Volkshochschulkurse zu besuchen, den Kontakt mit Freundinnen zu pflegen oder sich in Form von Wellness Gutes zu tun. Außerdem widmet sie sich intensiv ihren diversen karitativen Projekten.

Da die Pfarrerin ihren Tag sehr gut allein gestalten kann, muss sie ihren Angetrauten nicht ständig an der Seite haben, um zufrieden zu sein. Im Gegenteil braucht sie viel Freiraum für Alleingänge. Eine reine Wochenendbeziehung mit einem Gatten, der werktags beruflich in der Welt unterwegs ist, kommt ihr durchaus gelegen, sofern genügend Geld dabei herausspringt. Geht ihre Ehe in die Brüche und bindet sie sich erneut, favorisiert sie zumindest als Übergangslösung sogar häufig dieses Modell der Zweisamkeit.

Apropos Trennung: Die Pfarrerin schätzt zwar das partnerschaftliche Leben, dennoch lässt sie darin ihre emotionale Handbremse immer so weit angezogen, dass sie nach dem möglichen Liebesaus nicht den Boden unter den Füßen verliert.

Sex

Sex stellt ohne Zweifel das Hauptschmiermittel für die Beziehungen der Pfarrerin dar. Meist entstammt sie einem prüden Elternhaus, in dem Themen unter der Gürtellinie tabu waren. Von dieser Erziehung hat sie sich aber vollkommen emanzipiert und lebt als eine Art Gegenentwurf ein freies Intimleben. Durch ihre sexuelle Offenheit vermag die Seelsorgerin, die im Alltag nicht immer leicht zu handeln ist, ihren Herzbuben dauerhaft an sich zu binden. Da sie geschlechtlich eine ziemliche Spätzünderin ist, scheint es fast immer so, als wollte sie in ihrer Kindheit und Jugend Versäumtes nachholen.

Lokal beschränkt sich das horizontale Treiben der Berufsvertreterinnen mitnichten nur auf das Schlafzimmer. Wenn sie etwa während eines gemeinsamen Spaziergangs die Lust übermannt, zerrt sie ihren Partner flugs in die Büsche oder auf einen Hochsitz, um ihrer plötzlichen Geilheit Genüge zu tun. Beim Akt stöhnt sie oft so laut, dass Passanten sich ernsthaft fragen, ob nicht jemand gerade Opfer einer Gewalttat wird. Der Gedanke daran, durch Dritte beim Sex entdeckt zu werden, treibt der evangelischen Geistlichen übrigens keinerlei Sorgenfalten ins Gesicht, sondern verschafft ihr in der Regel den ultimativen fleischlichen Kick.

Ideale Berufspartner

Für ihre Verlässlichkeit und Authentizität wird die Pfarrerin sehr von den Ingenieuren, den Programmierern sowie von ihren männlichen Berufskollegen geschätzt, die in dieser Hinsicht ähnlich gestrickt sind. Ihre Autonomie kommt den zu Alleingängen neigenden Tierärzten und Journalisten sehr entgegen. Im Bett finden die evangelischen Seelsorgerinnen ihren »Meister« im Polizisten, der ihr aufgrund seiner üppigen genitalen Bestückung im wahrsten Sinne des Wortes tiefste Befriedigung bringen kann. Materiell auf Rosen betten sie sowohl der Geschäftsführer als auch der Bankkaufmann. Beide sollten aber fraglos zu den soliden Vertretern ihrer Zunft gehören. Einen Traumpartner in intellektueller Hinsicht findet die Pfarrerin im Psychologen und im Lehrer.

Der Bankkaufmann

Basics

Angehende Banker entstammen meist nicht dem Geldadel, sondern wachsen in recht einfachen Verhältnissen auf. Als Kinder sind sie bisweilen bei ihren Altersgenossen ein wenig außen vor, weil sie materiell nur unzureichend mithalten können. Die Diskrepanz vergrößert sich gewöhnlich noch, wenn sie von der Grundschule aufs Gymnasium überwechseln. Oft gesellt sich zum wirtschaftlichen Handicap noch ein Mangel an Geschmeidigkeit im sozialen Umgang. Durch ihre ländliche oder gar bäuerliche Herkunft verhalten sie sich gegenüber ihren Mitmenschen ziemlich linkisch. Echte Gesellschaftslöwen werden sie gewöhnlich erst in ihrem vierten oder fünften Lebensjahrzehnt. Wie auch immer weckt die mangelnde Akzeptanz in frühen Jahren den Ehrgeiz in den jungen Bankkaufmännern, sich durch beruflichen Aufstieg Anerkennung zu verschaffen. Der ist umso größer, je mehr Zurücksetzung sie einstmals erlebt haben, und lässt sie in Extremfällen sogar über Leichen gehen. Das sind dann die Banker, die, in ihren Umtrieben kaum von einer Kontrollinstanz gebremst, ihre Profession ungefähr so unbeliebt machen wie eine Mischung aus Michael Wendler und Lothar Matthäus. In ihrem Privatleben stellen die Berufsvertreter als typische Emporkömmlinge ihren frisch erworbenen Wohlstand abhängig von ihrer Intelligenz entweder protzig ganz offen oder diskret zurückhaltend zur Schau. Durch beide Arten schüren sie in der Regel noch die Aversionen und Vorurteile, die gegen ihren Beruf sowieso schon herrschen. Dass sie sich mit ihrem großkotzigen Habitus unbeliebt machen, wird ihnen aber häufig noch nicht einmal bewusst, weil sie viel zu sehr auf sich selbst fokussiert sind.

In ihrer Freizeit geben die Banker besonders der Führungsebene tagsüber den Kulturmenschen, indem sie Opern, Vernissagen und Lesungen besuchen. Nachts aber lassen sie es mit Wein, Weib und Gesang so richtig krachen. Geld spielt dabei keine Rolle, da sich Banker dieses ja vermeintlich selbst drucken können. Von ihren nächtlichen Eskapaden erholen sie sich gerne in Wellnesstempeln, oder sie pflegen ihren Kater auf der heimischen Couch.

Flirt und Verführung

In seiner Jugend läuft es beim Bankkaufmann mit dem anderen Geschlecht überhaupt nicht rund. Oftmals ist er noch zu schüchtern, das Objekt seiner Begierde anzusprechen, und wenn doch, tritt er durch unbedachte Aussagen regelmäßig ins Fettnäpfchen. Das Tüpfelchen auf dem i seines Flirt-Misserfolgs stellt meist sein altbackenes Outfit dar, Ausdruck eines noch unterentwickelten Modegeschmacks und fehlender materieller Ressourcen. Die Wende kommt erst etwa ab dem dreißigsten Lebensjahr, wenn die berufliche Karriere Fahrt aufnimmt und die jungen Bankaufleute beginnen, sich in sozial gehobenen Kreisen zu bewegen. Extrem lernfähig können sie sich dort vieles an guten Umgangsformen abschauen. Um diese zu verbessern, nehmen sie oft auch ganz offiziell an Benimmkursen teil. Für die Perfektionierung ihres Balzverhaltens begeben sie sich indes unter die Fittiche eines Flirtcoachs und verschlingen Ratgeber zum Thema, so dass spätestens zehn Jahre später die Entwicklung vom Chancentod zum überaus charmanten Belami vollständig abgeschlossen ist.

Jagdreviere

Zu Beginn seiner Berufstätigkeit wird der Bankkaufmann an seinem Arbeitsplatz von Kolleginnen und Kundinnen noch geflissentlich übersehen. Nachdem er aber Karriere gemacht und sich von seinem Image als graue Maus befreit hat, mutiert er dort zu einem begehrten Paarungspartner. Oftmals ist sein weibliches Umfeld im Job so vernarrt in ihn, dass es sich ihm am liebsten schon im Büro hingeben würde.

Ob die Berufsvertreter auf freier Flirtwildbahn Frauen ansprechen, hängt von ihrer Tagesform ab. An schlechten Tagen fürchten sie Körbe wie der Teufel das Weihwasser, weil dadurch traumatische Erinnerungen an Zurückweisungen in der Jugend wieder schmerzlich aufflammen könnten. Infolgedessen vermeiden sie jedwede Balzattacke tunlichst. Sind sie dagegen in Flirtlaune, gelingt es ihnen nicht selten, das Gegenüber direkt aus der Kneipe in ihr Schlafzimmer zu verfrachten.

Um eine repräsentative Dame kennenzulernen, die ihn sowohl vom Optischen als auch vom Geistigen zufriedenstellen kann, investiert der Banker gerne bis zu vierstellige Summen in gediegene Vehikel der Kontaktanbahnung. Im Internet tummelt er sich vorwiegend auf den gehobenen Plattformen wie *Parship* und *ElitePartner*. Des Weiteren nimmt er gerne an organisierten Trips für einsame Herzen ins potenzielle Liebesglück teil. Seiner Fähigkeit, sich schnell gut verkaufen zu können, kommt Speed-Dating sehr entgegen. Hier gefällt ihm besonders, dass er die Paarungskandidatinnen – ebenso wie im Übrigen bei Singlereisen – sofort genau in Augenschein nehmen kann.

Partnerschaft

Frauen, die gerne als attraktives Vorzeigeobjekt fungieren oder nicht bemerken, dass sie es tun, sind an der Seite des Bankkaufmanns bestens aufgehoben. Spielen sie diese Rolle zufriedenstellend, dürfen sie ihren Göttergatten nämlich überallhin begleiten, wo ein gemeinsames Erscheinen angesagt oder erwünscht ist. Auf Gegenseitigkeit beruht das aber nicht unbedingt. Lädt ihn seine Angetraute zum Paartanz ein, hat er oft andere wichtige Verpflichtungen, oder er schickt sich gerade an, alleine auf Tour zu gehen. Ein gewisses Maß an Anpassungsfähigkeit und Frustrationstoleranz steht also immer im Anforderungsprofil an seine Herzdame.

Auch in den heimischen vier Wänden zeigt sich der Banker nur wenig emanzipiert. Meist bringt er aus seiner Familie die Einstellung mit, dass der Mann das Geld heranschaffen sollte, während die Frau komplett für den Haushalt zuständig sei. Immerhin aber ist er bereit, seine bessere Hälfte in der Küche zu unterstützen, was seinem Vater im Traum noch nicht eingefallen wäre. Je nach Lust und Laune zeichnet er für das Kochen des Sonntags- und Festtagsessens verantwortlich. Dass dabei stets ein gewisser Showfaktor mit an Bord ist, um den eigenen Narzissmus zu befriedigen, steht auf einem anderen Blatt Papier.

Sprösslinge setzt der Banker fast immer in die Welt. Allerdings sind diese ähnlich wie seine Frau lediglich Aushängeschilder und Ausdruck seiner Potenz. Bleibt die Ehe indes trotz aller Bemühungen, Nachwuchs zu bekommen, kinderlos und liegt der Grund dafür nicht bei ihm, tauscht er seine Gattin letztendlich gegen eine gebärfähige Frau aus.

Sex

Da die Angetraute des Bankers oft glaubt, ihr aufreizendes Äußeres würde schon reichen und sie müsste sich nicht auch noch sexy verhalten, verliert er im Bett schnell die Lust an ihr. Geschlechtliche Befriedigung holt er sich infolgedessen am Arbeitsplatz, wo er Sex mit seinen Arbeitskolleginnen hat. Dabei verschafft ihm die Furcht davor, entdeckt zu werden, den ultimativen Kick.

Neben der Affäre hinter dem Bankschalter suchen die Berufsvertreter in Form von Sexorgien weitere horizontale Herausforderungen. Ihre üppigen Boni hauen sie regelmäßig in zweifelhaften Etablissements oder Hotelzimmern auf den Kopf. Beim
variantenreich anmutenden Setting von Gangbang und Co. versuchen sie, bewusst oder unbewusst ihre fehlende erotische Fantasie zu überspielen. Alles nämlich, was sie in dieser Hinsicht an
Abwechslung bieten können, ist Ergebnis eines jahrelangen,
zum Teil mühseligen Lernprozesses. Fraglos sind Banker keine
schlechten Lover. Gemessen an vielen anderen Professionen, sind
sie immerhin noch die Einäugigen unter den Blinden. Ihre besondere Spezialität auf dem Feld der Lust stellt fraglos ihr manuelles Geschick dar. Ständiges Geldscheinzählen scheint die Finger des Bankers auch für den Umgang mit dem Körper ihrer
Partnerin geschmeidig zu machen

Ideale Berufspartnerinnen

Gut die Nacht zum Tage machen kann der Bankkaufmann mit
den feierlustigen Krankenschwestern und Gastwirtinnen. Als
schmucke Repräsentantin an seiner Seite tritt sowohl die Kosmetikerin als auch die Sekretärin gerne auf, während die Arzthelferin ihm meist mehrere Kinder gebärt und sich um diese auch noch
weitgehend alleine kümmert. Viele Ideen bringen die Erzieherin
sowie die Kellnerin ins Sexualleben ein, so dass er am Stammtisch
mit der Vielfältigkeit seiner Praktiken prahlen kann. Die eher
materielle Ausrichtung der Berufsgruppe teilt das Duo Vertreterin und Finanzbeamtin. Intellektuell auf Augenhöhe begegnen
ihm am ehesten die Rechtsanwältinnen, die ebenfalls meist über
ein gutes, aber kein herausragendes Allgemeinwissen verfügen.

Die Bankkauffrau

Basics

Anders als bei ihren männlichen Kollegen, denen es vorrangig darum geht, an der Geldquelle zu sitzen und Karriere zu machen, ist die Berufswahl der Bankkauffrau neben der Lust am Umgang mit Menschen vom Wunsch nach einem sicheren Arbeitsplatz geprägt. Den würde sie mit Geschäften an der Grenze zur Legalität auch kaum je aufs Spiel setzen. Grund für ihre Integrität ist aber nicht nur die Furcht vor dem Jobverlust, sondern ein grundsätzlich hoher ethischer Maßstab, den sie an sich legt. Sie verkörpert meist noch das alte, bodenständige und volksnahe Bankensystem. In höhere Sphären strebt sie beruflich nur selten, weil sie um die Schwierigkeiten weiß, dort oben eine weiße Weste zu bewahren und nicht den Verlockungen der Macht zu verfallen.

Wegen ihrer stets freundlichen, zugewandten und wohlwollenden Art übt die Bankkauffrau eine große Anziehungskraft auf andere Menschen aus. Dabei strebt sie fast nie nach dem Platz an der Sonne, weil sie völlig unprätentiös und frei von Narzissmus ist. Meist hält sie sich sogar eher diskret im Hintergrund, wo sie sich allemal wohler fühlt als im Mittelpunkt. Innerhalb ihrer Freundinnenschar wirkt sie stets wie eine Gleiche unter Gleichen. Als Ratgeberin wird sie gerne in Anspruch genommen, weil sie über ein hervorragendes Einfühlungsvermögen verfügt und stundenlang uneigennützig zuhören kann. Durch ihre Engelsgeduld ist sie nicht darauf angewiesen, schnelle Lösungen anzubieten. Vielmehr unterstützt sie ihr Gegenüber beharrlich dabei, sich selbst zu finden.

In ihrer Freizeit ist die Bankerin der Typ zum Pferdestehlen. Wenn ihr ein Vorschlag für eine Unternehmung gemacht wird, sagt sie fast immer zunächst einmal zu. Aus eigenem Antrieb bewegt sie sich gerne, wobei ihre Palette von A wie Aerobic bis Z wie Zumba reicht. Beim Thema Paartanz gibt es unter den Bankerinnen neben den ausgewiesenen Tanzmäusen auch den einen oder anderen echten Tanzmuffel.

Flirt und Verführung

Bankkauffrauen sind eine solide Flirtanlage. Das heißt, sie poussieren nicht mit Männern, nur um ihren eigenen Marktwert zu testen oder um sie aus Rache wegen früher erlittener Verletzungen durch die Herrenwelt später brutal auflaufen zu lassen. Vielmehr trägt das erste gegenseitige Beschnuppern meist auch Früchte in Form eines näheren Kennenlernens. Für Spielchen sind die Berufsvertreterinnen viel zu anständig und geradlinig.

Für ihren Paarungserfolg selbst viel unternehmen müsste die Bankerin eigentlich nicht. Allein ihre glänzende Optik, garniert mit einem attraktiven Outfit und ihrer warmherzigen Ausstrahlung, locken das starke Geschlecht schon in Scharen an. Nichtsdestoweniger trägt sie in gleichem Maß wie ihr potenzieller Herzbube ihr Scherflein zum Gelingen der Mission Annäherung bei, indem sie körpersprachlich Offenheit signalisiert und durch häufiges Nachfragen Interesse am Gegenüber bekundet. Vertreter der Herrenwelt, die sich eine schnelle Rendite für ihre Bemühungen in Form von Sex erhoffen, werden aber eine Enttäuschung erleben, da auf dem Weg in ihr Schlafzimmer nur stetes Tropfen den Stein höhlt.

Jagdreviere

Ihren zukünftigen Gatten lernt die Bankkauffrau meist schon gegen Ende der Schulzeit oder während ihrer Berufsausbildung kennen, so dass sie spätestens in der Mitte ihres dritten Lebensjahrzehnts vor den Traualtar tritt. Scheitert diese Ehe, warten oft schon mehrere Kandidaten, um ihr den Hof zu machen. Kommt davon keiner für sie in Frage, ist es ihren Freundinnen eine Herzensangelegenheit, sie wieder unter die Haube zu bringen. Dabei mag bisweilen die Angst um die eigenen Männer mitschwingen, könnten sie doch in der Bankerin nunmehr Freiwild sehen.

Springt auch hierbei nichts heraus, nutzt sie nolens volens das ein oder andere professionelle Vehikel der Kontaktanbahnung. Da ihre Partnerwahl stark von sinnlichen Eindrücken bestimmt wird, bevorzugt sie Medien, die eine sofortige persönliche Fühlungnahme ermöglichen. Dieses Kriterium erfüllen unter anderem Singleclubs und Singlereisen, die durch ihre vielfältigen sportlichen Angebote gleichermaßen ihren ausgeprägten Bewegungsdrang befriedigen. Erstere sollten allerdings seitens der Mitglieder ein angemessenes Niveau bieten. Vor primitiven Anmachversuchen flüchtet sie allenthalben im beschleunigten Schweinsgalopp.

An Gesprächsgruppen für Singles stört sie neben der dort herrschenden körperlichen Passivität, dass zu viel Persönliches von sich preisgegeben werden muss, während sie Speed-Dating als reine Fleischbeschau völlig ablehnt. An Single-Cooking-Events nimmt sie maximal zwei- bis dreimal teil. Danach werden sie ihr zu eintönig.

Partnerschaft

So leicht sich die Bankkauffrau damit tut, einen Partner zu finden, so mühselig gestaltet sich die Familiengründung. Oft zeigt sich ihr Angetrauter dem Thema gegenüber ausgesprochen zögerlich, so dass bei ihr die biologische Uhr zu ticken beginnt, oder es will sich trotz aller Versuche lange kein Nachwuchs einstellen. Wenn dann doch noch der Storch an die Tür klopft, ist meist nach dem ersten Kind – das sie natürlich, da heiß herbeigesehnt, vergöttert – schon wieder Schluss. Das heißt aber nicht, dass sie den Nachwuchs zu sehr verwöhnt oder überbehütet, sondern vielmehr, dass sie ihn von ganzem Herzen liebt. Erziehungsmäßig liegt ihr Hauptaugenmerk darauf, ihrem Sprössling ideelle Werte wie Mitmenschlichkeit und Loyalität zu vermitteln. Damit es als Einzelkind nicht auch Einzelgänger wird, fördert sie seine sozialen Kontakte.

Ihrem Göttergatten bereitet die Bankkauffrau insofern ein angenehmes Leben, als sie ihn kaum je zum Putzen, Waschen und Co. einspannt. Um für die Hausarbeit Hilfe einzufordern, geht sie ihr viel zu leicht von der Hand. Meist hat sie sogar regelrecht Freude daran. Zudem schwört sie zu Hause auf die klassische Rollenverteilung, bei der dem Mann eher die handwerklichen Arbeiten obliegen. Zwar ist sie nicht aus Zucker, aber andererseits auch nicht der Typ, der beim gemeinsamen Hausbau die Zementsäcke schleppt.

Charakterlich kann sich ihr Angetrauter keine bessere Frau wünschen. Extrem tolerant, macht sie weder aus jeder Mücke gleich einen Elefanten, noch stellt sie auch bei größeren Problemen gleich die ganze Beziehung in Frage. Zu Untreue neigt sie selbst dann nicht, wenn in der Ehe schon Matthäi am Letzten ist.

Sex

Einen Bettüberfall, weil sie es vor Geilheit nicht mehr aushält, wird die Bankkauffrau auf ihren Partner kaum je verüben. Spontane Erregung stellt bei ihr die große Ausnahme dar, vielmehr muss sie meist erst ein bisschen angeheizt werden. Richtig in Fahrt bringen sie dabei fast ausnahmslos taktile Reize in Form von Streicheleinheiten und Küssen, während sie optische und verbale Stimulierungsversuche relativ kaltlassen. Wenn sie allerdings erst einmal Feuer gefangen hat, läuft sie intim wie ein Schweizer Uhrwerk und kommt fast immer zum Höhepunkt.

Quantitativ wird bei der Bankerin im Schlafzimmer fast nie Grund zur Beschwerde herrschen, sofern die andere Seite die richtigen Hebel in Bewegung setzt. Wichtig ist jedenfalls ein ausgiebiges Vorspiel. Ganz sicher in Verweigerungshaltung bringen sie dagegen ständige Versuche, sie zu Sexualpraktiken zu überreden, die sie aus Scham-, Hygiene- oder Schmerzgründen ablehnt. Dazu gehören Sex an öffentlichen Orten, aber auch Swingen und BDSM. Oraler Befriedigung kann sie sowohl aktiv als auch passiv nur wenig abgewinnen. Wenn sie sich dafür hergibt, dann eher ihrem intimen Gespielen zuliebe.

Ideale Berufspartner

Die einfühlsame Art der Bankerin wissen sehr die sensiblen Gärtner und Elektriker zu schätzen. Kaum je Widerstand beim Thema Familiengründung zeigen neben den Lehrern vor allem die Pfarrer. Auf klassische Arbeitsteilung bei den Pflichten in und um das Haus herum schwört das Duo Vertreter, Programmierer. Mit ihren Streicheleinheiten im Schlafzimmer mächtig auf Touren bringen die Berufsvertreterinnen die ebenso zärtlichen wie fingerfertigen Ingenieure und Krankengymnasten, während die Psychologen hier fast immer ihre Grenzen respektieren. Ausgiebiger gemeinsamer Kulturgenuss lässt sich hervorragend an der Seite des Journalisten verwirklichen, für den das oft schon Teil des Jobs ist.

Der Psychotherapeut

Basics

Das Vorurteil, dass Psychotherapeuten selbst einen an der Klatsche hätten, stimmt nicht im engeren, aber zumindest im weitesten Sinn. Meist nämlich haben sie ein massives Problem mit menschlicher Nähe. Beruflich können sie diese Not noch wie eine Tugend aussehen lassen, indem sie sich hinter der Abstinenzregel verstecken, die ihnen näheren Kontakt mit ihren Klienten verbietet. Einen Spezialfall unter den Berufsvertretern bilden die altgedienten Psychotherapeuten, die sich nicht selten mit den Krankheiten ihrer Schäfchen angesteckt haben und im Prinzip massiv behandlungsbedürftig wären. Oftmals unterscheiden sich die klinischen Psychiater von den Insassen der Nervenheilanstalten nur noch durch ihren weißen Kittel.

Privat lassen sich die Bindungsdefizite der Psychotherapeuten natürlich kaum verbergen. Oft verstimmen sie ihr soziales Umfeld durch Unverbindlichkeit und geistige Abwesenheit trotz physischer Präsenz. Ihre emotionale Unbeteiligtheit beschert ihnen nicht selten auch die Rolle der Spaßbremse, speziell dann, wenn der Seelenklempner keine Miene verzieht, während sich alle um ihn herum köstlich amüsieren. Der kleine Prinz aus der Feder von Antoine de Saint-Exupéry würde ihm bei einer Begegnung vermutlich den legendären Satz »Du siehst nur mit dem Herzen gut« entgegenschmettern, sind Psychotherapeuten doch vollkommen kopfgesteuert.

Ihr Kontingent an Zuwendung und Hilfsbereitschaft verschießen die Berufsvertreter gewöhnlich schon in der Arbeit, so dass Freunde ihnen nicht auch noch mit ihren Wehwehchen kommen sollten. Dahinter steckt aber keine böse Absicht, sondern schlicht das Gefühl, ausgebrannt zu sein.

Sport treiben die Psychotherapeuten in ihrer Freizeit nur, indem sie vor jeder sportlichen Aktivität davonlaufen. Zwecks Psychohygiene küssen sie lieber intensiv ihre Couch, auf der sie – häufig lesend – am besten abschalten können. Ihr Aktivplan besteht in mäßigem Kulturgenuss, bevorzugt Kino- und Konzertbesuchen. Häufig hat sie auch selbst die Muse geküsst, viele von ihnen bildhauern, zeichnen oder schreiben leidenschaftlich.

Flirt und Verführung

Seinen Mangel an Emotionalität macht der Psychotherapeut mit seinem ebenso sicheren wie gepflegten Auftreten sowie seiner salbungsvollen Art zu sprechen wett. Dadurch vermittelt er seinem weiblichen Gegenüber beim Kennenlernen das Gefühl von Geborgenheit. Meist verfügt er auch über einen breiten Fundus an Lebensweisheiten, die das schwache Geschlecht mitten ins Herz treffen.

Ein weiteres Pfund, das der Seelendoktor in die Waagschale der Verführung werfen kann, ist seine Geduld. Nur selten legt er es darauf an, das Objekt seiner Begierde in einer Art Blitzkrieg zu erobern. Bis er zu Handgreiflichkeiten übergeht, umwirbt er die Auserwählte mehrere Wochen, mitunter sogar monatelang intensiv. Das imponiert der Damenwelt natürlich, fühlt sie sich dadurch doch aufgewertet. Zudem vermittelt er dabei keineswegs den Eindruck, vor sexueller Ausgehungertheit schon die Wände hochzugehen. Geht er auch nicht, da er nie allzu lange allein ist. Interessanterweise nimmt die Werbungsdauer der Psychotherapeuten im Alter stark ab. Dabei spielt wohl die Angst eine Rolle, insgesamt nicht mehr viel Zeit zu haben.

Jagdreviere

Je mehr sich der Psychotherapeut in seinem Beruf etabliert hat, desto weniger interessiert ihn noch die Abstinenzregel, so dass er nicht selten unter seinen Klientinnen nach der Herzdame oder auch nur nach einer Affäre fischt. Besonders seine zweite Ehefrau, die in der Regel erheblich jünger ist als er, heiratet er häufig direkt von der Couch weg, während die erste Ehe gewöhnlich das Ergebnis seiner nächtlichen Beutezüge auf Studentenfeten und durch die Kneipenszene war.

Jenseits der Zeit an der Universität bilden statt Kneipen eher Konzertbesuche und sonstige kulturelle Veranstaltungen die Bühne für seine Flirtaktivitäten. Aber auch private Feiern verhelfen ihm häufig zu Jagderfolgen. Dass Freunde dort den Amor spielen, stellt hingegen die große Ausnahme dar, weil sie ihn aufgrund seiner Bindungsproblematik nur selten guten Gewissens einer Frau ans Herz legen können.

Bei der medialen Partnersuche macht es sich der Seelendoktor zunächst gerne bequem, indem er via Internet oder Zeitungsanzeige aus dem trauten Heim heraus Kontakt zum weiblichen Geschlecht aufbaut. Im Web nutzt er zwar typische Akademikerportale wie *Parship,* sucht aber nicht unbedingt eine Akademikerin, weil er sich gerne an eine Frau bindet, die zu ihm aufschaut. Single-Gesprächsgruppen lehnen die Berufsvertreter ab, obwohl diese ihnen aufgrund ihres psychologischen Touchs und eines Überangebots an weiblichen Teilnehmern hervorragende Paarungschancen bieten würden. Das liegt daran, dass sie sich nicht auch noch privat die Probleme anderer Leute anhören möchten.

Partnerschaft

Nach außen versucht der Psychotherapeut häufig, von sich das Bild eines emanzipierten Mannes zu vermitteln. In Wirklichkeit sucht er aber eine Frau, die ihm den Rücken für seine Berufstätigkeit freihält und die ihn auf ein Podest hebt. Die häuslichen Pflichten sind ihm gewöhnlich zu nieder, als dass er seine kostbare Zeit damit verschwenden möchte. Selbst die handwerklichen Arbeiten in und um das gemeinsame Nest herum überlasst er entweder seiner Frau oder betraut einen Profi damit. Allenfalls betreibt er Show-Cooking vor Gästen.

Eine weitere Kröte, die die Angetraute des Seelendoktors neben seiner vornehmen Zurückhaltung beim Putzen, Waschen und Co. zu schlucken hat, stellt seine emotionale Unzugänglichkeit dar. Fast nie hat sie das Gefühl, ihm wirklich nah zu sein, und wenn doch, dann stößt er sie gleich wieder zurück. Seine Problematik ist für gewöhnlich nicht Ausdruck einer psychischen Erkrankung, sondern offenbart vielmehr seine überbetonte Distanziertheit. Dafür spricht die Tatsache, dass er durchaus imstande ist, auch langfristige Partnerschaften einzugehen, was Beziehungsphobikern nur ausnahmsweise gelingt, indem sie sich regelmäßig in aushäusige Aktivitäten stürzen. Genau das tut der Psychotherapeut jedoch nicht. An Präsenz in der Familie mangelt es bei ihm kaum je. Im Gegenteil ist er meist ein regelrechter Nesthocker.

Im Umgang mit seinen Kindern zeigt sich der Seelenklempner nur dann aktiv, wenn er auch einen gewissen Showeffekt davon erwarten kann. Stolz fährt er den Kinderwagen durchs Städtchen, um seine väterliche Fürsorge in aller Öffentlichkeit zu präsentieren.

Sex

In seiner Jugend erlebt der Psychotherapeut vom anderen Geschlecht ziemlich viel Zurückweisung, weil er wie ein Milchbubi aussieht und er genau in der Zeit, in der noch Machoattitüden gefragt sind, den Softi gibt. Den sexuellen Leerlauf während des Frühlingserwachens kompensiert er, indem er sich mit Anfang zwanzig als Spätzünder ausgiebig die Hörner abstößt, wenn sowohl sein Aussehen als auch sein Auftreten an Markanz gewinnen. Nicht selten wandern dann innerhalb weniger Jahre zahlenmäßig Frauen im mittleren zweistelligen Bereich durch sein Bett. Ab dreißig beginnt der Seelenklempner, seine Intimität mehr zu zelebrieren. Zur Einstimmung kocht er seiner Partnerin bisweilen aphrodisierende Gerichte, um sie hernach ausgiebig manuell oder mit einer Feder zu stimulieren. Dahinter aber steckt meist unbewusst ein gewisses Kalkül, vermag er doch so die Zeit der eigentlichen geschlechtlichen Vereinigung zu verkürzen und allzu lange körperliche Enge zu vermeiden. Ziemlich kurz kommt aus diesem Grund auch das Nachspiel in Form gemeinsamen Kuschelns. Die Zigarette danach raucht er nicht in den Armen seiner intimen Gespielin, sondern meistens auf dem Balkon. Apropos Zigarette: Alkohol und Nikotin konsumieren die Berufsträger allenfalls genussmäßig, was ihrer Potenz im Alter äußerst zuträglich ist.

Ideale Berufspartner

Die Distanziertheit des Psychotherapeuten wird den recht kühlen Rechtsanwältinnen und Pfarrerinnen vermutlich noch nicht einmal auffallen, während das Duo Lehrerin und Journalistin seinen klugen Kopf sehr zu schätzen weiß. Viel Gesprächsstoff bietet sich ihm schon fast naturgemäß mit den fachnahen Ärztinnen, besonders aber mit seinen weiblichen Berufskolleginnen. Auf das Nachspiel beim Sex sehr gut verzichten kann die Altenpflegerin, wenn sie zuvor ausgiebig auf ihre Kosten gekommen ist.

Sehr hoch auf den Sockel gehoben wird der Seelenklempner von der Sekretärin, die ihm zudem mustergültig den Weg für die berufliche Karriere frei hält. Wenig Unterstützung im Haushalt erwarten auch die Erzieherinnen von ihm.

Die Psychotherapeutin

Basics

Unter den Psychotherapeutinnen gibt es drei Fraktionen. Erstens die Kaffeeklatschdamen, die in den Therapiesitzungen kaum mehr als einen netten Plausch mit ihren meist weiblichen Klientinnen führen. Meist fehlen nur noch koffeinhaltige Heißgetränke und die Torte, um das Bild zu komplettieren. Sie stellen gewöhnlich ein gigantisches Geldgrab für das Gesundheitssystem dar.

Die zweite Fraktion bilden die Vamps, deren Hauptanliegen bei der Arbeit darin besteht, ihre männlichen Schäflein aufzugeilen oder verliebt in sich zu machen. Dazu tragen sie meist ein edles Stretchminikleid, kombiniert mit hochhackigen Pumps und halterlosen schwarzen Strumpfhosen. Abgerundet wird das Bild durch knallrot geschminkte Lippen sowie Smoky Eyes. Hinsichtlich ihrer Aufmachung könnten sie auch als Edelprostituierte durchgehen.

Die Seele der Patienten gesund macht nur die letzte Fraktion der Psychotherapeutinnen, die aber kompetenzmäßig ganz eindeutig an erster Stelle steht. Sie weist neben ihrer hervorragenden fachlichen Qualifikation ein hohes Maß an Engagement in ihrer Tätigkeit auf. Unter den Seelenklempnerinnen stellt diese Unterart die mit Abstand größte Gruppe dar, weswegen hier vor allem auf sie besonders eingegangen werden soll.

Privat ist die Seelendoktorin äußerst beliebt, weil sie den Versuch, ihre Freundinnen psychologisch zu behandeln, tunlichst unterlässt. Vielmehr bietet sie ihnen in der Not Hilfestellung auf Augenhöhe durch echte Anteilnahme und praktische Unterstützung. So wird sie Freundinnen, etwa nach dem überstürzten Auszug aus der ehelichen Wohnung, erst einmal bei sich aufnehmen oder ihnen vorübergehend finanziell unter die Arme greifen, wenn das Geld infolge einer Trennung vom Ehemann kaum noch zum Leben reicht.

Der soziale Touch der Psychotherapeutinnen bricht sich aber nicht nur in ihrem direkten Umfeld Bahn, sondern entfaltet seine Wirkung auch global. Oft unterstützen sie *Ärzte ohne Grenzen* oder *Amnesty International*. Davon abgesehen nehmen sie intensiv am kulturellen Leben ihrer Stadt teil und machen sich gerne auf zu Bildungsreisen aller Art. Abschalten können sie am besten in der Sauna, beim Musikhören und im Yogakurs.

Flirt und Verführung

Für Frauen stellt es kein Schreckgespenst dar, durchschaut zu werden, fühlen sie sich dadurch doch häufig erst richtig verstanden. Bei Männern verhält es sich gerade umgekehrt, fürchten sie doch wie der Teufel das Weihwasser, ihr Innerstes nach außen kehren zu müssen. Gewöhnlich nämlich haben sie mehr zu verbergen oder glauben zumindest, etwas verbergen zu müssen. Daher ist die Psychotherapeutin gewissermaßen der Feind in ihrem Bett.

Um dennoch einen Prinzen an Land zu ziehen, versucht die engagierte Spezies der Seelendoktorinnen, ihren berufsbedingten Nachteil auf der Piazza der einsamen Herzen auszugleichen, indem sie lukrative Kandidaten zunächst durch ihre optischen Reize anlockt. Durch enganliegende Kleidung bringt sie ihre weiblichen Kurven zur Geltung und ähnelt dabei dem Vamp unter den Seelenklempnerinnen, ohne jedoch jemals billig auszusehen.

Im Flirtgespräch gelingt es ihr geschickt, dem Gegenüber das Gefühl zu vermitteln, etwas ganz Besonderes zu sein. Dazu nutzt sie gewöhnlich Komplimente und stimmt ihm bei seinen Äußerungen zu, soweit dies irgendwie möglich ist.

Jagdreviere

Da Psychotherapeutinnen eine Affinität zu reiferen Männern haben, verlieben sie sich während ihrer Ausbildung nicht selten in ihre erheblich älteren Lehranalytiker und werden deren zweite Ehefrauen. Liaisons mit Klienten sind für sie anders als für ihre männlichen Kollegen dagegen gewöhnlich tabu. Zum einen ist ihnen die Abstinenzregel heilig, zum anderen kennen sie aber auch nur allzu gut die psychischen Defizite ihrer Schäfchen, so dass diese als Partner meist nicht mehr in Frage kommen.

Statistisch am häufigsten finden die Berufsvertreterinnen Mister Right in ihrem privaten Umfeld. Dort haben sie besonders unter ihren Freundinnen viele Fürsprecherinnen, die Vorurteile bezüglich ihrer Profession gegenüber den männlichen Bekannten auszuräumen versuchen. Bisweilen spielen auch ihre Geschwister oder sonstige Verwandte den Amor für sie. Wenn die Not groß ist, nehmen sie diese Hilfen gerne in Anspruch, nur sollten die Verkupplungsversuche ein gewisses Feingefühl nicht vermissen lassen.

Das Internet bietet den Seelendoktorinnen nur geringe Paarungschancen, weil dort schon vor dem ersten Beschnuppern offenbar wird, wessen Berufs Kind sie sind. Weit günstiger steht der Wind bei Vehikeln der Entsingelung, die mit einer unmittelbaren persönlichen Kontaktaufnahme verbunden sind. Dort kann die Psychotherapeutin gleich ihren ganzen Charme sowie ihre glänzende Optik in die Waagschale werfen.

Partnerschaft

Da die Psychotherapeutin in ihrer Kindheit und Jugend nicht selten Opfer von emotionalen Misshandlungen war, reagiert sie darauf im Erwachsenenalter noch immer recht empfindlich, obwohl sie die Vorkommnisse bereits aufgearbeitet hat. Wird sie von ihrem Partner verletzt, geht sie damit allerdings so unerträglich sachlich um, dass er sich manchmal wünscht, einfach nur laut von ihr angeblafft zu werden, anstatt stundenlang am diskursiven Auseinanderklamüsern des Problems teilnehmen zu müssen. Bisweilen überschreitet sie dabei die Geduldsgrenzen ihres Herzbuben meilenweit.

Abgesehen von ihrer übertriebenen Diskussionsfreude ist die Seelendoktorin aber eine durchaus angenehme Partnerin. Besonders hervorzuheben sind ihre Hilfsbereitschaft und Loyalität. Gerät ihr Angetrauter in Not, setzt sie alle Hebel in Bewegung, um ihn wieder aus seiner misslichen Lage zu befreien. Oft bleibt sie sogar mit ihm an Bord, wenn dem Schiff schon der Untergang droht, etwa bei einer schweren Suchterkrankung ihres Partners. Trotz besseren therapeutischen Wissens gelingt es ihr dann oft nicht, ihren Mann seinem Schicksal zu überlassen, und kämpft bis zum bitteren Ende gegen Windmühlen an.

Streit um die lästige Hausarbeit vermeiden die Berufsvertreterinnen, indem sie von vornherein eine Haushaltshilfe einstellen. Lediglich die Versorgung ihres Nachwuchses – gewöhnlich setzt sie nur ein, selten zwei Kinder in die Welt – überlässt sie ungern Dritten. Aus Furcht vor Übergriffen gegenüber den Sprösslingen, wie sie es selbst erlebt hat, zeigt sie sich bisweilen überfürsorglich. Dies legt sie meist erst ab, wenn der Nachwuchs das elterliche Nest bereits verlassen hat, um auf eigenen Füßen zu stehen.

Sex

Um ihrem Partner nicht völlig ausgeliefert zu sein, versucht die Psychotherapeutin, beim Sex immer noch ein Stück weit die Kontrolle zu bewahren. Schreiorgien ungehemmter Lust wird sie daher kaum je veranstalten. Ihren Orgasmus erlebt sie also stets in leicht gedämpfter Form, empfindet das aber nicht als großen Verlust, geschweige denn kommt bei ihr dadurch Leidensdruck auf. Nur eine kleine Gruppe unter ihnen tickt völlig dia-metral. Diese dreht während des Intimverkehrs förmlich ab und beschert der Nachbarschaft ein Hörerlebnis besonderer Güte.

Gemeinsam ist allen Psychotherapeutinnen eine ausgeprägte Libido. Wenn sie erst einmal bei der Sache sind, erweisen sie sich häufig als kleine Raupe Nimmersatt. Sieben bis acht Höhepunkte innerhalb einer Nacht sind für sie keine Seltenheit. Oral lassen sie sich zwar gerne befriedigen und befriedigen sie auch gerne. Lediglich den »Kniefall« bei der Fellatio empfinden sie als demütigend, so dass sie ihn tunlichst vermeiden. Verbalerotik bereitet der Mehrheit der Berufsvertreterinnen wiederum einen besonderen Kick.

Ideale Berufspartner

Auf einer ähnlich hohen Bewusstseinsstufe wie die Psychotherapeutin stehen die geisteswissenschaftlichen Lehrer und Pfarrer, an deren Seite sie auch ausgiebig dem Kulturgenuss frönen kann. Den nötigen Respekt bringt ihr das taktvolle Duo Ingenieur und Programmierer entgegen, während sie der Arzt zu körperlicher Aktivität motiviert, was aber durchaus auf Wechselseitigkeit basiert. Besonders im Schlafzimmer wird sie eine im wahrsten Sinn des Wortes befriedigende Beziehung mit den potenten Polizisten sowie den Journalisten erleben. Unter den Händen des Krankengymnasten schmilzt die Psychotherapeutin nur so dahin, während sie am Designer vor allem seine Kreativität schätzt. Er weckt nicht selten auch in ihr künstlerisches Talent.

Der Gärtner

Basics

Entgegen dem Liedtext von Reinhard Mey ist der Mörder nicht der Gärtner, und er schlägt auch nicht erbarmungslos zu. In Wahrheit sind die Berufsvertreter nämlich ausgesprochen gutmütige Gesellen, die keiner Fliege etwas zuleide tun können. Das geht häufig so weit, dass sie sich von ihren Mitmenschen gnadenlos ausnutzen lassen. So manchen Baum pflanzen sie und so manches Beet legen sie im Garten ihrer Freunde an, ohne auch nur die geringste Gegenleistung dafür zu bekommen. Und wenn sie selbst einmal Unterstützung brauchen, hat plötzlich keiner mehr Zeit, was den Gärtner aber keineswegs davon abhält, beim nächsten Mal wieder strammzustehen. Bis sie die Konsequenz aus den Enttäuschungen ziehen und ihre Hilfsprogramme einstellen, müssen sie einiges an Lehrgeld zahlen.

Apropos Geld: Materielle Werte tangieren den Gärtner nur peripher. Seine Profession übt er nicht in erster Linie wegen des Verdienstes aus, sondern weil er Freude am Hegen und Pflegen seiner pflanzlichen Schützlinge hat. Relativ geschlechtsuntypisch legt er es auch selten darauf an, in der Karriereleiter aufzusteigen. Lieber ist er ein Schaf in der Herde und werkelt einfach ruhig vor sich hin. Auch innerhalb eines Teams kann er ohne große Unterhaltung stundenlang sein Ding machen. Anstatt der Konversation mit den Kollegen gibt er sich seinen Fantasien hin oder summt seine Lieblingslieder.

Dass er wenig von vielen Worten hält, liegt nicht an rhetorischem Ungeschick, sondern an seiner eher ruhigen Art. Im Gegenteil bringt er komplexe Sachverhalte lakonisch mit nur einer kurzen Bemerkung auf den Punkt, wofür andere ganze Reden brauchen.

Da der Gärtner seinen Beruf liebt, bringt er seinen grünen Daumen auch gerne privat zum Einsatz, indem er seinem heimischen Gartenuniversum im wahrsten Sinne des Wortes zu voller Blüte verhilft. Obwohl er sich dabei ziemlich auspowert, treibt er in jungen Jahren häufig noch Sport zur leiblichen Ertüchtigung. Darüber hinaus ist sein Interessenspektrum sehr vielfältig, beginnend bei Konzertbesuchen bis hin zur Lektüre von ausgewählten Fachzeitschriften.

Flirt und Verführung

Fraglos gelingt es dem Gärtner besser, an die Früchte in seinem Garten heranzukommen, als an die Früchte der Lust. Meist ist er nämlich im Umgang mit Frauen ziemlich schüchtern, und bisweilen verhält er sich dabei geradezu linkisch. Wo er sonst meist die richtigen Worte findet, tritt er hier oft ins Fettnäpfchen, indem er Statements abgibt, die entweder hölzern klingen oder das weibliche Gegenüber ein wenig pikiert zurücklassen. Manchmal aber zaubert er auch völlig aus dem Nichts Komplimente von einer ungeheuren Geschmeidigkeit und entsprechend großer Durchschlagskraft aus dem Hut.

Ihre gewisse Unbeholfenheit im Flirtgespräch machen die Gärtner gewöhnlich durch ihre optische Attraktivität wett. Besonders ihr austrainierter Körper lässt die Damenwelt nur so dahinschmelzen. Zudem achten sie sehr auf ihr Outfit, das meist unter die Kategorie sportlich-elegant fällt. Enge Shirts betonen dabei oft ihre Muskeln. Last, but not least überzeugen die Berufsvertreter das schwache Geschlecht, indem sie viel Geduld für die Brautwerbung aufbringen. Das entspricht der inneren Einstellung des Gärtners, nach der sich verlieben allenthalben ein ruhiger Fluss ist.

Jagdreviere

Der Gärtner bevorzugt Vehikel der Entsingelung, die auf Mehrmaligkeit ausgelegt sind. Dabei schließt sich die Mehrheit der ruhigen Vertreter eher Singleclubs an, während die erheblich kleinere, kommunikative Fraktion Single-Gesprächsgruppen favorisiert.

Singlereisen bieten zwar auch vom Setting her die Möglichkeit, Paarungskandidatinnen wiederholt persönlich zu beschnuppern, bedeuten für den Gärtner aber eine zu hohe Dosis an Kontakt ohne die Möglichkeit, sich für einen längeren Zeitraum ins Schneckenhaus zurückzuziehen.

In freier Wildbahn findet der Gärtner sein Herzblatt am häufigsten in seinen favorisierten Locations wie der Stammkneipe oder der Stammsauna. Sofern seine Favoritin dort ebenfalls Stammgast ist, kann er kleine Fauxpas bei der nächsten Begegnung immer noch wieder wettmachen. Daneben braucht er immer etwas Zeit, um die andere Seite von sich begeistern zu können, da sein Handeln häufig von einer gewissen Umständlichkeit geprägt ist. Flüchtige Begegnungen etwa an der Supermarktkasse oder in der Fußgängerzone sind flirttechnisch entsprechend für ihn ein Ding der Unmöglichkeit.

Der Arbeitsplatz stellt nur dann ein günstiges Jagdrevier dar, wenn der Gärtner nicht in einer reinen Männerkolonne arbeitet. Einen hohen Frauenanteil haben etwa Gärtnereien zu verbuchen, wo die Mitglieder der Berufsgruppe sogar gelegentlich Hahn im Korb sind.

Partnerschaft

Da der Gärtner in Fragen der Kontaktanbahnung ein wenig schwergängig ist, weiß er es entsprechend zu schätzen, wenn er endlich sein Liebesglück gefunden hat, und trägt seine Herzdame auf Händen. Eine liebevolle Nachricht am Frühstückstisch oder ein mit viel Sorgfalt selbstkomponierter Blumenstrauß zwischendurch sind bei ihm regelmäßig an der Tagesordnung. Aber auch bezüglich gemeinsamer Aktivitäten lässt er sich immer wieder etwas Überraschendes einfallen wie etwa ein romantisches Picknick auf einem Aussichtsturm unter Sternenhimmel. Zum Couch-Potato mutiert er jedenfalls kaum je. Daran hindert ihn allein schon sein Entdeckerdrang, dem er gerne im Rahmen von Motorradtouren mit seiner Angetrauten nachgibt. Alleingänge unternimmt er indes nur selten, da er seine Angetraute nicht alleine im stillen Kämmerlein hocken lassen möchte.

An den Arbeiten in und um das Haus beteiligen sich die Berufsvertreter eifrig. Natürlich liegt ihr Augenmerk vor allem auf dem Garten, aber auch handwerkliche Tätigkeiten verrichten sie stets zur Zufriedenheit ihrer Gattin. Dafür nimmt sie ihnen den Koch- und Ordnungsdienst größtenteils ab. Insgesamt gesehen erfolgt die Pflichtenverteilung weitgehend nach dem Indianerprinzip, jeder macht also das, was er am besten kann.

Ein leichtes Beziehungsproblem des Gärtners können seine gelegentlichen Rückzüge in die innere Emigration bedeuten. Versucht seine Gattin, in diese Welt einzudringen oder ihn wieder daraus hervorzuholen, beißt sie fast immer auf Granit.

Akzeptiert sie seine Verweigerung nicht, indem sie weiterbohrt, kann er ziemlich ungemütlich werden.

Seine Kinder liebt der Fachmann für Grünarbeiten heiß und innig. Die Hauptaufgabe ihnen gegenüber sieht er darin, sie an die Natur heranzuführen.

Sex

Im Garten der erotischen Sinnenfreuden ist der Gärtner ein Qualitätsarbeiter, sein Augenmerk liegt bezüglich Sex also mehr auf Qualität als auf Quantität. Mit dieser Einstellung liegt er natürlich eher auf Linie des weiblichen Geschlechts, so dass die Intimität meist ein ausgesprochen beglückendes Element seiner Beziehungen ist.

Der Gärtner erfindet im Bett nicht ständig das Rad neu, sondern versucht stattdessen, sein aktuelles Repertoire an intimen Lustbarkeiten so perfekt es geht auszuspielen. Zahlenmäßig basiert dieses meist auf fünf tragenden Elementen: erstens Rücksichtnahme, zweitens Zärtlichkeit, drittens Fingerfertigkeit, viertens Hemmungslosigkeit und fünftens Standfestigkeit, wobei Letztere sich nicht immer als völlig stabil erweist.

Bisweilen entschwindet er nach dem Sex auch sehr schnell ab ins Reich der Träume. Allerdings hat er dann den Venushügel seiner Partnerin schon hinreichend oft bestiegen, so dass sie es ihm gewöhnlich nicht sonderlich übelnimmt.

Ideale Berufspartner

Nach so manchen Enttäuschungen mit männlichen Heißspornen stellt der ruhige, ausgeglichene Gärtner für die Krankenschwestern und Polizistinnen den sicheren Hafen dar. Seine Naturverbundenheit teilt neben der Tierärztin vor allem die Floristin, während mit der Sekretärin eine für beide Seiten zufriedenstellende Arbeitsaufteilung im Haushalt möglich ist. Seine gelegentlichen Rückzüge akzeptiert ohne größeres Murren das Duo Designerin und Pfarrerin, brauchen diese doch selbst viel Zeit für sich. Den unbedingten Kinderwunsch des Gärtners erfüllt die Hebamme. Seine fünf intimen Asse hervorragend zum Einsatz bringen kann er sowohl bei den Erzieherinnen als auch bei den Bankkauffrauen.

Die Gärtnerin

Basics

Im Vergleich zu ihren männlichen Kollegen übt die Gärtnerin ihre Tätigkeit nicht mit ganz so viel Leidenschaft aus. Das liegt vor allem daran, dass der Wunsch nach einem hegenden und pflegenden Beruf für Frauen näherliegt als für Männer und daher die Überzeugung, ihn zu ergreifen, weniger groß sein muss. Bisweilen stellt der Gärtnerberuf für Frauen sogar förmlich eine Verlegenheitslösung dar, weil der Traumjob unerreichbar ist.

Charakterlich bildet die Gärtnerin eine ausgewogene Mischung aus Toughness und Gefühlsbetontheit. Gewöhnlich feiert sie die Feste, wie sie fallen. Schaut sie im Kino einen romantischen Liebesfilm, verdrückt sie sich auch schon mal das eine oder andere Tränchen, geht es indes darum, ihre Interessen durchzusetzen, kann sie gleichermaßen fest mit der Faust auf den Tisch hauen. Ihre weiche Seite zeigt sie nur ganz wenigen Menschen, weil sie sich nicht angreifbar machen möchte. Dabei wirkt sie aber nach außen nur selten hart oder unnahbar.

Ihr Freundes- und Bekanntenkreis, der zu einem großen Teil aus Männern besteht, schätzt sie besonders wegen ihres deftigen Humors. Gerne lässt sie auch mal einen Spruch unter die Gürtellinie los und ist diejenige, die am lautesten über einen schmutzigen Witz lacht. Nur an schlechten Tagen sollten ihre Lieben sie damit tunlichst in Ruhe lassen, riskieren sie doch ansonsten einen mächtigen Anpfiff.

Jenseits von Hacke und Rosenschere halten die Berufsvertreterinnen gerne Haustiere, bevorzugt Katzen. Diese entsprechen ihnen am ehesten in ihrer eigensinnigen Art. Gartenfreaks sind sie hingegen privat nicht auch noch. Lediglich ihre Wohnung begrünen sie ein wenig. An der Flora erfreuen sie sich stattdessen am liebsten auf ausgiebigen Spaziergängen durch Gottes freie Natur. Bäder in der Menge, etwa im Rahmen von Volksfesten, nehmen sie eher selten als regelmäßig.

Flirt und Verführung

Obwohl die Gärtnerin eine moderne Frau ist, vertritt sie beim Flirten die konservative Auffassung, dass der Mann den ersten Schritt machen sollte. Damit steht sie innerhalb der Damenwelt beileibe nicht allein auf weiter Flur. Im Gegensatz zu den meisten ihrer Geschlechtsgenossinnen versäumt sie es aber, den Hahn zum Krähen zu bringen, indem sie ihn zumindest anlockt. Und hierin liegt ihr eigentliches Problem.

Heraus aus dieser Pattsituation findet sie regelmäßig durch ihre Attraktivität, deren Hauptkomponenten ein hübsches Gesicht und eine gute Figur sind. Trotz meist einiger Kilos zu viel stimmen ihre Proportionen, was sie allerdings meist völlig anders sieht. Daher ist sie oft bass erstaunt, wenn ein potenzieller Herzbube den Angriff wagt, und zweifelt an seinen ernsthaften Absichten. Hat sie allerdings erst einmal Vertrauen gefasst, schmilzt ihr Eis recht schnell, und sie lässt das männliche Gegenüber erstaunlich nah an sich heran. Je nach dem Grad ihrer sexuellen Ausgehungertheit landet sie bald mit ihrer neuen Bekanntschaft im Bett oder lässt Handgreiflichkeiten und Küssen zu. Interessanterweise übernimmt im fortgeschrittenen Stadium des Kontakts immer mehr sie die Rolle der treibenden Kraft.

Jagdreviere

Am Arbeitsplatz lässt sich die Gärtnerin aus Diskretionsgründen höchstens ganz heimlich auf eine Liaison ein, gehört sie doch wahrlich nicht zu der Spezies, die an ihrem Liebesleben die ganze Welt teilhaben lassen möchte. Niemals würde sie daher den

»Minnesang« eines betriebsweit als Schürzenjäger verrufenen Kollegen erhören, bei dem die Gefahr besteht, er könnte sich öffentlich mit einer Beziehung zu ihr brüsten. Und noch sehr viel peinlicher wäre ihr, würde er aus Rache für einen möglichen Laufpass pikante Details aus ihrem Liebesleben verbreiten.

Einen ihrer männlichen Freunde in den »heiligen Stand« der Zweisamkeit zu erheben, verbietet sich für die Berufsvertreterinnen gewöhnlich, weil sie die Freundschaft nicht gefährden möchten. Die Idee, in ihm eine Notreserve zu sehen, die sie in schlechten Zeiten partnerschaftlich aktivieren könnte, kommt ihnen erst gar nicht.

Professionelle Möglichkeiten der Prinzenpirsch müssen viel körperliche Aktivität bieten, um für die Gärtnerin attraktiv zu werden. Ideal sind die diversen Freizeitangebote von Singleclubs wie Kanutouren oder Wanderungen. Als in dieser Hinsicht hervorragend geeignet erweisen sich auch Singlereisen, bei denen der sportliche Aspekt im Vordergrund steht. Gerade noch im Bereich des Möglichen sind Single-Cooking und Running-Dinner, während ihnen die Hummeln in ihrem Hintern Single-Gesprächsgruppen oder die Pirsch nach Mister Right im Internet verbieten.

Partnerschaft

Erde ist für die Gärtnerin kein Dreck. Infolgedessen wird sie sich kaum darüber aufregen, wenn Katze, Kinder oder Ehemann nach einem Spaziergang im Regen Matschspuren in der Wohnung hinterlassen. Aber auch sonst nimmt sie es mit der Ordnung nicht allzu genau. Ungespültes Geschirr kann sie durchaus über Nacht stehen lassen, ohne dabei vor schlechtem Gewissen der Schlaflosigkeit anheimzufallen. Einen Pedanten von Gatten, der ihr deshalb Vorwürfe macht, wird sie kurzerhand an die frische Luft setzen. Selbst eine stille Beseitigung der Unordnung erweckt mitunter schon ihren Unmut, weil sie ein gewisses kreatives Chaos um sich herum einfach braucht. Ansonsten sollte sich ihr Göttergatte jedoch sehr wohl an der Hausarbeit beteiligen. Um einen Macho und Couch-Potato mit durchzufüttern, ist sie viel zu emanzipiert. Eine asymmetrische Beziehung bezüglich der Aufgabenverteilung in den heimischen vier Wänden würde vor allem ihr ausgeprägtes Gerechtigkeitsempfinden verletzen.

Liebe ist für die Gärtnerin nicht nur ein Kind der Gerechtigkeit, sondern ebenso ein Kind der Freiheit. Das manifestiert sich bei ihr insofern, als sie regelmäßig Alleingänge unternimmt und uneingeschränkt über ihr Einkommen verfügt. Das gleiche Recht räumt sie auch ihrem Herzbuben ein. Davon ausgenommen sind Urlaube, die sie dann doch lieber zweisam verbringt. Ein wenig spielt dabei die Angst mit, dass ihrem Göttergatten sein längeres Strohwitwerdasein auf die Treue schlägt.

Zu ihren Kindern pflegen die Gärtnerinnen schon früh eher ein freundschaftliches als mütterliches Verhältnis und lassen sie an der langen Leine laufen.

Sex

Wenn die Gärtnerin sich zwischen Gourmetsex und einem Quickie entscheiden könnte, würde sie die goldene Mitte wählen, nämlich einen »Gouckie«. Weder braucht sie beim Geschlechtsverkehr ein Vor- und Nachspiel in epischer Ausdehnung, noch gibt sie sich mit einem bloßen Rein-raus-runter zufrieden. Meist kommt sie nach einer kurzen Stimulation zügig zur Sache und ist dann auch schon so erregt, dass sie alsbald ihren Höhepunkt erreicht. Danach liegt sie noch einen Moment in den Armen ihres Lovers, bis ihr Bewegungsdrang sie zu neuen Taten jenseits des Schlafzimmers antreibt. Das bedeutet natürlich, dass sie keinen Wert auf Fortsetzung des Liebesspiels legt, selbst wenn ihr Lover schon zur zweiten Runde übergehen möchte. Ein intensiver Orgasmus reicht ihr meist aus, um hinlängliche intime Befriedigung zu erreichen.

Während des Akts legen die Berufsvertreterinnen trotz ihrer überzähligen Pfunde eine fast schon akrobatische Gelenkigkeit an den Tag. Um ihren Verrenkungen im Bett folgen zu können, muss ihr Gegenüber ein regelrechter Schlangenmensch sein. Ohne sie überhaupt namentlich zu kennen, exerzieren die Gärtnerinnen dabei häufig die exotischsten Stellungen des Kamasutra durch.

Ideale Berufspartner

Mit der manchmal etwas konfrontativen, aber geradlinigen Art der Gärtnerin kommt das Dreigespann Polizist, Finanzbeamter und Schornsteinfeger gut zurecht, während sich der Landwirt dazu eignet, mit ihr etwa einen Obstbaubetrieb zu gründen. In puncto Ordnung sieht auch der Tierarzt nicht immer so genau hin, viel Spaß im Bett bereiten werden den Berufsvertreterinnen die geschmeidigen Automechaniker und Krankengymnasten. Ausgiebige Exkursionen in Feld und Flur können sie am besten an der Seite ihrer männlichen Kollegen unternehmen. Intellektuell auf Augenhöhe begegnen ihnen sowohl die lebensklugen Elektriker als auch die Schreiner.

Der Journalist

Basics

Ihre ersten Sporen verdienen sich angehende Journalisten oft schon im Kindes- und Jugendalter, indem sie diverse Schreibwettbewerbe gewinnen. Für den Beruf geboren müssen sie aber auch sein, sonst könnten sie ihn später kaum dauerhaft ausüben. Das Zeug dazu, ihnen die Lust am Fabulieren zu nehmen, haben nämlich permanenter Druck, langweilige Recherchen, unmögliche Arbeitszeiten und der ständige Zwang, Artikel fristgerecht fertigstellen zu müssen. Viele Zeitungsschreiber stehen im fortgeschrittenen Alter daher ständig am Rande eines Herzinfarkts. Bei freien Mitarbeitern entsteht der Stress dagegen eher in Gestalt von Existenzängsten. Der Trend, dass sich immer mehr Journalisten auch als Buchautoren versuchen, ist sicher nicht dazu angetan, Dampf aus dem Kessel zu nehmen, sondern verstärkt die Belastung noch. Zum Glück wird der Stress, solange die Freude an der Arbeit bestehen bleibt, als positiv empfunden und verursacht lange Zeit keine ernsthaften Beschwerden.

Die privaten literarischen Ambitionen der Berufsvertreter sind stark von der Motivation bestimmt, ihren Narzissmus zu befriedigen. Einem großen Teil reicht es heute nicht mehr, bei der Zeitung ein Teil des Kollektivs zu sein, sondern sie möchten aus der Masse herausstechen und im Mittelpunkt des öffentlichen Interesses stehen. Aufgrund ihres Egos können sie in ihrem sozialen Umfeld gewöhnlich nur Speichellecker um sich herum dulden. Kritische Freunde mustern sie schnell aus, oder diese ziehen sich freiwillig aus ihrem Dunstkreis zurück, weil sie nicht mehr bereit sind, immer nur die zweite Geige zu spielen.

In ihren Mußestunden nehmen die Journalisten neben dem Schreiben intensiv am kulturellen Leben teil. Auf Kunstausstellungen bilden sie unter den wenigen Männern meist den Hauptanteil. Häufig zu finden sind sie auch in Programmkinos sowie als Besucher von Sportveranstaltungen. Aktiv Sport zu betreiben ist aber weniger ihr Ding. Dass sie in ihren ruhigen Stunden gerne lesen, bedarf wohl kaum der Erwähnung.

Flirt und Verführung

Eine kleine Fraktion der Journalisten sublimiert ihren Geschlechtstrieb weitgehend durch exzessives Schreiben. Für den weitaus größeren Rest sind Frauengeschichten hingegen unverzichtbarer Bestandteil ihrer narzisstischen Selbstinszenierung, bei der sie ihre attraktiven Eroberungen gerne in der Öffentlichkeit vorzeigen. Um die bevorzugte Beute, die in der Regel nicht nur durch glänzendes Aussehen, sondern auch durch Klugheit besticht, zu erlegen, müssen die Berufsvertreter natürlich tief in ihre Kiste an Verführungskünsten greifen. Die Basics stellen coole Klamotten und ein leicht verwegenes, aber trotzdem gepflegtes Äußeres dar, während ihre eigentlichen Flirtfähigkeiten aus charmantem Auftreten, rhetorischer Überzeugungskraft und Humor bestehen.

Mittels ihrer herausragenden Eroberungsfähigkeiten gelingt den Journalisten sogar das Meisterstück des erfolgreichen Überraschungsangriffs, ohne vorher Blickkontakt aufgebaut zu haben. Während hierbei die anfängliche Verdattertheit und die damit verbundene Zurückhaltung des Zielobjekts andere Männer schon zur Aufgabe zwingen, lassen sie sich durch solche Widerstände nicht von ihrer Mission abbringen. Vielmehr bleiben sie am Ball, bis das Eis auf der anderen Seite zu tauen beginnt.

Jagdreviere

Aufgrund seines recht hohen Frauenverschleißes darf der Journalist nicht allzu wählerisch in der Wahl seiner Mittel sein. Bei der medialen Partnersuche verweigert er lediglich die Möglichkeiten zur Kontaktanbahnung, die seine Geduld allzu sehr überfordern. In diese Kategorie fallen eindeutig die vom Konzept her eher auf ein behutsames Kennenlernen angelegten Single-Gesprächsgruppen, während ihm Singlereisen eindeutig zu viel Zeit am Stück abverlangen. In Frage kommen Letztere für ihn nur, wenn er darin auch den Urlaubsaspekt sieht und sich erholen kann. Ansonsten probiert er vieles aus, angefangen vom Flirt im Internet bis hin zu Running-Dinner. Allerdings sollten sich dabei schnell Erfolge einstellen, sonst geht er zum nächsten Paarungsordnungspunkt über. Besonders sympathisch ist ihm unter den Vehikeln der Entsingelung das Speed-Dating, weil er dort direkt an den Speck rankommt und seine Fähigkeit, Frauen im Sturm zu erobern, trefflich zum Einsatz bringen kann.

In freier Wildbahn erlegt der Journalist weibliche Beute, wann und wo immer sie ihm vor die Flinte läuft. Gezielt geht er aber bevorzugt in Musikkneipen auf die Jagd. An der Arbeit agieren die Berufsvertreter nach dem Motto »Ist der Ruf erst ruiniert, lebt sich's gänzlich ungeniert«. Haben sie erst einmal das Image des Casanovas weg, brechen bei ihnen alle Dämme. Auf Hilfe von Kollegen brauchen sie aber ebenso wenig zu hoffen wie auf die von Freunden, weil sie in Liebesdingen nicht gerade als gute Partien gelten.

Partnerschaft

Das Beziehungsverhalten des Journalisten ist nicht selten durch seinen Beruf geprägt. So wie Menschen während seines Arbeitstags nur interessant für ihn sind, solange sie Inhalt einer Reportage oder Bestandteil einer Recherche sind, behalten auch Partnerinnen nur so lange Wert für ihn, wie sie ihm irgendwie nützlich sein können. Einer neuen Liebe, die sich alsbald als Pflegefall offenbart, hält er daher nur selten die Treue. Zwar liebt er Frauen, die zu ihm aufschauen, hat aber gleichzeitig schnell auch genug von ihnen. Besonders bezüglich der häuslichen Verpflichtungen sollte seine Herzdame in der Lage und willens sein, ihm komplett den Rücken frei zu halten, damit er sich ganz seinem Schreiben widmen kann. Das gilt selbst in den Phasen, in denen er einmal keine Bücher verfasst. Dann muss er sich von seinem letzten Projekt erholen und sich mental schon wieder auf das nächste vorbereiten. Darüber hinaus ist die schnöde Hausarbeit auch viel zu sehr unter seinem Niveau, als dass er bereit wäre, ihr einen Teil seiner kostbaren Zeit zu opfern.

Gehen aus den Zweisamkeiten der Berufsvertreter Sprösslinge hervor, erleiden sie ein ähnliches Schicksal wie seine Lebensabschnittsgefährtinnen. Nach außen dienen sie als Vorzeigeobjekte zur Aufwertung des Prestiges, während sie im Privaten oft links liegengelassen werden. Abgesehen von publikumswirksamen Auftritten unternimmt ihr Vater infolgedessen freiwillig kaum je etwas mit ihnen. Mitunter lässt sich der Journalist in der Öffentlichkeit so oft ohne seine Familie sehen, dass schon das Gerücht aufkommt, er sei wieder Single. Daneben präsentiert er sich auch gelegentlich ziemlich ungeniert an der Seite seiner Affäre.

Sex

In seiner Kindheit und Jugend macht der Journalist zunächst eine ziemlich unauffällige sexuelle Entwicklung durch. Nach der ersten Erkundung des anderen Geschlechts macht er sich mittels Petting und ersten Geschlechtsverkehrs später auch an die genauere Erforschung des weiblichen Körpers. Zu Beginn seines dritten Lebensjahrzehnts stößt er sich dann ausgiebig die Hörner ab, indem er sexuellen Kontakt zu mindestens zwei bis drei Dutzend Frauen hat. Dabei setzt er erstmals seine teils bizarren intimen Fantasien in die Tat um. Die Einbeziehung dritter Personen in das horizontale Treiben erfolgt in dieser Dekade meist noch im privaten Rahmen, während er später dafür eher Swingerclubs und Bordelle aufsucht. So wird es, positiv ausgedrückt, im Schlafzimmer des Journalisten, oder wo immer er sich sonst fleischlich vergnügt, niemals langweilig, und sofern seine Partnerin ähnlich hemmungslos ist wie er, wird sie an seiner Seite höchste erotische Genüsse kennenlernen.

Um keine böse Überraschung zu erleben, sollte sich seine Herzdame allerdings darauf einstellen, dass sie ihn nie für sich alleine haben wird. Da er Abwechslung auch in personeller Hinsicht braucht, lockt ihn ständig auch das andere Weib.

Ideale Berufspartnerinnen

Gerne die erste Geige in der Beziehung spielen lassen den Journalisten die Sekretärin und die Bankkauffrau. Beide bringen ihm auch die Bewunderung entgegen, die er zu seinem Glück braucht. Als Quelle der Inspiration dient ihm die Schöpferkraft der Designerin, während ihn die Lehrerin eher zur Realisierung seiner Buchprojekte ermuntert und bisweilen sogar förmlich antreibt. Krankenschwestern haben ihren Spaß daran, im Duo von ihm beglückt zu werden, weil sie besonders in jungen Jahren sexueller Exklusivität noch keinen allzu hohen Stellenwert beimessen. Zu kulturellen Veranstaltungen begleiten den Journalisten gerne die Pfarrerinnen. Viel Freiraum für seine Alleingänge lassen ihm die Psychologinnen.

Die Journalistin

Basics

Beruflich bringt die Journalistin meist sowohl Zuckerbrot als auch Peitsche zum Einsatz. Denn um an die Informationen heranzukommen, die sie für ihre Artikel braucht, ist neben knallharter Recherchearbeit auch ihr Charme gefragt. Mit dem einseitigen Pitbull mag sie ja den Weg nach oben bisweilen noch schaffen, allein mit Samthandschuhen wird sie es gewöhnlich aber nicht über ein Dasein als Lokalreporterin hinausbringen. Ihre Motivation zu schreiben nährt sich anders als bei ihren männlichen Kollegen kaum aus Motiven der narzisstischen Selbstdarstellung, sondern speist sich eher aus dem Wunsch, gesellschaftliche Missstände zu beseitigen, indem sie diese publik macht. Ihr Ehrgeiz ist also vorwiegend humanitärer Natur.

Zwar steht die Journalistin auch privat oft unter Strom, doch hetzt sie hier bewusst nicht von Termin zu Termin. Einen Herzinfarkt möchte sie allemal nicht riskieren. Oft sucht sie sich auch mittels gezielter Entspannungsübungen oder Yoga einen Ausgleich zur stressigen Redaktionsarbeit. Daneben treibt sie zur Psychohygiene oft gemäßigt Sport und findet wieder ihre innere Mitte auf langen Spaziergängen. Beim Thema Sauna gibt es unter den Berufsvertreterinnen zwei Fraktionen. Die eine besucht die finnischen Schwitzkabinen leidenschaftlich, die andere macht aus Schamgefühl beziehungsweise weil sie dem Rudelschwitzen so gar nichts abgewinnen kann, einen weiten Bogen um sie. Zwecks Erweiterung ihrer Allgemeinbildung lesen sie gerne und besuchen Volkshochschulkurse.

Der geistige Generalismus der Journalistin, sich mit vielen Dingen rein oberflächlich zu beschäftigen, greift nur selten auf ihre zwischenmenschlichen Beziehungen über. Zumindest ihre

Freundschaften pflegt sie intensiv. Dass sie ihrem weiteren Bekanntenkreis keine allzu große Bedeutung beimisst, macht ja eben den Unterschied zum engeren sozialen Umfeld aus. Ihren Liebsten gibt sie ihr letztes Hemd und unterstützt sie bei allen Widrigkeiten des Alltags. In dieser Hinsicht ist sie meist sehr gefragt, weil sie als XXL-Problemlöserin gilt.

Flirt und Verführung

Während die Journalistin ansonsten ein offensiver Typ ist, indem sie auf Dinge zugeht, hält sie sich Männern gegenüber eher ein wenig bedeckt und im Hintergrund. Zwar sendet sie dem Objekt ihrer Begierde Flirtsignale, doch sind diese nie so eindeutig, dass die andere Seite sicher sein könnte, nicht doch beim Angriff einen Korb zu bekommen. Genau diese Option der Abfuhr will sie sich mit ihrem Verwirrspiel unbewusst offen halten. Um unliebsame Kandidaten schnell wieder loszuwerden, funktioniert diese Methode vorzüglich. Gewöhnlich ist die Enttäuschung, trotz vorangegangenen Blickkontakts bei ihr aufzulaufen, groß genug, den verhinderten Prinzen sogleich wie einen begossenen Pudel zum Rückzug zu zwingen.

Möchte ein Vertreter des starken Geschlechts indes bei der Journalistin landen, braucht er als Basics drei Dinge: erstens Klugheit, zweitens Charme und drittens einen relativ geregelten Broterwerb. Da ihr Einkommen nicht selten schon auf Messers Schneide oder, sofern sie freiberuflich schreibt, häufig ziemlich in den Sternen steht, möchte sie diesbezüglich nur ungern noch einen zweiten finanziellen Unsicherheitsfaktor im Leben.

Jagdreviere

Die Karrierefrauen unter den Journalistinnen, denen meist schon eine leicht erweiterte Bettgeschichte zur Befriedigung ihrer partnerschaftlichen Bedürfnisse ausreicht, halten meist auf einschlägigen Portalen im Internet wie *C-Date* Ausschau nach dem Gegenüber für die »gemütlichen Stunden zu zweit«. Allerdings stellen sie nur eine Minderheit innerhalb der Berufsgruppe dar. Gerne nimmt sich diese Spezies auch vielversprechende Paarungskandidaten von Veranstaltungen, die sie aus journalistischen Gründen besuchen, mit nach Hause, etwa einen Politiker von einem Parteitag.

Im Gegensatz zu den Karrieristinnen sieht die familiär orientierte Mehrzahl der Journalistinnen das World Wide Web eher als Möglichkeit, den zukünftigen Vater ihrer Kinder anzuklicken beziehungsweise von ihm angeklickt zu werden. Dort findet sie sich allerdings fast ausschließlich bei den mit dreistelligen Eurobeträgen kostenpflichtigen Edelanbietern. Daneben nutzt sie fast die gesamte übrige Palette an professionellen Vehikeln der Entsingelung, um sich zu bemannen. Allein für Single-Gesprächsgruppen fehlt ihr etwas das Sitzfleisch, während sie auf konventionellen Singlepartys vom Niveau her selten ihresgleichen trifft. Den Arbeitsplatz fungiert diese Spezies Journalistinnen nur dann zum Jagdrevier um, wenn sie in dem Kollegen oder sonstigem beruflichen Kontakt das ganz große Los sieht. Besteht daran auch nur der leiseste Zweifel, ist eher Zurückhaltung angesagt.

Partnerschaft

Durch ihre gute Menschenkenntnis, gepaart mit einem kritischen Auge, gelingt es den Familienmenschen unter den Journalistinnen bei der Partnerwahl meist, den richtigen Griff zu tun. Sie entscheiden sich in der Regel für einen Mann, der nicht nur treu, sondern auch treusorgend ist. Bei der Männerwahl gehen sie auf Nummer sicher, weil sie sich gewöhnlich mehrere Kinder wünschen und nur wenig Lust verspüren, irgendwann als alleinerziehende Mutter dazustehen. Die damit verbundenen Strapazen kennen sie nämlich nur allzu gut von Frauen aus ihrem sozialen Umfeld.

Haben die Berufsvertreterinnen Mister Right gefunden, geht alles seinen klassischen Gang: Heirat, Nestbau und zwei bis drei Kinder. Beim Nachwuchs zeigt sich ein höchst interessantes, rational nicht wirklich erklärbares Phänomen, besteht er doch zu etwa zwei Dritteln aus Töchtern.

Und selbst wenn es trotzdem ein Junge wird, geht die Journalistin ohne große Wehmut in die Elternzeit. Genauso steigt sie aber auch ohne zu murren danach wieder in den Beruf ein, zunächst meist halbtags, oder sie arbeitet von zu Hause aus. Um ihre Sprösslinge kümmert sie sich leidenschaftlich. Sowohl in ideeller als auch in materieller Hinsicht lässt sie es ihnen an nichts fehlen. Von ihrem Mann erwartet die Journalistin im Haushalt nur bedingt Unterstützung. Viel lieber sieht sie ihn in der Rolle des Versorgers der Familie. Damit seine Arbeitskraft im Job erhalten bleibt, hält sie ihm ansonsten weitgehend den Rücken frei. Allenfalls wird er zu handwerklichen Tätigkeiten oder zum Rasenmähen herangezogen.

Dafür sollte ihr Göttergatte ihr aber ein Leben ohne finanzielle Sorgen bereiten, leidet sie doch gelegentlich an gewissen Verarmungsängsten.

Sex

Anders als ihre männlichen Kollegen hat die Journalistin in ihrer Sturm-und-Drang-Zeit weitaus weniger, dafür aber längere Beziehungen. Das Ergebnis ist jedoch das gleiche: Wenn sie um die Dreißig vor den Traualtar tritt, ist sie eine sexuell mit allen Wassern gewaschene Frau. Ihren reichen Erfahrungsschatz nutzt sie auch ausgiebig, um das Leben im ehelichen Schlafzimmer spannend zu halten und in fast jeder Spielart der Lust zeigt sie meisterliche Fähigkeiten. So gehört sie etwa zu den wenigen Vertreterinnen der holden Weiblichkeit, die ihren intimen Gespielen gerne und regelmäßig per Oralverkehr befriedigen.

Ihre Bereitschaft zum Beischlaf signalisiert die Journalistin durch ritualisierte Verhaltensweisen. Das kann genauso die Entkleidung vor den Augen des Partners sein wie das Tragen von aufreizender Unterwäsche oder die Bitte, ihr ein bestimmtes Körperteil zu massieren. Meist funktioniert ihre Geheimsprache der Erotik so gut, dass sie selbst körperlich nur ausgesprochen selten den Anfang machen muss.

Was die Intensität beim Sex angeht, so mag sie es ein bisschen heftiger. Packt sie ihr Herzbube mit Samthandschuhen an, ermuntert sie ihn verbal zu mehr Härte.

Ideale Berufspartner

Den Wunsch der Journalistin nach einer verbindlichen Zweisamkeit teilen die hochgradig beziehungsfähigen Programmierer und Krankengymnasten. Ihre ausgefeilten Sexualtechniken wissen gerade Psychologe und Polizist sehr zu schätzen. Letzterer wird ihr auch aufgrund seiner üppigen genitalen Bestückung viel Freude machen. Eine Mehrkindfamilie können die Berufsvertreterinnen sowohl mit den Ingenieuren als auch mit den Ärzten gründen.

Ausgiebiges karitatives Wirken sowie Kulturgenuss sind an der Seite des Pfarrers möglich, während der Designer hervorragend für die Abteilung gemeinsames kreatives Schaffen geeignet ist, etwa bei der Realisierung eines Buchprojekts. Als Affäre für karriereorientierte Journalistinnen versprechen vor allem die Vertreter eine Menge Spaß.

Der Lehrer

Basics

Lehrer wissen alles besser, Sozialpädagoginnen wissen alles am besten. Was das Klischee der Besserwisserei betrifft, stellen die männlichen Pädagogen also entgegen landläufiger Meinung beileibe noch nicht die Krone der Schöpfung dar. Allerdings ist es deshalb keinesfalls völlig aus der Luft gegriffen. Besonders die Unterart Gymnasiallehrer versucht mit ihrer belehrenden Art, im Privatleben die Komplexe zu kompensieren, die aus dem schlechten Image ihres Berufs und ihrer verpassten Universitätslaufbahn resultieren.

Davon eher ausgenommen sind Sportlehrer. Sie sind mehr körperlich als geistig orientiert, und wenn sie überhaupt mit ihrem Werdegang hadern, dann halten Erfolge in der Leibesertüchtigung und Frauengeschichten als Ausgleich her.

Insgesamt aber nehmen Lehrer Allwissend und Lehrer Allvögelnd in den jüngeren Pädagogengenerationen immer mehr ab. Das hat damit zu tun, dass auch zunehmend männliche Lehrkräfte den Weg auf die Psychotherapeutencouch finden. Dadurch lernen sie, ihre Komplexe in sozialverträglichere Bahnen zu lenken.

Ein Pfund, mit dem Lehrer fraglos wuchern können, ist ihre Kontaktfreude. Viel weniger als in anderen Berufen findet man unter ihnen Eigenbrötler. Häufig sind sie in ihrer Freizeit auch vereinstechnisch engagiert. Leicht bevorzugt werden hier Gemeinschaften mit einem karitativen oder ökologischen Anspruch. In einem Aspekt aber sind Lehrer in ihrem Sozialverhalten typische Männer, nämlich indem nur eine Minderheit von ihnen einen echten Busenfreund hat. Diese Rolle übernimmt spätestens ab dem fünften Lebensjahrzehnt meist ihre Frau oder Lebensgefährtin.

Nicht wenige Pädagogen fahren in Easy-Rider-Manier mit dem Motorrad an der Schule vor. Dabei versuchen sie unbewusst, ihren Status als Beamte vergessen zu machen. Ihr Zweirad nutzen sie neben ihrem Wohnmobil auch häufig für Mehrtagestrips oder Urlaubsreisen.

Flirt und Verführung

Da Lehrer meist rhetorisch begabt und kontaktfreudig sind sowie über ein breites Allgemeinwissen verfügen, fällt es ihnen weder schwer, mit der Damenwelt ins Gespräch zu kommen, noch, die Konversation interessant am Laufen zu halten.

Fächerspezifisch schneiden die Naturwissenschaftler in der Disziplin Flirten in der Regel etwas schlechter ab, vor allem Chemiker und Physiker. Aber auch die Mathematiker glänzen gemeinhin nicht gerade durch Charme und Lässigkeit. Wenn ihnen bisweilen ein Kompliment über die Lippen rutscht, klingt es meistens so hölzern wie die Nase von Pinocchio.

Die Könige der Verführung unter den Pädagogen sind die Sportlehrer. Bei ihnen ist es aber weniger der glänzende Geist, der Frauen imponiert, sondern ihre offen zur Schau gestellte Coolness in Verbindung mit einem perfekt durchtrainierten Körper.

Eine auffällige Gemeinsamkeit beim Suchen und Finden der Liebe weisen aber alle Berufsvertreter auf, nämlich ihre geringe Beharrlichkeit. Öffnet ihnen das Objekt ihrer Begierde nicht gleich das Herz beziehungsweise die Schlafzimmertür, verlieren sie schnell das Interesse, und die Karawane zieht weiter.

Jagdreviere

Lehrer sind eigenen Aussagen nach so arm, dass ihnen sogar die Enten im Stadtpark Brot nachwerfen. Folglich wählen sie auch kaum je Medien der Entsingelung, die viel Geld kosten. Bei den niveauträchtigen Internet-Vermittlungen *Parship* und *Elite-Partner* warten sie auf preisgünstige Sonderaktionen und Schnupperangebote. Das Schalten einer Anzeige in einem Szenemagazin oder einer Tageszeitung passt ebenfalls gerade noch in ihren Etat.

Auf freier Wildbahn versuchen die Herren Pädagogen ihr Glück mit dem Liebesglück vorwiegend in Kneipen oder auf Konzerten. Statistisch gesehen stellt der private Freundes- und Bekanntenkreis ihr effektivstes Jagdrevier dar. Wegen der hohen Scheidungsrate von Lehrerehepaaren ist der Arbeitsplatz hingegen inzwischen fast zum No-Go geworden, während es mit ehemaligen Schülerinnen nicht zuletzt aus Gründen des Altersunterschieds meist nur zu einer besseren Affäre reicht.

Grundsätzlich sind die Entsingelungsversuche der Schulmeister eher von geringer Geduld und Ausdauer geprägt. Häufig versuchen sie, im Gegensatz zu ihren Kolleginnen, mal dies und mal das. Läuft nicht alles gleich nach ihrer Vorstellung, wechseln sie bald die Location oder das Vehikel der Partnersuche. Begründet liegt dieser Aktionismus darin, dass Lehrer zwar recht gut alleine leben können, aber nur ungern allein leben wollen.

Partnerschaft

Abgesehen von der Ferienzeit sind Lehrer in Gestalt ihrer Kolleginnen, sonstigen Schulpersonals, Schülerinnen und Müttern von Schülern ständig der Versuchung ausgesetzt, Kirschen in Nachbars Garten zu naschen. Nichtsdestoweniger ist ihre Fremdgeherquote nicht merklich höher als die von Männern anderer Berufe. Das ist umso bemerkenswerter, da der Schnitt durch die Sportlehrer sowieso schon in die Höhe getrieben wird. Bei den meisten Schulmeistern läuft also die Redensart von der Gelegenheit, die Diebe macht, ins Leere.

Prinzipiell sind Lehrer Familienmenschen. Unmittelbar nach ihrer

Eheschließung um das dreißigste Lebensjahr setzen sie Nachwuchs in die Welt. Als echte Herzensangelegenheit erfahren ihre Kinder danach viel Liebe und Aufmerksamkeit von ihnen.

Für ihre Angetrauten stellen Lehrer die idealen Freizeitpartner dar, sind sie doch im Gegensatz zur Mehrheit ihrer Geschlechtsgenossen auch kulturell interessiert. Wenn Paare gemeinsam das Theater, klassische Konzerte oder Dichterlesungen besuchen, sitzen sie in vorderster Front. Auch in den heimischen vier Wänden sind Pädagogen über die Kindererziehung hinaus meist gut zu gebrauchen. Viele von ihnen müssen keinen Handwerker rufen, wenn die Spülmaschine streikt oder ein neuer Parkettboden verlegt werden muss. Da Lehrer emanzipierte Frauen auf Augenhöhe bevorzugen, kommen sie gleichermaßen kaum je um die klassische Hausarbeit umhin. Besonders am Herd vollbringen sie mitunter Großtaten, indem sie ihre Lieben mit feinsten Gaumenfreuden verwöhnen.

Konflikte mit ihrer Partnerin tragen Lehrer eher konstruktiv aus. Das haben sie auf ihren zahlreichen Fortbildungen gelernt. Grundsätzlich sind Männer, die den Lehrerberuf ergreifen, zu Hause aber eher harmoniebedürftig. Ihre gehobene Streitkultur kommt in der Schule schon genügend zum Einsatz.

Sex

Abgesehen von den Sportpädagogen, für die der Beischlaf die horizontale Fortführung ihres Unterrichts bedeutet und dadurch zu einem seelenlosen Gerammel mutiert, gehen Lehrer sehr intensiv auf die Bedürfnisse ihrer Intimpartnerin ein. Was die Bandbreite der Spielarten ihrer Lust betrifft, erfinden sie zwar das Rad kaum neu, ihre intimen Techniken werden von der anderen Seite aber nur selten als defizitär empfunden. Viel eher zum Problem auswachsen kann sich die geringe Körperorientiertheit vieler Lehrer, wodurch besonders ab dem mittleren Alter ihre geschlechtliche Ausdauer stark zu wünschen übriglässt. Schon nach dem ersten Akt gehen die Lichter meist aus oder zumindest ist dann eine ausgedehnte Erholungspause vonnöten. Eine weibliche Raupe Nimmersatt ist bei ihnen definitiv an der falschen Adresse.

Fraglos punkten können die Berufsvertreter im Schlafzimmer neben ihrer Einfühlsamkeit durch ihr manuelles Geschick. Meisterhaft bringen sie sowohl liebkosend streichelnd als auch sexuell stimulierend ihre Hände zum Einsatz. Der holden Weiblichkeit entgegen kommt gewiss auch, dass sie gerne ausgiebig kuscheln, ohne damit immer gleich eine tiefere Absicht zu verfolgen.

Ideale Berufspartner

Party können die Sportlehrer trefflich mit Polizistinnen machen. Sie verzeihen ihnen auch den einen oder anderen Seitensprung, weil sie selbst nicht gerade die eifrigsten Verfechterinnen der Monogamie sind. Der Rest der Schulmeister findet ideale Freizeitpartnerinnen in den Journalistinnen, den Pfarrerinnen und den Designerinnen, wobei Letztere eher familiär ausgerichtet sein sollten. Apropos Familie: Den Wunsch, mehrere Kinder in die Welt zu setzen, teilen mit ihnen neben den Hebammen die Erzieherinnen. Letztere bringen sie allerdings sexuell absolut an ihr Limit. Gefährtinnen, die in dieser Hinsicht keine Wunderdinge von ihnen erwarten, sind die Floristinnen, die Bankkauffrauen sowie die Sekretärinnen, die auch ihr grundsätzliches Harmoniebedürfnis teilen.

Die Lehrerin

Basics

Im Gegensatz zu einem Teil ihrer männlichen Kollegen wählen Lehrerinnen ihren Beruf fast immer aus Berufung. Nur wenige von ihnen beginnen das Studium, um einen sicheren Beamtenjob zu ergattern, vermeintlich viel Ferien und Freizeit als Grundlage für spätere Alternativtätigkeiten. Entsprechend sind sie auch engagierter als viele männliche Lehrer, die nach dem Referendariat oft schnell beginnen, eine ruhige Kugel zu schieben. Die Schattenseite ihres großen Einsatzes liegt darin, dass sie im mittleren Alter häufig am Burn-out-Syndrom erkranken.

Privat haben die Lehrmeisterinnen mit erheblichen Vorurteilen zu kämpfen. So eilt ihnen der Ruf voraus, kompliziert, besserwisserisch und sexuell wenig ansprechbar zu sein. Das hat zur Folge, dass sie von Angehörigen anderer Berufe mit ziemlichem Argwohn betrachtet werden. Nicht selten führt das sogar zu handfesten Berührungsängsten, weshalb die Pädagoginnen zumindest bezüglich ihrer engsten Freundeskreise bisweilen mehr oder weniger unter sich bleiben. Mit Abstand am schwersten davon betroffen sind die gymnasialen Vertreterinnen. Dabei trifft von den Vorurteilen allenfalls das der Kompliziertheit zu. Denn abgesehen von den Grundschulpädagoginnen sind Lehrerinnen tatsächlich nicht ganz einfach. Weder lassen sie sich auf Kinder, Küche und Kirche reduzieren, noch suchen sie im menschlichen Umgang Friede, Freude, Eierkuchen. Allerdings müssen sie sich auch nicht wegen jeden Fliegendrecks aufregen. Wenn ihr Umfeld ein Mindestmaß an Respekt aufbringt, sind sie durchaus für jeden Spaß zu haben.

In ihrer Freizeit beflügeln die Berufsvertreterinnen ganz maßgeblich das Kulturleben. Sie besuchen Ausstellungen, verfügen über ein Theaterabo und lesen regalweise Bücher. Meist hat sie selbst die Muse geküsst, so dass sie mindestens einer künstlerischen Tätigkeit nachgehen. Daneben sind sie meist auch ehrenamtlich engagiert. Nicht so recht anfreunden können sich die professionellen Wissensvermittlerinnen mit Haustierhaltung sowie dem Besuch von Sportveranstaltungen. Lieber ertüchtigen sie ihren Leib dann schon selbst.

Flirt und Verführung

Zeigt eine Lehrerin im Klassenraum zu viel Zuneigung, kann sie schnell in den Verdacht geraten, Lieblingsschüler zu haben. Aber auch Schwäche darf sie nicht im Übermaß zur Schau stellen, weil das von den Halbwüchsigen, die sie unterrichtet, unter Umständen gnadenlos ausgenutzt wird. Gerade diese Aspekte fehlen ihr dann aber schmerzlich beim Flirten, weil sie ihr Pokerface auch auf der Pirsch nach Mister Right aufsetzt. Weder lässt sie einen Mann durch klare Flirtsignale gesteigertes Interesse an näherem Kontakt erkennen, noch erweckt sie den Prinzen in ihm, indem sie sich hilfsbedürftig zeigt.

Wagt dann doch ein Kandidat den Angriff, steht sich die Frau Lehrerin oft selbst im Weg, indem sie auch verbal nicht in der Lage ist, die Karten offen auf den Tisch zu legen, und stattdessen herumeiert. Bis sie versucht, ein wenig Klarheit in die Sache zu bringen, hat ihre neue Bekanntschaft mitunter schon die Fühler in Richtung leichterer Beute ausgestreckt. Bleibt der Verehrer jedoch lange genug am Ball, führt der Weg zügig in ihr Schlafzimmer. Dabei mag fraglos eine gewisse Ausgehungertheit seitens der Pädagogin mit von der Partie sein, weil sie durch ihre Schwergängigkeit beim Anbandeln sexuell ja ansonsten nur eher selten zum Zug kommt.

Jagdreviere

Im Gegensatz zu ihren männlichen Kollegen, die durchaus auch bei den Billigheimern zugange sind, nutzen Lehrerinnen im Internet fast ausschließlich die Edelvermittlungen *Parship*, *Elite-Partner* und Co. Dort finden sie jedoch nur selten ihr Herzblatt, weil ihr Beruf nicht wenige Männer zurückschrecken lässt und sie das hohe Tempo im Internet überfordert. In dieser Hinsicht kommen ihnen eher Gesprächsgruppen für Singles entgegen, in denen sie jedoch auch niemandem leichtfertig ihr Vertrauen schenken. Da die Talkrunden auf Mehrmaligkeit angelegt sind, haben die Pädagoginnen hier auch die Möglichkeit, Männer peu à peu hinter ihre Fassade blicken zu lassen. Nachteil ist die Konkurrenzsituation, so dass ihnen die Vertreterinnen von flirtintensiveren Berufen wie die Krankenschwestern den Traumprinzen mitunter vor der Nase wegschnappen.

Jenseits der medialen Unterstützung halten Lehrerinnen gerne auf kulturellen Veranstaltungen oder im Rahmen ihres ehrenamtlichen Engagements Ausschau nach dem Herzbuben. Die größte Erfolgsaussicht versprechen dabei Rock- und Popkonzerte, weil sie ein ausgewogenes Geschlechterverhältnis bieten. In Musikkneipen mit Tanz, ebenfalls ein beliebtes Jagdrevier der Pädagoginnen, gerät der Stellenwert der Mimik in den Hintergrund. Stattdessen können sie beim rhythmischen Abzappeln ihren Körper zum Einsatz bringen.

Partnerschaft

Lehrerinnen beherzigen die biblische Vorgabe, dass der Mensch nicht allein sein sollte, mustergültig. Wenn sie Single sind, dann eher aus Mangel an Möglichkeiten zur Verbandelung oder weil sie an Bindungsängsten leiden. Von Natur aus streben sie durchgängig eine verbindliche Partnerschaft an. Für One-Night-Stands sind sie sich ohnehin zu schade, und in Affären geraten sie eher gezwungenermaßen, etwa wenn sich ihr verheirateter Liebhaber nicht gleich von seiner Ehefrau trennt.

Haben es die Schulmeisterinnen erst einmal in den vermeintlich sicheren Hafen der Ehe geschafft, sind sie ihren Männern äußerst loyale und weit überdurchschnittlich treue Partnerinnen. Einfach mal aus einer Laune heraus mit einem anderen Mann in die Kiste zu springen wie etwa die Kellnerinnen ist für sie ein No-Go. Dazu geht ihnen völlig die unerträgliche Leichtigkeit des Schweins ab.

Familiengründung gehört für sie anders als bei ihren männlichen Kollegen nicht zwangsweise zum Lebensentwurf. Manche Lehrerinnen geben sich auch mit der Rolle der Mutter der Kompanie im Klassenzimmer zufrieden, oder sie wählen sich diese sogar bewusst aus. Sofern sie allerdings eigene Kinder in die Welt setzen, spenden sie diesen viel Nestwärme und sind engagierte, aber nicht überbehütende Mütter.

Nimmt man die Grundschulpädagoginnen einmal aus, dann sind Lehrerinnen im partnerschaftlichen Umgang keineswegs leichte Kost. Zu oft legen sie jedes Wort ihres Herzbuben auf die Goldwaage und gehen Konflikten nicht unbedingt aus dem Weg. Dabei werden sie aber nur selten wirklich emotional, was der Streitkultur von Männern entgegenkommt.

Sportlich wird es für den Partner der Pädagogin auch bei der gemeinsamen Freizeitgestaltung. Hier stehen viel Programm und viel Kultur auf der Tagesordnung.

Sex

Weil sie als Single öfter längere sexuelle Durststrecken durchläuft, bricht die Lehrerin in der ersten Liebesnacht mit einem neuen Partner meist wie eine Naturgewalt über ihn herein. Oftmals ist dann ihre Libido so übermächtig, dass ihr Kopf komplett abschaltet und sie sich völlig gehenlässt. Dieser Orkan der Geschlechtlichkeit flaut zwar im Laufe der Beziehung ein wenig ab, mutiert aber fast nie zu einem lauen Lüftchen.

Hinsichtlich der verschiedenen Spielarten horizontaler Vergnügungen ähnelt die Lehrerin einem Kind, das ein riesiges Schloss erforscht. In jedes Zimmer schaut sie hinein, und wenn ihr das gefällt, was sie dort vorfindet, tritt sie auch ein. Dazu gehört fast nie die Folterkammer, weil sie mit Sadomasochismus generell wenig anfangen kann. Die Vorratskammer und den Speisesaal wird sie dagegen ausgiebig inspizieren, stehen doch intime Freuden bei ihr stark mit dem Genussvollen in Verbindung. Eine perfekte Einstimmung auf das Schlafzimmer stellt für sie ein Candle-Light-Dinner oder ein Picknick unter Sternenhimmel dar.

Ideale Berufspartner

Die ausgeprägte Diskussionskultur der Lehrerin wissen die Vertreter sehr zu schätzen. Ihr Bedürfnis nach Kulturgenuss werden die Psychologen, ihre geisteswissenschaftlichen Kollegen sowie die Pfarrer befriedigen. Mit Letzteren und den gemeinsamen Kindern kann sie auch ein Hausorchester gründen. Einen Partner mit ähnlich verbindlichen Beziehungsvorstellungen findet sie in Gestalt des Programmierers und des Finanzbeamten. Im Bett bietet ihr der Ingenieur viel Abwechslung. Einen eigenen Krankengymnasten im Haus brauchen die Berufsvertreterinnen alleine schon, damit er ihre ständigen stressbedingten Verspannungen löst, während sie der Journalist dazu anspornt, einen Bestseller über ihren Schulalltag zu schreiben.

Überwiegend Männerberufe

Der Bademeister

Basics

Mit *Baywatch* und David Hasselhoff hat der Beruf des Bademeisters nur sehr wenig zu tun. Weder sind die Vertreter der Profession lebensrettende Gutmenschen, noch können sie gewöhnlich mit einem Traumbody aufwarten. Im Gegenteil sind sie meist ziemliche Stinkstiefel oder zumindest wortkarge Muffel, die nur auf vermeintliche Regelverstöße der Badegäste warten, um sie dafür zur Schnecke machen zu können. Kommt dagegen eine attraktive Dame in ihr Sichtfeld, geben sie gerne den Gockel. Nicht wenigen Vertreterinnen des anderen Geschlechts können sie dabei durch ihr Posing in Verbindung mit einer gewissen Machtposition imponieren, so dass sich aus ihrem Job unzählige One-Night-Stands und Affären ergeben. Zum Modellkörper fehlt dem Hüter des Schwimmbads allerdings spätestens ab dem vierten Lebensjahrzehnt der Waschbrettbauch. Dieser wird zunehmend verdrängt von einer Plauze, die mangelnder Bewegung und allzu üppigen lukullischen Genüssen geschuldet ist. Weniger vornehm ausgedrückt: Er frisst und säuft meist zügellos und hat eine besondere Vorliebe für die heimische Couch.

Sein privates Extremcouching erklärt der Bademeister gerne durch vermeintlich körperliche Anstrengungen im Job, was aber natürlich weitgehend ein Ammenmärchen darstellt, schiebt er doch dort eher eine ruhige Kugel. Gestaltet er seine Freizeit doch einmal aktiv, so favorisiert er höchstens gemütliches Radfahren oder Schwimmen. Zu imponierenden Höchstleistungen setzt er im Wasser nur an, wenn sich gerade sexy Badenixen in seiner Nähe aufhalten. Freunde für gemeinsame Unternehmungen hat er als ziemlicher Einzelgänger eher selten. Oft beschränken sich seine sozialen Kontakte weitgehend auf Frauengeschichten.

Männliche Kontakte sind flüchtig und erreichen höchstens das Niveau von guten Bekannten.

An ihrer mentalen Weiterentwicklung arbeiten die Berufsvertreter nur äußerst selten, der Trend zum Zweitbuch ist in der Regel völlig spurlos an ihnen vorübergegangen. Leider stellt sich bei ihnen auch kaum je eine bemerkenswerte Lebensklugheit ein.

Flirt und Verführung

Bezüglich der Kontaktanbahnung hat der Bademeister einen entscheidenden Vorteil gegenüber vielen seiner Geschlechtsgenossen. Bei ihm läuft nicht erst ein stundenlanges Kopfkino ab, bei dem er alle möglichen Reaktionsmöglichkeiten seines weiblichen Gegenübers durchspielt, bevor er sie anspricht. Er geht lieber gleich ran an die Buletten, sobald er von der anderen Seite eindeutige Locksignale empfängt. Bisweilen wagt er auch fast schon tolldreist den Überraschungsangriff. Damit ist er sogar häufig erfolgreich, weil selbst aus den leicht muffeligen Berufsvertretern ebenso eloquente wie charmante Verführer werden, wenn sie erst einmal Feuer für ein weibliches Wesen gefangen haben. Droht ihn eine potenzielle Herzdame nach einem dieser Harakiri-Attacken auflaufen zu lassen, bleibt er so lange beharrlich, bis sie sich in den Paarungstanz einklinkt. Nur selten verfehlen dabei seine in unzähligen Eroberungsschlachten erprobten Schmeicheleien ihre Wirkung.

Ob der Schwimmmeister den schnellen Abschluss sucht, indem er seine neue Bekanntschaft gleich intim beglückt, hängt davon ab, ob er ein Abenteuer oder eine feste Beziehung sucht. Bei der zukünftigen Mutter seiner Kinder darf es zuvor ruhig ein bisschen mehr Zeit zum Kennenlernen sein.

Jagdreviere

Den Arbeitsplatz als Jagdrevier nutzen viele Bademeister so intensiv, dass sie permanent in Gefahr sind, sich nach der Beschwerde eines Badegastes eine Abmahnung vom Vorgesetzten einzuhandeln. Die Beschwerde muss dabei keinesfalls immer vom Ziel der Flirtattacken selbst stammen, sondern kann durchaus auch von einem eifersüchtigen Beobachter ihres Treibens ausgehen. Leider fehlt den Berufsvertretern meist das Feingefühl, um zu erkennen, wann sie über die Stränge schlagen. Ihre zügellose Triebhaftigkeit macht sie meist gänzlich blind dafür.

Im privaten Umfeld haben die professionellen Badeaufseher beziehungstechnisch oft schon viel verbrannte Erde hinterlassen, so dass kaum noch eine potenzielle Partnerin sie beim Prinzencasting in die engere Auswahl nehmen würde.

Als einsamer Wolf zieht der Bademeister oft auf freier Wildbahn durch die Kneipen und Diskotheken seiner Stadt. Fast immer versucht er, dort auch Beute zu machen, weil er nur ungern so einsam nach Hause gehen möchte, wie er gekommen ist. Spontanflirts sind gleichermaßen überall möglich, sei es am Bankautomaten, in der Fußgängerzone oder an der Tankstelle, weil er nicht lange fackelt, bis er sein Gegenüber anspricht. Seine Jagdfreude auf freier Wildbahn macht es dabei für ihn unnötig, Medien der Entsingelung zu nutzen. Das wäre quasi Eulen nach Athen tragen, quillt doch sein Adressbuch ohnehin schon über vor Telefonnummern von Frauen.

Partnerschaft

Die Charmeoffensive des Bademeisters nimmt meist ein jähes Ende, sobald er die Katze im Sack hat. Stattdessen zeigt er in der Beziehung fortan sein wahres Gesicht, das von Respektlosigkeit und Gleichgültigkeit geprägt ist. Bevor er mit seiner Partnerin den Bund der Ehe eingeht, sollten bei ihr eigentlich schon alle

Warnlampen hell aufgeleuchtet haben. Ihre Liebesblindheit hindert sie jedoch meist daran, diese wahrzunehmen. Allein die Seitensprünge ihres Herzbuben sowie das drastische Nachlassen seiner Bemühungen um sie in der Verlobungszeit sind, nüchtern betrachtet, Heiratshinderungsgründe genug.

Die Untreue des Bademeisters verstärkt sich meist noch erheblich, wenn das erste Kind geboren wurde. Aufgrund des Babystresses ist seine Angetraute dann abends oft viel zu ausgelaugt, um ihm im Bett noch ein Feuerwerk der Leidenschaft zu bieten oder überhaupt mit ihm zu schlafen, worin er die Legitimation sieht, sich seinen verdienten Sex woanders zu holen. Apropos Nachwuchs: Zu seinen Sprösslingen baut der Badeaufseher nur selten eine nennenswerte Beziehung auf. Anfangs sind sie Störfaktoren für sein Liebesleben, nur um später eine Allianz mit ihrer unglücklichen Mutter gegen ihn zu bilden. Die ist weniger von offenen Konflikten als von Gleichgültigkeit geprägt. Da ihr Vater ohnehin recht wenig Interesse an ihnen hat und seine Orientierung eher in Richtung seiner Liebschaften geht, legt der Nachwuchs kein gesteigertes Augenmerk darauf, den Kontakt zu intensivieren.

Dass der Bademeister nur ausgesprochen wenig am familiären Leben teilnimmt, etwa in Form von gemeinsamen Unternehmungen oder der Beteiligung an den häuslichen Pflichten, bedarf wohl kaum mehr der besonderen Erwähnung.

Sex

Einen Preis für ausgefeilte Liebeskunst wird der Bademeister kaum je gewinnen. Dazu kann er sich viel zu wenig in die Bedürfnisse der holden Weiblichkeit einfühlen. Natürlich ist sein Selbstbild ein völlig anderes, häufig sieht er in sich nicht weniger als Mister Lover Lover. Das rührt daher, dass er sexuelle Kompetenz allein auf das Thema Potenz reduziert. Diesbezüglich vollbringt er besonders in jungen Jahren tatsächlich Wunderdinge. Unter drei bis vier Ejakulationen beendet er ein intimes Stelldichein nur selten, und manchmal darf es auch ruhig noch ein bisschen mehr sein. Auf ihre Kosten kommen bei ihm am ehesten Frauen mit einer leicht nymphomanen Veranlagung. Bisweilen jobbt der eine oder andere Berufsvertreter nebenbei als Pornodarsteller, um sein recht karges Gehalt am Beckenrand aufzustocken.

Da der Schwimmmeister extrem triebgesteuert ist, gelingt es ihm häufig nur schwer, seine Lust zu zügeln, bis er das heimische Schlafzimmer erreicht. Infolgedessen treibt er es häufig in Gottes freier Natur, in Umkleidekabinen oder in öffentlichen Toiletten. Angst vor Entdeckung durch Dritte kennt er überhaupt nicht. Dort, wo bei anderen Menschen das Schamgefühl verortet ist, liegt bei ihm nur ein Zettel mit der Aufschrift »Hier wird es vermutet«.

Ideale Berufspartner

Mit seiner vermeintlichen Machtposition im Beruf kann der Bademeister anfangs die Friseurin, die Verkäuferin sowie die Reinigungsfachkraft beeindrucken, weil für sie ein ausgeprägtes Dominanzverhalten ihres Herzbuben ein nicht unwesentliches Kriterium der Partnerwahl darstellt. An der Seite der promisken Gastwirtin kann der Schwimmmeister eine offene Beziehung leben. Sie erfreut sich neben der Krankenschwester auch an dem hohen Quantum Sex, das er ihr bietet. Lange Geduld gegenüber den ständigen Sperenzchen der Berufsvertreter bringt das tolerante Duo Sekretärin und Floristin auf, während es der Erzieherin noch am besten gelingt, ihn in dieser Hinsicht an die Kandare zu nehmen.

Der Metzger

Basics

Das Vorurteil vom Metzger als einem grobschlächtigen Sadisten geht gewöhnlich ziemlich weit an der Wahrheit vorbei. Freude am Quälen kann ohnehin kaum die Motivation für seine Berufswahl sein, weil die Fleischer heute zum einen die Tiere, die sie verarbeiten, zuvor meist nicht mehr selbst schlachten, und zum anderen dort, wo dies noch der Fall ist, ein möglichst schneller und schmerzfreier Tod das Ziel ist. Dass Metzger andererseits von ihrem blutigen Handwerk emotional niemals zu stark berührt werden, ist Teil ihrer Professionalität.

Intellektuell besteht innerhalb der Berufsgruppe meist eine ziemliche Kluft zwischen den Gesellen und den Meistern. Während Erstere geistig oft recht einfach gestrickt sind, zeichnen sich Zweitere durch ein hohes Maß an Lebensklugheit, mitunter sogar Bildung aus. Das ist auch insofern notwendig, als besonders die Betriebsinhaber unter den Meistern häufig in besseren Kreisen verkehren. Zumindest beliefern sie diese bisweilen etwa im Rahmen ihres Partyservices.

Die gewisse Wurstigkeit, die Metzger ihrer Tätigkeit gegenüber an den Tag legen, überträgt sich leider auch auf den Umgang mit anderen Menschen. Als Freund zum Ausheulen sind sie aufgrund ihrer geringen Anteilnahme sicher nur wenig geeignet. Dieses Manko kompensieren sie aber fast vollständig durch ihre Hilfsbereitschaft.

Materiell und was praktische Unterstützung betrifft, geben sie das letzte Hemd für ihre Lieben. Oft machen ihre Mitmenschen Schulden bei ihnen, weil sie genau wissen, dass viele Metzger zu gutmütig sind, das Geld mit Nachdruck zurückzufordern. Bisweilen könnte man aber auch den Eindruck gewinnen, sie versuchten sich die Zuneigung zu erkaufen, die ihnen wegen der Animositäten gegenüber ihrer Arbeit verwehrt bleibt.

Hobbymäßig geht der Fleischer gerne Angeln oder betreibt Hochseefischen, während er nur wenig Interesse daran hat, das Wild, das er feilbietet, selbst zu erlegen. Ansonsten nimmt er intensiv am dörflichen Leben teil, indem er regelmäßig die Veranstaltungen der örtlichen Vereine besucht. Während der Arbeitswoche erholt er sich abends von seinem anstrengenden Job gerne auf der heimischen Couch.

Flirt und Verführung

Durch schöne Worte gewinnt der Metzger gewiss nicht das Herz seines Augensterns. Seine rhetorische Begabung hält sich nämlich ziemlich in Grenzen und mitunter ist er reichlich maulfaul. Stattdessen versucht er an die Frau zu kommen, indem er ihr kleine Brautwerbungsgeschenke darbietet. Zwar sind diese nicht geprägt von allzu großem Einfallsreichtum – meist wartet er beim Rendezvous klassisch mit einem Blumenstrauß oder einer Schachtel Pralinen auf –, doch anerkennt die andere Seite meist seine gute Absicht. Ohnehin bleibt er gewöhnlich bei seinen Leisten und buhlt nicht um Frauen, die sich allzu hohe Erwartungen an die Eroberungskünste ihres Verehrers erlauben können. Will sagen, das Objekt ihrer Begierde ist meist selbst eher von schlichter oder zumindest bodenständiger Natur.

Ein weiteres Bonbon, mit dem der Fleischer in der Phase des Kennenlernens seine potenzielle Herzdame beeindrucken kann, sind seine ausgezeichneten Fähigkeiten als Koch, die meist einen Teil seiner Berufstätigkeit ausmachen. Nicht selten folgt ihm seine Auserwählte direkt ins Schlafzimmer, nachdem er sie reichlich kulinarisch verwöhnt hat. Stehen die Berufsvertreter ausnahmsweise mit dem Kochlöffel auf dem Kriegsfuß, laden sie ihre Auserwählte eben einfach zum Auswärtsessen ein.

Jagdreviere

Die Inhaber einer eigenen Metzgerei unter den Metzgern können beim Suchen und Finden der Liebe gewöhnlich durch ihren Status und ihren finanziellen Wohlstand die berufsbedingten Vorurteile gegen sie ein Stück weit vergessen machen, während der Rest der Fleischer dafür meist Fürsprecher braucht. Am besten finden sie diese in klassischen Partnervermittlungen, weshalb dort ihr Anteil statistisch gesehen recht hoch ist. Hilfreich könnten hier auch die Moderatoren von Single-Gesprächsgruppen sein, doch machen die Fleischer einen weiten Bogen um dieses Vehikel der Entsingelung, weil ihnen dort ein zu stark psychologischer Ton herrscht. Häufig haben sie von solcherlei Veranstaltungen auch noch nie etwas gehört, genauso wie vermutlich Single-Cooking und Running-Dinner böhmische Dörfer für sie darstellen.

Am Arbeitsplatz versuchen die Metzger häufig mit den Verkäuferinnen anzubandeln, was den entscheidenden Vorteil bietet, dass beidseits keine Berührungsängste hinsichtlich der ausgeübten Tätigkeit bestehen. Kundinnenkontakt haben sie dagegen höchstens, wenn sie in Form von Catering Feiern oder Events kulinarisch ausstatten, weil sie ansonsten ihrem Handwerk eher hinter den Kulissen nachgehen.

Bei der Pirsch nach Miss Perfect auf freier Wildbahn müssen die Metzger oft die Segel streichen, sobald die Rede auf ihren Beruf kommt. Entweder zeigt ihnen dann das Objekt ihrer Begierde gleich die kalte Schulter oder lässt das Gespräch langsam auslaufen, um nicht den Eindruck zu erwecken, vorurteilsbeladen zu sein.

Partnerschaft

Da es den Metzgern alles andere als leichtfällt, unter die Haube zu kommen, tragen sie ihre Angetraute aus Dankbarkeit dafür, dass es doch geklappt hat, besonders am Anfang der Ehe auf Händen. Oftmals überraschen sie mit kleinen Geschenken zwischendurch oder verwöhnen ihre Angetraute kulinarisch in Form eines selbstzubereiteten Candle-Light-Dinners. Darüber hinaus nehmen sie ihrem Augenstern lästige Verpflichtungen des Alltags wie Behördengänge ab. Das gilt umso mehr, wenn die Berufsvertreter ihre Herzdame durch eine Auslandsvermittlung kennengelernt haben und sie der deutschen Sprache noch nicht hinlänglich mächtig ist. Die Hausarbeiten jenseits vom Kochen überlassen sie eher ihrer Frau. Dafür verrichten sie viele handwerkliche Tätigkeiten, was weitgehend einer klassischen Rollenverteilung im trauten Heim entspricht. Ab dem mittleren Lebensalter etwa muss die Gattin des Fleischers jedoch darauf achten, dass er nicht beginnt, die Dinge schleifen zu lassen, weil sich dann bei ihm eine gewisse Gemütlichkeit breitmachen könnte.

Gemeinsame Unternehmungen des Metzgers mit seiner Herzdame beschränken sich auf das dörfliche Umfeld oder die nähere Umgebung. Selbst Urlaubsreisen spielen sich meistens innerhalb der deutschen Staatsgrenze ab.

Um seine Kinder, zu denen er eine recht enge emotionale Bindung hat, kümmert sich der Fleischer überwiegend am Wochenende. Werktags ist er abends oft physisch schon zu erschöpft für ausgiebiges Huckepackreiten oder die Gutenachtgeschichte.

Sex

Die Angst vieler Frauen, dass der Metzger beim Geschlechtsverkehr sadistische Züge an den Tag legen oder gar das Fleischermesser zücken könnte, erweist sich als völlig unbegründet bis absurd. Zwar ist er sicher nicht der filigranste Arbeiter auf dem Feld der Lust, aber er weiß die Intensität seiner sexuellen Aktivitäten durchaus nach dem Geschmack seiner intimen Gespielin zu richten, so dass sie fast nie den Eindruck gewinnt, er sei beischlaftechnisch lediglich ein seelenloser Rammler.

Über eine große Bandbreite an horizontalen Spielarten verfügt der Fleischer allerdings kaum je. Weder hat er genug Fantasie, selbst Ideen zu entwickeln, noch holt er sich Inspiration aus Ratgebern zu diesem Thema. Die Pornos, die er sich bisweilen zwecks Selbstbefriedigung zu Gemüte führt, sind dafür gelinde gesagt weniger geeignet.

Bezüglich der ehelichen Treue schlagen zwei Herzen in der Brust der Metzger. Einerseits möchten sie ihre Partnerschaft nicht durch belanglose Seitensprünge gefährden, andererseits bringt sie ihre ausgeprägte Libido häufig in Versuchung, Kirschen in Nachbars Garten zu naschen. Ob das Engelchen oder Teufelchen in ihnen siegt, hängt stark davon ab, wie viel Leben noch im heimischen Schlafzimmer herrscht. Alleine Masturbation reicht ihnen dauerhaft nicht aus.

Ideale Berufspartner

Anstelle eines Hubschraubers, der rote Rosen abwirft, sind die bescheidenen Floristinnen und Arzthelferinnen auch mit der Schachtel Pralinen, die ihnen der Metzger zur Brautwerbung darbietet, zufrieden. Letztere fällt zudem ebenso wie die Krankenschwester nicht gleich in Ohnmacht, wenn sie ihn bei seinem Handwerk zusieht, badet sie doch selbst beruflich oft beinahe im Blut. Die Bodenständigkeit des Fleischers teilt das Trio Hauswirtschafterin, Altenpflegerin und Reinigungsfachkraft, während sich für die Gründung eines gemeinsamen Betriebs hervorragend die Verkäuferin sowie die Köchin eignen. Sein begrenztes, dafür aber technisch einwandfrei vorgetragenes Repertoire an Spielarten der Lust reicht neben den Friseurinnen den Briefträgerinnen völlig aus.

Der Automechaniker

Basics

Das landläufige Vorurteil vom primitiven Automechaniker ist meist nur an den Haaren herbeigezogen. Vielmehr kommen die Berufsvertreter im Job ohne eine gewisse Cleverness gar nicht aus, müssen sie doch stets mit der neuesten Technik der Autoindustrie schritthalten. Lediglich in Sachen Lebensklugheit und Allgemeinbildung neigen die Kfz-Schlosser oft ein wenig zur Stagnation. Nur selten blicken sie wesentlich über den Tellerrand ihres Berufs hinaus. Bücher zu anderen Themen lesen sie aber zumindest sporadisch, womit sie immerhin schon vielen anderen Handwerkern um eine Nasenlänge voraus sind. Den Stein der Weisen werden sie allerdings kaum je finden. Für geistige Höhenflüge sind selbst die Meister ihres Fachs intellektuell zu limitiert.

Charakterlich unterscheiden sich Geschäftsinhaber und Angestellter der Branche meist gravierend. Während die Chefs beim täglichen Kampf um den Umsatz oft eine gewisse Schlitzohrigkeit an den Tag legen, zeichnen sich ihre Mitarbeiter gewöhnlich durch eine Aufrichtigkeit aus, die fast schon nicht mehr in die Welt passt.

Freunden geben die Automechaniker ihr letztes Hemd, allerdings eher im übertragenen Sinn, sind sie doch eher ideell als materiell hilfsbereit und großzügig. Wenn es ihnen an den Geldbeutel geht, schenken sie niemandem leichtfertig ihr Vertrauen. Penetrante Schnorrer gehen ihnen mitunter so sehr auf die Nerven, dass sie den Kontakt zu ihnen abbrechen.

In ihrer Freizeit haben die Kfz-Schlosser interessanterweise mit Autos kaum mehr am Hut als Angehörige anderer Berufsgruppen. Ihre jungen und wilden Jahre ausgenommen, müssen sie weder ein spektakuläres Gefährt unterm Hintern haben, noch besuchen sie jedes Rennen der Formel 1. Auch Zweirädern messen sie kaum je eine überwertige Bedeutung bei, die Quote an Bikern unter ihnen liegt allenfalls im durchschnittlichen Bereich. Vielmehr gehören Tagestrips und geselliges Beisammensein mit ihren Kumpels zu den Konstanten in ihren Mußestunden.

Flirt und Verführung

Bildet der Automechaniker mit einem seiner Kumpels bei der abendlichen Brautschau eine Jagdgruppe, stellte er selbst fast nie den dominanten Part, sondern lässt bei der Kontaktaufnahme mit dem anderen Geschlecht seinem Kompagnon den Vortritt. Oft bildet er die zweite Welle und staubt entweder das ab, woran die Speerspitze der Flirtunternehmung letztlich doch das Interesse verliert, oder er nimmt sich von vornherein der zweiten Wahl an. Oft ist ihm dabei seine Strategie noch nicht einmal bewusst, sie ergibt sich stattdessen einfach aus der Konstellation.

Fehlt dem Kfz-Schlosser die männliche Begleitung, wagt er gewöhnlich keinen Angriff. Stattdessen übernimmt nicht selten das Objekt seiner Begierde die Initiative, indem sie ihn anspricht. Gewöhnlich geht dem aber ein ausgiebiger Blickkontakt voraus, so dass sich die weibliche Seite ziemlich sicher sein kann, auf offene Türen zu stoßen. Ist der Anfang erst einmal gemacht, läuft der Rest wie von selbst, besteht doch das Manko der Berufsvertreter allein im fehlenden Mut zur Gesprächseröffnung. Im verbalen Infight erweisen sie sich als charmante Kommunikationspartner, deren Komplimente mitten ins Herz treffen. Zu punkten vermögen sie zudem durch ihre Aufmerksamkeit sowie ihre guten Manieren.

Jagdreviere

Am Arbeitsplatz besteht lediglich für Werkstattinhaber und Kfz-
Meister die Chance, ausgiebig mit Kundinnen zu flirten. Die Gesellen hingegen stehen meist so unter Zeitdruck, dass mehr als der
Austausch einiger netter Worte kaum möglich und auch gewöhnlich seitens der Vorgesetzten nicht erwünscht ist. Meist sind die
einfachen Autoschlosser aber ohnehin zu schüchtern, in der
Werkstatt die Sache der Kontaktanbahnung zu forcieren.

Unter den professionellen Vehikeln der Entsingelung nutzen die
Berufsvertreter gerne Single-Gesprächsgruppen, weil diese auf
dem Prinzip des behutsamen Kennenlernens basieren. Dort sind
sie nicht gleich am ersten Abend gezwungen, eine Flirtinitiative
zu starten, sondern können erst einmal in aller Ruhe die Lage
sondieren und abwarten, bis sich in den Pausen oder am Stammtisch danach relativ zwanglos Konversation mit der anwesenden
Damenwelt ergibt. Relativ günstig in dieser Hinsicht sind auch
Single-Freizeitclubs und Singlereisen. Als wenig erfolgverspre-
chend erweisen sich dagegen Einmalevents wie Running-Dinner
oder Speed-Dating. Besonders für Letzteres fehlt den Autome-
chanikern das rhetorische Geschick in Form von Schlagfertigkeit und schneller Überzeugungskraft.

Jenseits der medialen Liebeskatalysatoren gehen die Kfz-Schlosser in jungen Jahren ganz konventionell in der Diskothek auf
Brautschau, während sie mit 30 plus dafür bevorzugt die Kneipenszene ihrer Stadt sowie Volksfeste und Märkte nutzen.

Partnerschaft

Die Eltern des Automechanikers haben nicht selten wegen einer
ungeplanten Schwangerschaft schon in ganz jungen Jahren ge-
heiratet und sind später nur wegen der Kinder zusammengeblie-
ben. Entsprechend leben sie meist nebeneinanderher. Um eine
ähnliche Gleichgültigkeit in ihrer Ehe zu vermeiden, legen die

Berufsvertreter großes Augenmerk darauf, sie lebendig zu halten. Dafür überraschen sie ihre Angetraute immer wieder mit Wochenendtrips oder Einladungen zu Veranstaltungen, angefangen beim Kinobesuch bis hin zu diversen Ausstellungen. Ihrer Partnerin zuliebe frischen sie häufig auch ihre Tanzkenntnisse auf, indem sie sie zu einem Paartanzkurs begleiten, obwohl sie eigentlich zwei linke Füße haben.

Die handwerklichen Fähigkeiten des Automechanikers sind oft mehr oder weniger auf seine Profession beschränkt, weshalb er lieber ein paar Maschinen Wäsche wäscht, als den tropfenden Wasserhahn zu reparieren. Apropos Wäsche waschen: An der Hausarbeit beteiligt er sich an den Wochenenden gleichberechtigt und werktags, soweit es seine Kraft abends nach dem Job noch zulässt. Allein bei diversem Schreibkram ist er seiner Herzdame keine große Hilfe, weil er meist mit der Rechtschreibung auf Kriegsfuß steht. Bisweilen leidet er sogar an Legasthenie.

Für seine Kinder stellt der Kfz-Schlosser die Allzweckwaffe dar, sowohl was Erziehung als auch was Bespaßung betrifft. Infolgedessen hängt der Nachwuchs so sehr an ihm, dass er oft bei ihm wohnen bleibt, wenn es zur Trennung der Eltern kommt. Die lässt sich übrigens weniger mit mangelnder Zuwendung des Automechanikers für seine Ehefrau erklären, sondern vielmehr mit seiner vermeintlichen Überbehütung.

Sex

Aufgrund seiner fast schon schlangenmenschenartigen Gelenkigkeit, die ihn im Motorraum eines Autos selbst die entlegensten Orte erreichen lässt, ist der Kfz-Schlosser im Schlafzimmer in der Lage, sämtliche Stellungen des Kamasutra durchzuexerzieren. Oftmals wird ihm aber gar nicht bewusst sein, dass er mit seiner intimen Gespielin gerade das Feuerrad oder den Brückenpfeiler vollzieht.

Über ihre physische Geschmeidigkeit hinaus zeigen die Berufsvertreter beim Liebesspiel eine enorme Ausdauer. Wo andere
Männer nur bellen, indem sie behaupten, ihre Herzdame die
ganze Nacht lang beglücken zu können, beißen Automechaniker tatsächlich zu. Ein Höhepunkt mit einem anschließenden
behaglichen Abgleiten ins Reich der Träume stellt für sie jedenfalls die große Ausnahme dar.

Die Hände des Automechanikers sind entgegen dem immer
noch gängigen Vorurteil längst nicht ständig ölverschmiert.
Stattdessen glänzen sie durch Fingerfertigkeit im Schlafzimmer.
Eine Frau mit ihren Streicheleinheiten bis aufs äußerste zu erre-
gen, gehört allenthalben zu ihren leichtesten Übungen. Nicht
selten schießen sie die andere Seite schon durch manuelle Stimulation ins Nirwana der Lust. Der »digitalen« Vorhut lassen sie
dann meist unverzüglich ihr bestes Stück folgen.

Ideale Berufspartnerinnen

Bezüglich ihrer Aufrichtigkeit und Hilfsbereitschaft liegen die
Automechaniker mit dem Terzett Hebamme, Floristin und Sekretärin auf einer Wellenlänge, während sie durch ihre Strukturiertheit das gewisse kreative Chaos von Gärtnerin und Polizistin
zu bändigen wissen. Einen großen Teil der Kindererziehung de-
legiert gerne die Friseurin an den Kfz-Schlosser, weil sie viel Zeit
für ihre außerfamiliären Aktivitäten braucht.

An Geschmeidigkeit beim Sex das Wasser reichen können den
Berufsvertretern die biegsamen Krankengymnastinnen. Viel zu
anständig, um ihre Gutmütigkeit auszunutzen, ist die Bank-
kauffrau. Im Freizeitbereich stellt die Finanzbeamtin eine ideale
Ergänzung zum Kfz-Schlosser dar, indem sie sowohl seine Lust,
Neues zu entdecken, als auch seine Freude an Geselligkeit teilt.
Last, but not least nimmt sie ihm den lästigen Schreibkram ab.

Der Bäcker

Basics

Bäcker beginnen ihre Arbeit meist in den frühen Morgenstunden, wenn Nachtschwärmer sich so langsam zur Ruhe betten. Um diesen Lebensrhythmus mit dem Verlust wichtiger Schlafphasen auf Dauer durchhalten zu können, brauchen sie sowohl physisch als auch psychisch eine ziemliche Bärennatur. Bei den selbständigen Bäckern kommt als weiteres Manko der ständige Konkurrenzdruck durch Discounter, Tankstellen und SB-Märkte hinzu. Dafür können die Brötchenmacher in der Backstube ihrer Kreativität freien Lauf lassen, indem sie immer wieder neue Leckereien kreieren. Zudem verrichten sie ihr Werk in wohliger Wärme sowie dem herrlichen Duft der frischen Gaumenfreuden. Nicht zuletzt erfahren sie durch ihre Kunden viel Anerkennung für ihre kulinarischen Erzeugnisse, obschon nur indirekt, weil sie meist im Hintergrund wirken.

Privat bedeutet ihr Job für die Bäcker wochentags insofern eine starke Einschränkung, als sie abends nie lange unterwegs sein können, wollen sie noch eine Mütze Schlaf abbekommen. Sobald es irgendwo richtig lustig wird, hängt über ihnen schon das Damoklesschwert ihres Weckers. Darunter leiden natürlich ihre sozialen Kontakte, so dass es spätestens ab dem mittleren Alter recht ruhig um sie wird.

Übermäßiger Leidensdruck entsteht bei ihnen dadurch allerdings nicht, weil sie gut alleine zurechtkommen und öfter sogar rechte Einzelgänger sind. Neben ihren eigenbrötlerischen Zügen legen die »Backmänner« meist eine gewisse Maulfaulheit an den Tag. Viel mehr als das unbedingt Notwendige sprechen sie kaum. Damit bewegen sie sich gewöhnlich nah an der Grenze zur Muffeligkeit.

Das Freizeitverhalten des teigverarbeitenden Gewerbes ist nur selten von allzu viel körperlicher Bewegung geprägt, sofern man Surfen im Internet nicht als sportliche Betätigung einordnet. Am PC daddeln Bäcker auch gerne oder betreiben Kontaktpflege. Ansonsten besuchen sie gelegentlich Veranstaltungen der örtlichen Vereine, und zwar vor allem solche, die unter einem musikalischen Stern stehen.

Flirt und Verführung

Eigentlich müsste sich der Bäcker eine Frau backen, aber nicht weil er zu anspruchsvoll ist, sondern weil er sonst kaum Möglichkeiten hat, seine bessere Hälfte kennenzulernen. Unter der Woche ruft beim abendlichen Anbandeln in freier Wildbahn meist schon wieder das Kopfkissen, wenn das Fell des Bären verteilt wird. Infolgedessen steigt an den wenigen Ausgehtagen der Bindungsdruck, was ein entspanntes Flirten fast unmöglich macht. Dazu kommt, dass potenzielle Partnerinnen oft schon innerlich abwinken, sobald er ihnen seinen Beruf verrät. Kaum eine Vertreterin der holden Weiblichkeit möchte gerne in den frühen Morgenstunden neben sich greifen und die andere Seite des Doppelbetts leer vorfinden. Um seinen Frauenbekanntschaften die Vorzüge seines Berufs im wahrsten Sinne des Wortes schmackhaft zu machen, etwa indem er stets eine große Auswahl an wundervoll frischen Backwaren zu Hause hat, fehlt den Berufsvertretern leider die Überzeugungskraft. Sich selbst in einem besseren Licht erscheinen zu lassen stellt im Gegenteil ihre große Schwäche dar. Das hat zum Teil auch mit ihrer fast naiven Ehrlichkeit zu tun. Gerade diese öffnet ihm aber nicht selten das Herz einer Braut in spe, die die Nase voll hat von all den Lügenbaronen auf dem Singlemarkt.

Jagdreviere

Die Backstube und der angrenzende Verkaufsraum sind für den Bäcker der Heiratsmarkt par excellence. Dort trifft er in Gestalt der Bäckereifachverkäuferinnen auf Frauen, die sich von frühem Aufstehen nicht abschrecken lassen, weil sie meist selbst schon lange vor dem ersten Hahnenschrei aus den Federn steigen. Außerdem ergeben sich hier Gespräche praktisch im Vorbeigehen und müssen nicht erst mühsam initiiert werden.

Gute Erfolgsaussichten neben dem Arbeitsplatz bieten den »Teilchenbereitern« klassische Partnervermittlungen, sofern es ihnen nicht nur um Geld, sondern auch um das Liebesglück ihrer Klienten geht. Sie können bei den weiblichen Mitgliedern ihrer Kartei die Vorbehalte, die gegenüber dem Bäckerberuf bestehen, zumindest so weit ausräumen, dass sie einem Treffen zustimmen.

Unter den professionellen Möglichkeiten, Miss Perfect kennenzulernen, sind für die Backmänner eindeutig Singleclubs und Single-Tanzkurse am günstigsten. Dort entscheidet nicht nur das gesprochene Wort über den Paarungserfolg, sondern auch gemeinsame Unternehmungen. Gute Abstimmung etwa im Zweierboot auf einer Kanutour kann der Beginn einer wunderbaren Beziehung sein. Singlereisen entsprechen zwar dem Prinzip »learning loving by doing« gleichermaßen, übersteigen aber gewöhnlich die finanziellen Möglichkeiten der Berufsvertreter, die in dieser Hinsicht kleinere Brötchen backen müssen.

Partnerschaft

Von seinem Grundnaturell her ist der Bäcker ein Gemütsmensch, der in der Partnerschaft nur schwer aus der Ruhe zu bringen ist. Trotzdem birgt das Zusammenleben mit ihm zwei größere Problemfelder. Zum einen führt der fehlende Nachtschlaf nicht selten dazu, dass er psychisch und infolgedessen auch physisch aus dem Gleichgewicht gerät. Besonders anfällig zeigt er sich für Depressionen oder zumindest depressive Verstimmungen, eskortiert von den typischen körperlichen Begleiterscheinungen wie Magen- und Darmbeschwerden. Seine Liebesbeziehung wird dadurch insofern belastet, als er in seinen depressiven Phasen ein massives Rückzugsverhalten an den Tag legt. Meist muss dann seine Angetraute die gesamte Verantwortung in der Familie übernehmen, wobei sie ihren Ehemann neben der Fülle ihrer sonstigen Aufgaben zunehmend als Belastung empfindet.

Den anderen möglichen Brennpunkt in der Zweisamkeit mit dem Backmeister stellt seine Eigenbrötelei dar. Da er außerhalb seiner Ehe nur sehr wenige soziale Kontakte pflegt, fixiert er sich mitunter stark auf seine Frau. Will sie etwas ohne ihn unternehmen, entwickelt er schnell Gefühle der Einsamkeit und setzt gar Himmel und Hölle in Bewegung, um ihre Alleingänge zu verhindern. Seine Methode der Wahl ist, den sterbenden Schwan zu spielen, wenn sie sich gerade zum Abmarsch rüstet.

Befinden sich die Bäcker gerade in einer gesundheitlich unbelasteten Phase, sind sie aber zu vielen gemeinsamen Unternehmungen mit besserer Hälfte und den Sprösslingen bereit, brauchen dafür allerdings oft einen Tritt in den Hintern. Nachdem sie ihren inneren Schweinehund überwunden haben, können sie ihren Lieben ein Maximum an Spaß bereiten, indem sie ihren trockenen Humor gekonnt zum Einsatz bringen.

Sex

Abgesehen von seinen depressiven Phasen ist der Bäcker im Bett ein munteres Kerlchen. Seine ausgeprägte Libido bleibt ihm meist bis ins hohe Alter erhalten, nicht aber seine körperliche Geschmeidigkeit. Während er in jungen Jahren mit seiner intimen Gespielin noch die akrobatischsten Stellungen des Kamasutra durchexerzieren kann, wird er spätestens ab dem fünften Lebensjahrzehnt durch seine zunehmende Leibesfülle horizontal erheblich träger. Meist geht es dann über die Standardstellungen im Bett kaum noch hinaus. Das kompensiert er, indem er im Gegensatz zu seiner Sturm-und-Drang-Zeit zunehmend auf die Bedürfnisse der anderen Seite eingeht.

Die Grenzen sexueller Lust sind bei den Berufsvertretern recht weit gefasst. Allenfalls Ekelpraktiken stellen für sie ein absolutes No-Go dar. Einen besonderen Kick unter den etwas außergewöhnlichen Spielarten der Lust bereiten den Bäckern hingegen Sado-Maso-Praktiken. Stiefellecken und Bodenkriechen bekommt er sogar noch als Middleager hin, wenn sein Bauch bereits Kugelform angenommen hat. Selbst die Peitsche schwingt dagegen nur eine sehr kleine Minderheit der »Teigfachmänner«.

Ideale Berufspartnerinnen

Gut zurecht mit der Eigenbrötelei des Bäckers kommen sowohl die Hauswirtschafterin als auch die Briefträgerin, weil sie selbst keinen gesteigerten Wert auf eine ausufernde Anzahl an sozialen Kontakten legen. Das Thema Nachtarbeit ist aus eigener Erfahrung dem Trio Tierärztin, Krankenschwester und Altenpflegerin nicht fremd, so dass sie viel Verständnis für die daraus resultierenden Probleme der backenden Zunft aufbringen. Eine ideale berufliche Ergänzung finden die Berufsvertreter in der Verkäuferin, während die Erzieherin sexuell zu so ziemlich allen Schandtaten mit ihnen bereit ist. Den trockenen Humor der »Teigdesigner« teilen die Vertreterinnen des gastronomischen Gewerbes in Gestalt der Gastwirtin und der Kellnerin, darüber hinaus aber auch die Finanzbeamtin.

Der Ingenieur

Basics

An »Legosthenie« leiden die zukünftigen Ingenieure in ihrer Kindheit gewiss nicht. Im Gegenteil bauen sie als kleine Pimpfe schon die diffizilsten Konstruktionen aus den dänischen Steckelementen. Nur allzu folgerichtig tauschen sie die Spielzeugbauteile im Erwachsenenalter gegen größere aus und haben damit praktisch ihr infantiles Hobby zum Beruf gemacht. Entsprechend gut gelaunt gehen sie ihrer Tätigkeit auch bis zum Ende ihres Erwerbslebens nach. Während männliche Vertreter anderer Professionen oft schon im Alter knapp jenseits der Fünfzig darüber nachdenken, wie sie am schnellsten in Pension gehen können, müssen die Ingenieure meist fast schon aus dem Job herausgekehrt werden. Das liegt neben der großen Motivation für ihre Arbeit auch an den starken menschlichen Bindungen, die sie im Laufe der Jahre in Konstruktionsbüro und Co. aufbauen. Unter ihren Kollegen sind sie gleichermaßen wegen ihrer Teamfähigkeit wie wegen ihrer Hilfsbereitschaft beliebt.

Auch in seinem Privatleben setzt der Ingenieur auf beständige soziale Kontakte. Oftmals kennt er seine besten Freunde schon aus der gemeinsamen Schulzeit, wobei er stets dafür offen bleibt, den Kreis seiner Lieben zu erweitern. Allerdings ist er nicht der Typ, der anderen Menschen gleich um den Hals fällt, er nähert sich ihnen lieber vorsichtig an, nachdem er sie eine Zeitlang aus der Ferne begutachtet hat. Draufgängertum ist ihm in allen Belangen seines Daseins ziemlich fremd. Dafür gibt er denen, die er letztendlich in sein Herz schließt, sein letztes Hemd. Nicht selten allerdings nimmt dabei seine Gutmütigkeit selbstschädigende Dimensionen an, indem er sich nach Strich und Faden ausnutzen lässt.

Konstanz zeigt der Ingenieur auch bezüglich seiner Wohnsituation. Hat er erst einmal ein behagliches Nest gefunden, zieht er nur sehr ungern wieder um. Völlig seiner Bodenständigkeit würde es widersprechen, komplett auszuwandern. Zwar unternimmt er in seinem Urlaub gerne Trips in ferne Länder, jedoch stets mit Rückfahrtticket. Apropos arbeitsfreie Zeit: Neben Reisen stehen bei ihm in den Mußestunden breitgefächerte kulturelle Aktivitäten sowie Sport auf der Agenda.

Flirt und Verführung

Man kann den Ingenieur gut und gern als Frauenversteher bezeichnen, wobei dies bei der großen Mehrheit der Berufsvertreter eine Haltung und beim unheiligen Rest von ihnen eine Masche darstellt. Die Minderheit verkörpert den Typus Wolf im Schafspelz. Ihre bevorzugten Opfer sind vernachlässigte oder verlassene Frauen. Für sie geben die Casanovas unter den Ingenieuren den verständnisvollen Zuhörer, indem sie sich bei den Schimpftiraden über den Ex komplett auf ihre Seite schlagen und sich selbst subtil als bessere Alternative anbieten. Dazu überschütten sie das Gegenüber mit Komplimenten, was natürlich mitten ins Herz der geschundenen Kreatur trifft. Haben sie ihr Ziel, nämlich das Schlafzimmer des Objekts ihrer Begierde, erst erreicht, verlieren sie ganz schnell das Interesse an ihm. Als Trennungsgrund führen sie geschickt ins Feld, dass die andere Seite aufgrund ihrer früheren Verletzungen emotional noch nicht wieder dazu bereit sei, eine neue Beziehung einzugehen.
Eine feste Verbindung können die getäuschten Evastöchter dann mit den seriösen Kollegen der Womanizer eingehen. Im Unterschied zu ihnen verzichten diese beim Flirten auf die Schmierenkomödie eines Papagallos und geben sich und ihrer Angebeteten viel Zeit zum gegenseitigen Beschnuppern.

Jagdreviere

Am Arbeitsplatz gehen die Erfolgsaussichten des Ingenieurs, an die Frau zu kommen, gen null, weil er meist in sehr männerlastigen Betrieben tätig ist. In Frage kommen allenfalls die weiblichen Bürokräfte, zu denen er aber nur wenig Kontakt hat. Selbst im technischen Außendienst trifft er fast ausschließlich auf seine Geschlechtsgenossen.

Die geringen Chancen bei der Brautschau im Job zwingen die Berufsvertreter, ihr Glück in freier Wildbahn oder über Medien des Kennenlernens zu versuchen. Sie schließen sich zu diesem Zweck gerne Sportgruppen an, die ein Überangebot an Damen bieten. Besonders günstig sind hier Walking- und Tanzgruppen. Ist einer der studierten Techniker leicht alternativ angehaucht, betreibt er auch gerne Yoga. Ansonsten kommen Ingenieure häufig durch Zufall mit potenziellen Herzdamen in Kontakt. Das kann ebenso das verstopfte Abflussrohr der Wohnungsnachbarin wie der geplatzte Autoreifen einer anderen Verkehrsteilnehmerin sein. Als Lohn für ihre beherzten Rettungsaktionen winkt nicht selten der Traualtar.

Medial nehmen die Ingenieure gerne einiges an Geld in die Hand, um sich Unterstützung bei ihrer Partnersuche zu sichern. Allerdings müssen die Angebote Hand und Fuß haben. In ihrem kritischen Raster bleiben oft Singlereisen, Single-Gesprächsgruppen und Kontaktanzeigen hängen, während sie an der Seriosität sowohl von klassischen Partnervermittlungen als auch von Online-Dating erheblich zweifeln.

Partnerschaft

In seiner Ursprungsfamilie hat der Ingenieur früh gelernt, Verantwortung zu tragen, weil er das älteste Kind war oder ein Elternteil relativ jung verstarb. Das dadurch gewonnene Pflichtgefühl ermöglicht es ihm später relativ problemlos auch im Beruf, für Maschinen von Millionen Euro Wert geradezustehen und in der von ihm gegründeten Familie die Rolle des Kümmerers zu übernehmen. Nicht selten muss er das auch, weil seine Partnerwahl unbewusst auf eine Frau fällt, die erheblich schlechter funktioniert als er. So ist seine Angetraute häufig sehr krankheitsanfällig oder neigt zu einer gewissen Bequemlichkeit. Was auch immer dafür der Grund sein mag, häufig obliegt es den Ingenieuren jedenfalls, abends nach ihrer gewerblichen Berufstätigkeit noch einen Großteil der liegengebliebenen Hausarbeit zu übernehmen. Und selbst wenn diese erledigt ist, steht bisweilen noch der Elternabend in der Schule an, weil ihre Göttergattin gerade einmal wieder die Migräne plagt oder sie ausgerechnet dann ihren schon lange geplanten Mädelsabend hat. Natürlich geht die permanente physische und psychische Überforderung dabei nicht spurlos an ihnen vorüber, so dass sie spätestens ab dem mittleren Lebensalter Erschöpfungssymptome bis hin zu einem handfesten Burn-out entwickeln.

Eine psychosomatische Reha nach einem Totalzusammenbruch bringt dem Ingenieur zwar wichtige Erkenntnisse über sich und seine Situation zu Hause, doch gerät er danach leider wieder allzu schnell in sein Hamsterrad. Meist ist nämlich seine Frau höchstens vorübergehend bereit, ihn zu entlasten, und spielt schon bald wieder den sterbenden Schwan, so dass Schluss ist mit seiner Schonzeit.

Sex

Die Sexualität des Ingenieurs ist oft ein Perlen-vor-die-Säue-Werfen, weil sich im Schlafzimmer das Drama seines Ehealltags fortsetzt. Entweder er rackert sich ab, um seine Herzdame intim glücklich zu machen, während sie nur wenig zum Gelingen des erotischen Stelldicheins beiträgt, oder sie verweigert sich ihm »migränebedingt« gleich total. Dabei könnte er ihr geschlechtlich viel Spaß bereiten, wenn sie am Ringelpiez mit Anfassen nur ein wenig mehr Interesse und aktive Beteiligung zeigen würde.

Die hohe Kunst der Berufsvertreter im Bett besteht vor allem in ihrem sicheren Instinkt für die horizontalen Bedürfnisse ihrer Partnerin. Grundsätzlich ist ihr Penetrationsverhalten eher soft, aber wenn sie das Gefühl haben, die andere Seite wünsche es ein wenig heftiger, können sie ihre Intensität auch stark steigern. Einen großen Variantenreichtum zeigt der Ingenieur auch bezüglich seiner Spielarten der Lust. Dabei nutzt er, leicht devot veranlagt, gerne Stellungen, durch die er sich seiner Bettgenossin komplett ausliefert, etwa indem er sie auf seinem Genital reiten lässt.

An Potenzproblemen leidet der »studierte Techniker« vor allem aufgrund seiner gesunden Lebensweise kaum je. Meist brennt er selbst als alte Scheune noch lichterloh.

Ideale Berufspartnerinnen

Die Beständigkeit des Ingenieurs in seiner Lebensführung teilen gewöhnlich die Hauswirtschafterin sowie die Apothekerin. Kaum je auf seine Kosten lebt das spendierfreudige Trio Floristin, Bankkauffrau, Sekretärin, während die Erzieherin neben der Krankenschwester auf dem Pfad der Lust zudem noch sehr weite Wege mit ihm gehen wird. Weite Wege in die Welt hinein in Form von ausgedehnten Reisen auch in exotische Gefilde gehen die Finanzbeamtinnen an der Seite der Berufsvertreter. Leicht bis heftig alternativ angehaucht wie die studierten Techniker sind auch die Lehrerinnen. Nicht schwer hat es der Ingenieur, das Herz der Pfarrerin zu gewinnen, weil sie voll auf seine Fürsorglichkeit abfährt.

Der Programmierer

Basics

Der ungepflegte und altbacken gekleidete Nerd, der den lieben langen Tag nur vom Computer sitzt, ist gewöhnlich kein Programmierer, sondern gehört, sofern er überhaupt einen Job hat, einer anderen Profession an. Im Gegenteil sind die Berufsvertreter meist sowohl hinsichtlich ihrer Einstellung als auch ihrer optischen Erscheinung nach moderne Männer. Und vom Rechner haben sie die Nase abends oft voll, nachdem sie schon im Büro acht Stunden daran gearbeitet haben. Will nicht heißen, dass sie keine besondere Affinität zu Computern hegen würden, wie sonst wäre ihre Studienwahl auf das Fach Informatik gefallen, lediglich messen sie ihm in ihrer Freizeit keine überwertige Bedeutung bei. Was sie von den EDV-Freaks ebenfalls unterscheidet, ist ihre gute soziale Eingebundenheit. Ihren fachfremden Kollegen stellen sie bei Computerproblemen gerne ihre Fachkompetenz zur Verfügung, was sie zu beliebten und häufig frequentierten Mitarbeitern macht.

Im Gegensatz zu vielen seiner Geschlechtsgenossen zeigt der Programmierer privat kaum ein anderes Gesicht als beruflich. Infolgedessen ist sein Verhalten außer Dienst gleichermaßen von Wohlwollen und Hilfsbereitschaft geprägt. Darüber hinaus zeichnet ihn ein hohes Maß an Toleranz aus. Sein Motto lautet »Leben und leben lassen«. In extremer Ausprägung kann diese Eigenschaft bei ihm jedoch auch eine gewisse Wurstigkeit auslösen, die aber nur selten in Richtung Gleichgültigkeit geht. Ein wirklich charakterliches Manko stellt allenfalls seine Unfähigkeit dar, sich von bestimmten Dingen deutlich abzugrenzen. Meist fällt es ihm schwer, seinen Mitmenschen ein klares Nein entgegenzuschmettern. Seine Zurückhaltung und nonverbalen

Signale der Verweigerung werden von seinen Gegenübern indes geflissentlich übersehen, so dass er sich nicht selten Aufgaben ausgesetzt sieht, die ihm deutlich gegen den Strich gehen.

In seinen Mußestunden wechseln sich bei den Entwicklern Phasen der Aktivität mit Phasen der Ruhe ab. Ist chillen angesagt, legen sie einen Couchtag ein oder genießen die Ruhe in ihrem Garten. Steht Bewegung auf der Tagesordnung, gehen sie gerne auf Stadtbummel oder betreiben Sport.

Flirt und Verführung

Natürlich liebt der Programmierer seinen Beruf und natürlich spricht er gerne über Quellcodes, Compiler und Co. Deshalb läuft er beim Flirten ständig Gefahr, in den Fachjargon seiner Profession abzurutschen. Jedenfalls sollte sein weibliches Gegenüber tunlichst vermeiden, ihm ein Stichwort in diese Richtung zu geben, sonst erhält es womöglich umgehend einen Vortrag zum Thema EDV. In der Vorliebe, über den eigenen Job zu schwadronieren, unterscheiden sich die Entwickler durchaus nicht von anderen Männern. Nur besteht ihr Pech darin, dass sie anders als etwa ein Reiseleiter, Tanzlehrer oder Zoodirektor kaum je mit Geschichten aufwarten können, die die holde Weiblichkeit wirklich vom Hocker reißen. Zum Glück ist das Internet inzwischen voll mit Artikeln über Go- und No-Go-Gesprächsthemen beim ersten Kennenlernen. Daher kennen die meisten unter ihnen die Dating-Etikette zumindest in ihren wesentlichen Aspekten.

Da der Programmierer meist in verschiedener Hinsicht, sei es charakterlich, optisch oder finanziell, eine gute Partie ist, macht die Damenwelt häufig den ersten Schritt auf ihn zu, und sofern von weiblicher Seite großer Bindungsdruck besteht, auch so ziemlich alle weiteren. Meist muss er dann nur noch im richtigen Moment zugreifen, was ihm insofern nicht immer leichtfällt, als sein Timing etwas zu wünschen übriglässt.

Jagdreviere

Sowohl in seinem privaten sozialen Umfeld als auch in seiner Firma ist der Programmierer aufgrund seiner vielfältigen Vorzüge ein begehrtes Heiratsobjekt. Bleibt er ausnahmsweise als Spätzünder lange auf dem Markt der einsamen Herzen, wird er auch von Frauen genommen, die für ihre zweite Ehe einen soliden Partner suchen oder bei denen die biologische Uhr bereits tickt.

Kommen die Berufsvertreter trotz alledem doch in die Verlegenheit, eigens Ausschau nach ihrem Herzblatt halten zu müssen, besuchen sie dafür ihre Stammlokalitäten, besonders Musikkneipen. Musikalische Untermalung spielt bei ihren Flirtattacken meist eine nicht unwichtige Rolle, etwa auf Rockkonzerten. Nicht zuletzt kommen etliche von ihnen beim gepflegten Restaurantbesuch unter die Haube, indem sie sich eine Bedienung anlachen.

Medial bietet sich den Programmierern natürlich aufgrund ihrer Computeraffinität das Internet als Entsingelungskatalysator an. Sie geben allerdings ihre persönlichen Daten nur sehr ungern ganz ungesichert an Dritte weiter und haben abends zum Teil die Nase voll vom Computer, nachdem sie schon den ganzen Tag davor verbracht haben. Infolgedessen bevorzugen sie Möglichkeiten der direkten Fühlungnahme mit Paarungskandidatinnen wie Singleclubs oder Singlereisen.

Partnerschaft

Die dominante Rolle, die die Herzdame des Programmierers schon in der Werbungsphase einnimmt, spielt sie auch später in der Partnerschaft. Ihm kommt das insofern gelegen, als er zwar gerne Verantwortung übernimmt, aber nur ungern eine Führungsrolle. Und da sich seine Toleranz bisweilen bis zur Gleichmütigkeit auswächst, steht er selbst dann noch heiter über den

Verhaltensweisen seiner besseren Hälfte, wenn sie schon in Richtung Unterdrückung weisen. Lediglich sollte seine Partnerin ihr Regiment nicht öffentlich führen, so dass er sich vor Dritten vorgeführt fühlt, sonst platzt ihm der Kragen und es bricht ein Donnerwetter los.

Bezüglich der Arbeitsaufteilung bei den häuslichen Pflichten hat die leicht ungleiche Machtverteilung in der Zweisamkeit des Entwicklers kaum je eine Auswirkung. Nur äußerst selten nutzt seine Gefährtin ihre Vormachtstellung, um sich auf seine Kosten ein angenehmes Leben zu machen. Im Gegenteil verkörpert sie eher den Typus Frau, die ihrem Mann in den heimischen vier Wänden den Rücken freihält. Abends nach der Arbeit noch den kompletten Haushalt schmeißen zu müssen, würde er nur in Ausnahmesituationen, etwa im Krankheitsfalle seiner Angetrauten, akzeptieren. Da beide Seiten in ihrer jeweiligen Funktion im Familienverband gut funktionieren, bleibt recht viel freie Zeit für gemeinsame Unternehmungen übrig. Apropos Familienverband: Dazu gehören meist zwei Kinder, an deren Erziehung sich der Programmierer sehr intensiv beteiligt und die ihn wegen seiner Lässigkeit schätzen.

Sex

Die Rolle, die der Programmierer sexuell spielt, stellt die Grundlage dafür dar, dass seine Herzdame nicht den Respekt vor ihm verliert. Hier ist nämlich von seiner Subdominanz nichts mehr zu spüren, stattdessen zeigt er männliche Härte. Nicht selten verursacht er im Schlafzimmer ein Erdbeben stärkeren Ausmaßes. Wenn Betten krachen und die Nachbarn sich wegen nächtlicher Ruhestörung beschweren, dann treibt wahrscheinlich ein Entwickler sein horizontales Unwesen. Gänseblümchensex akzeptiert er nur, wenn die Luft der Leidenschaft bei ihm schon raus ist, sozusagen als letztes Aufbäumen der Lust. Trotz der Heftigkeit seines lüsternen Treibens entwickelt sich daraus fast nie eine seelenlose Rammelei. Wünscht sich seine Partnerin einen Stellungswechsel oder eine Variation der Intensität, zeigt er fast immer Bereitschaft dazu. Um dauerhaft nur scheuklappenartig sein Ding durchzuziehen, fehlt ihm schlichtweg die Rücksichtslosigkeit vieler seiner Geschlechtsgenossen.

Als Special Effect können die Berufvertreter ihrer intimen Gespielin eine ungeheure Fingerfertigkeit bieten. Nicht selten gibt er ihr zur Einstimmung auf den Geschlechtsakt eine ausgiebige erotische Massage oder bringt sie durch Hilfsmittel wie eine Kitzelfeder in Fahrt.

Ideale Berufspartnerinnen

Der trockene Humor und die Coolness des Programmierers turnt die Gärtnerin, die Krankengymnastin und die Kellnerin an, während Designerin und Journalistin seine Schöpferkraft sehr zu schätzen wissen. Den Wunsch der Berufsvertreter nach einem Wechsel von Phasen der Aktivität mit Phasen der Ruhe teilt die Bankkauffrau mit ihm. Sie respektiert – ebenso wie die Floristin – auch seine Grenzen und wird ihn nicht zu Dingen nötigen, die ihm gegen den Strich gehen. Durch seine ungezügelte Leidenschaft im Bett verschafft der Entwickler den lüsternen Krankenschwestern höchste Wonnen. Im Beziehungsalltag nimmt ihm gerne die Altenpflegerin die Zügel aus der Hand, während auch sie sich geschlechtlich gerne seiner enormen Manneskraft ausliefert.

Der Busfahrer

Basics

Bei der Mehrzahl der Busfahrer stellt sich wie bei der Henne und dem Ei die Frage, was zuerst da war, ihre schlechte Laune oder ihr Beruf. Das heißt, es gilt zu entscheiden, ob sie unbewusst ihren Beruf gewählt haben, um ihre Verdrossenheit zu kultivieren, oder ob sie erst die vielen Stressfaktoren ihres Berufs zu unzufriedenen Zeitgenossen gemacht haben. Wie auch immer bietet ihnen ihre Tätigkeit genügend Möglichkeiten, ihrem Ärger und zunehmenden Frust Luft zu machen, indem sie undisziplinierte Fahrgäste, etwa tobende Schulkinder oder andere vermeintlich rücksichtslose Verkehrsteilnehmer, in die Pfanne hauen. Bei der Subspezies der Reisebusfahrer wird der Unmut ein wenig durch zum Teil üppige Trinkgelder von den Passagieren und die Aussicht auf sexuelle Abenteuer am Ankunftsort abgefedert. Dem ihnen vorauseilenden Ruf, dass sie in jedem Städtchen ein Mädchen hätten, werden sie nämlich größtenteils noch immer gerecht.

Privat sind die Berufsvertreter oft ziemliche Eigenbrötler oder bleiben weitgehend unter sich. Wenn sie an ihren freien Wochenenden Lust verspüren, mal in Gesellschaft ein Bierchen trinken zu gehen, müssen meist Kollegen ran. Am Stammtisch, der eigentlich keiner ist, weil er nicht regelmäßig stattfindet, können die Bus-Chauffeure gemeinsam über Job und die Welt schimpfen. Mitunter pflegen sie auch einige lockere Bekanntschaften zu (liierten) Damen, die aus früheren Bettgeschichten erwachsen sind. Meist beschränkt sich hier der Kontakt aber auf gelegentliche Telefonate oder den Austausch von Kurznachrichten. Den Hintergrund für ihre recht oberflächlichen menschlichen Beziehungen bilden weniger Bindungsängste, sondern vielmehr die Faulheit, Menschen nicht näher kennenlernen zu wollen.

Echte Hobbys haben die Busfahrer nur selten. Meist wissen sie in ihrer Freizeit nur wenig mit sich anzufangen, was ihre Unzufriedenheit mit sich und ihrem Leben natürlich noch zusätzlich steigert. Einen großen Teil ihrer Mußestunden verbringen sie auf der heimischen Couch, wobei meist die Flimmerkiste läuft. Die körperlich etwas Aktiveren unter ihnen gehen gelegentlich wandern, besuchen Schlager- und andere volkstümliche Konzerte oder gehen eine Runde tanzen.

Flirt und Verführung

Busfahrer, zumindest aber die Reisebusfahrer unter ihnen, sollten über gewisse Entertainerqualitäten verfügen, damit die Trinkgeldkasse am Ende des Monats prall gefüllt ist. Ihr Bespaßungsrepertoire, bestehend aus einem Füllhorn an lustigen Sprüchen und Anekdoten, nutzen sie neben der Unterhaltung ihrer Fahrgäste dazu, die eine oder andere liebeslustige Dame ins Bett zu bekommen. Die ehrliche Suche nach einer festen Beziehung steckt nur selten hinter ihren Flirtbemühungen. Allerdings machen sie auch keinen Hehl daraus, dass mehr als eine kurze Sexgeschichte für sie keine Option darstellt. Trotzdem sind sie häufig in Affären mit viel Herzeleid verstrickt, wenn etwa auf der anderen Seite Gefühle ins Spiel kommen. Um dann wieder diskret den Rückzug antreten zu können, ziehen sie die Karte der anfänglichen Unverbindlichkeitsübereinkunft.

Hat die Busfahrer selbst einmal Amors Pfeil getroffen und steht ihnen der Sinn nach »Höherem« als einem One-Night-Stand, fahren sie zur Eroberung starke Geschütze auf. Frei von der angezogenen Hemdbremse, dem Flirt keine Hoffnungen machen zu dürfen, greifen sie tief in die Komplimentekiste und versprechen, zukünftig allein der Monogamie zu frönen. Dieses Versprechen werden sie zwar kaum je halten, aber immerhin glauben sie anfangs noch selbst daran.

Jagdreviere

Was Kontaktanbahnung betrifft, ist der Arbeitsplatz des Reisebusfahrers ein Schlaraffenland. Sowohl seine diversen Abenteuer als auch die zukünftige Mutter seiner Kinder werden ihm in Gestalt von weiblichen Fahrgästen sozusagen verzehrfertig vor die Nase gesetzt. Dazu kommt noch andere potenzielle Beute wie Hotelpersonal, Animateurinnen oder Reiseführerinnen am Ankunftsort. Bei all seinen Balzbemühungen kommt ihm noch die Urlaubsstimmung seiner Gäste zu Hilfe, die Hormone allenthalben in den Ausnahmezustand versetzt. Jenseits des Jobs spricht diese Subspezies unter den Berufsvertretern allenfalls noch bei der abendlichen Kneipentour Frauen an oder setzt auf Zufallsbekanntschaften in Supermarkt und Co.

Anders der Linienbusfahrer. Seine einzige Chance, hinter dem Lenkrad einen Coup zu landen, stellen Insassinnen dar, die in Gesprächsweite sitzen oder ihm spontan ihre Kontaktdaten in die Hand drücken. Die Auswahl an Kolleginnen ist indes äußerst gering, und entsprechend groß ist der Konkurrenzkampf um sie. Da er auch flirttechnisch häufig eine erheblich geringere Geschmeidigkeit aufweist als der Reisebusfahrer, kommt er nicht daran vorbei, professionelle Vehikel der Entsingelung zu nutzen, um unter die Haube zu kommen. Die absolute Nummer 1 dabei sind klassische Partnervermittlungen, die seiner gewissen Bequemlichkeit entgegenkommen, indem sie die Suche nach Miss Perfect fast vollständig für ihn übernehmen.

Partnerschaft

In der Zweisamkeit verbreiten sowohl der Linienbusfahrer als auch der Reisebusfahrer meist schlechte Laune. Der eine, weil er seine berufliche Unzufriedenheit mit nach Hause bringt, der andere, weil er sich im trauten Heim eingeengt fühlt.

Das Ergebnis ist das gleiche, so dass beide nur wenig Lust verspüren, viel Engagement in die Liebe oder die Familie einzubringen. Wenn es darum geht, gemeinsam mit ihrer Frau etwas zu unternehmen, geben sie entweder das Leiden Christi, oder es steht vermeintlich gerade etwas viel Wichtigeres auf ihrer Agenda.

Konfliktpotenzial für die Partnerschaft birgt neben der geringen Investitionsbereitschaft der Busfahrer ihre Affärenanfälligkeit. Sie lassen kaum eine Möglichkeit liegen, Kirschen in Nachbars Garten zu naschen, und nicht selten sind uneheliche Kinder Folgen ihrer Seitensprünge. Für viele Berufsvertreter gehört es fast schon zum guten Ton, ihre Gene möglichst breit im Land zu verteilen. Will heißen, dass sie meist noch stolz auf die Früchte ihres unmoralischen Treibens sind, gerade aber nicht, dass sie sich großartig um ihren Nachwuchs kümmern würden. Das wäre auch ziemlich verwunderlich, haben sie doch schon zu ihren »offiziellen« Kindern kaum Bezug. Anfangs können sie nichts Rechtes mit den Sprösslingen anfangen, und später schlagen die sich bei den elterlichen Kämpfen auf die Seite ihrer Mutter. Schließlich ist ihnen die Jacke ihrer Fürsorge näher als die Hose der väterlichen Ignoranz.

Sex

Ähnlich wie dem Koch ist es dem Busfahrer kein tiefes menschliches Bedürfnis, seine Partnerin im Bett zum Orgasmus zu bringen, es stellt vielmehr eine Trophäe dar, die es zu erringen gilt. Gelingt ihm dieses Kunststück bisweilen nicht, kratzt das sein Ego stark an, weil er sich sehr über seine Fähigkeiten als Liebhaber definiert. Im Bett hat er tatsächlich einiges zu bieten, angefangen von Rollenspielen bis hin zu SM-Praktiken, so dass ihn seine flüchtigen Sexkontakte fleischlich in guter Erinnerung behalten. Sobald aber seitens seiner horizontalen Gespielinnen beim Geschlechtsverkehr intensivere Gefühle eine Rolle zu spielen beginnen, muss er passen und sucht fluchtartig das Weite. Auch sonst nimmt er sich nach dem Akt allenfalls noch Zeit für eine kurze gemeinsame Zigarette.

Gegen Ende des fünften Lebensjahrzehnts macht sich die relativ ungesunde Lebensweise des Busfahrers mit viel Sitzen und ebenso ungesunder wie üppiger Ernährung bemerkbar. Zum einen lässt seine Beweglichkeit im Schlafzimmer enorm nach, zum anderen büßt er viel von seiner ehemals fast schon sprichwörtlichen Potenz ein. Das kompensiert er jedoch gewöhnlich durch geschickten Einsatz seiner Zunge, seiner Hände sowie erotischer Hilfsmittel.

Ideale Berufspartnerinnen

Gut mit der häufigen nächtlichen Aushäusigkeit besonders der Reisebusfahrer kommen die selbständigen Kellnerinnen, Krankenschwestern und Gastwirtinnen zurecht. Alle drei werden ihm auch den einen oder anderen Seitensprung verzeihen, weil sie selbst bisweilen in fremden Töpfen naschen. Seine Fähigkeiten als Liebhaber außerordentlich zu schätzen wissen die lüsternen Polizistinnen. Zu Hause den Rücken frei halten den Berufsvertretern die Sekretärinnen, die Arzthelferinnen sowie größtenteils die Erzieherinnen. Für rein sexuelle Beziehungen steht ihnen gewöhnlich die ebenfalls nur bedingt beziehungsfähige Vertreterin zur Verfügung.

Der Schreiner

Basics

Die Liebe zum Holz wurde den zukünftigen Schreinern meist in die Wiege gelegt. Oft beschäftigen sie sich schon als Kind intensiv mit dem Naturwerkstoff, indem sie Figuren schnitzen, Baumhäuser bauen oder Seifenkisten zusammenzimmern. Später im Beruf steht bei ihnen, egal ob selbständig oder angestellt, weniger der Aspekt des Broterwerbs im Vordergrund, sondern die Liebe zu ihrem Handwerk. Dazu kommt noch, dass sie wie Pumuckls Meister Eder meist Gemütsmenschen sind und eine positive Aura ausstrahlen.

Infolgedessen herrscht in den Schreinereien fast immer ein äußerst guter Geist unter den Mitarbeitern. Nicht selten sitzen die Kollegen nach Feierabend noch zusammen, um einen Plausch zu halten. Der allenthalben steigende Leistungsdruck in den Betrieben tut dem kaum je einen nennenswerten Abbruch.

Privat verfügt der Schreiner über ein tragfähiges soziales Netzwerk, ist aber kein Hansdampf in allen Gassen. Stattdessen geht er jeder Art von Freizeitstress tunlichst aus dem Weg und schätzt das beschauliche Leben. Die Zahl seiner Freunde hält er begrenzt, weil er den hohen Anspruch an sich hegt, für die wenigen ihm nahen Menschen auch wirklich immer da zu sein. Neben der Tiefe zeichnet seine Kontakte eine enorme Beständigkeit aus. Häufig kennt er seine Lieben schon seit Kindertagen. Das hängt nicht zuletzt auch mit seiner Verwurzelung in der Heimatscholle zusammen, denn von seinem Geburtsort zieht er nur selten wirklich weit weg. So fällt es ihm natürlich leichter, die Kontinuität seiner Bindungen zu bewahren.

In seinen Mußestunden hält sich der »Holzwurm« bevorzugt in der Natur auf. Gerne geht er stundenlang spazieren, wandert durch Feld und Flur oder frönt der Gartenarbeit. Dabei muss er beileibe nicht immer Gesellschaft haben. Oft reichen ihm als Unterhaltung das Zwitschern der Vögel und das Rauschen der Blätter. Auf Festen stechen die Berufsvertreter durch ihre Taktsicherheit beim Tanzen hervor. Tiere lieben sie zwar sehr, beobachten sie aber lieber in Freiheit, als sie sich im Haus zu halten. Fraglos verbirgt sich dahinter der Wunsch, frei von jeder Gängelung zu sein.

Flirt und Verführung

Bevor der Schreiner den entscheidenden Angriff in Richtung des Objekts seiner Begierde startet, beobachtet er es sehr, sehr lange aus der Ferne. Dabei verhält er sich aber gewöhnlich so diskret, dass die andere Seite überhaupt nichts von seinem Interesse bemerkt. Sein Vorstoß geschieht dann meist im Affekt und ist für die potenzielle Herzdame ebenso überraschend wie für ihn selbst. Gerade dieser Überraschungseffekt wird ihm bei seiner Auserwählten häufig zum Verhängnis, weil sie aufgrund ihrer Verdutztheit zurückhaltend oder gar abweisend reagiert. Anders als der Journalist, dessen Jagdtrieb dadurch erst richtig geweckt wird, tritt der Tischler dann alsbald konsterniert den Rückzug an. Fängt sich das Gegenüber wieder und sendet ihm positive Signale, überzeugt er aber durch seine angenehme, ruhige Ausstrahlung, sein Einfühlungsvermögen sowie seinen trockenen Humor.

Zur schnellen Truppe gehören die Berufsvertreter auch nicht, wenn es darum geht, vom Verbalen zum Körperlichen überzugehen. Häufig gehen Wochen ins Land, bis er die ersten Versuche in dieser Richtung unternimmt. Das liegt zum einen an seiner allgemeinen Zurückhaltung und zum anderen an seiner Befürchtung, die Angebetete mit einer zu frühen Zärtlichkeitsoffensive unwiderruflich in die Flucht zu treiben.

Jagdreviere

Als echte Hauptgewinne in der Liebeslotterie kommen Schreiner nur selten wieder auf die Piazza der einsamen Herzen, nachdem sie in jungen Jahren einmal Miss Perfect gefunden haben. Wenn dies aber der Fall ist, weil etwa ihre bessere Hälfte sie verlässt, sind sie bisweilen im mittleren Alter gezwungen, Ausschau nach einer neuen Gefährtin zu halten. Dazu nutzen sie zunächst, wie sie es von früher gewohnt sind, die freie Wildbahn, indem sie Tanzveranstaltungen, Dorffeste und Vereinsfeiern besuchen. Allerdings fehlt ihnen hier oft die Unterstützung einer männlichen Jagdgruppe, was ihre Erfolgsaussichten erheblich schmälert. Infolgedessen suchen sie ihr zweites Glück häufig doch über Medien der Kontaktanbahnung. Hier bieten den Berufsvertretern neben Singleclubs besonders Single-Gesprächsgruppen die Möglichkeit, die Kandidatinnen längere Zeit abzuchecken, bevor sie ihren Balztanz starten. Leider fehlt ihnen für die Talkrunden der einsamen Herzen häufig das Sitzfleisch und das Interesse etwa an partnerschaftspsychologischen Themen. Die langen Sessions stören sie ebenso im Vorfeld des Online-Datings. Recht gerne vertraut er sich indes klassischen Partnervermittlungen an, weil sie ihm Verbandelungsmöglichkeiten garantieren. Am Arbeitsplatz geht die Wahrscheinlichkeit, das Herzblatt kennenzulernen, gegen null, weil die Frauenquote im Schreinerberuf verschwindend niedrig ist.

Partnerschaft

Der Schreiner wünscht sich ein Leben, das eher als ruhiger Fluss denn als reißender Strom verläuft. Folglich sind Frauen, die in der Zweisamkeit ständig den besonderen Kick und Halligalli erwarten, bei ihm völlig fehl am Platz. Statt dem großen Abenteuer bietet er der holden Weiblichkeit ein Höchstmaß an Geborgenheit. Auf ihn ist Verlass in jeder Lebenslage. Besonders wenn seine Herzdame schwer krank wird oder in eine tiefe Krise gerät und Hilfe benötigt, steht er fest an ihrer Seite. Nicht selten geht er dabei in Nibelungentreue mit ihr unter. Den Hintergrund dafür kann etwa eine nicht therapierte Suchterkrankung seiner Angetrauten bilden oder ihr allzu verschwendungssüchtiger Lebensstil.

Neben ihrer Verlässlichkeit bestechen die Berufsvertreter fraglos durch ihre Unaufgeregtheit. Tauchen Probleme in Partnerschaft und Familie auf, analysieren sie diese zunächst ganz nüchtern, um sie anschließend einer Lösung zuzuführen. Aus der Bahn werfen lassen sie sich davon jedenfalls kaum je. Da sie auch fast immer ansprechbar sind, spielen sie zu Hause eine zentrale Rolle im Gegensatz zu vielen anderen Männern, die dort eher ein wenig am Rande stehen.

Die Sprösslinge des Tischlers erleben ihren Vater, indem er ihnen die Welt erklärt, viel mit ihnen unternimmt und wundervolle Spielsachen baut. Lediglich die Öffentlichkeitsarbeit in Form von Elternabenden oder gemeinsamem Schultütenbasteln überlässt er in der Regel komplett seiner besseren Hälfte. Da die Kinder sehr stark an ihm hängen, bleiben sie im Falle einer Trennung der Eltern nicht selten bei ihm wohnen.

Sex

Der Schreiner kann ohne große Entzugserscheinungen längere Trockenzeiten überstehen, wenn seine Angetraute etwa aus Krankheitsgründen vorübergehend keinen Intimverkehr haben kann oder haben möchte. Das macht es ihm erheblich leichter als anderen Männern, das eheliche Treuegebot einzuhalten. Allerdings steht seine Libido dann nicht permanent auf Standby-Modus, sondern kann unverzüglich wieder aktiviert werden, sobald sein Einsatz im Schlafzimmer gefragt ist.

Eigene geschlechtliche Ausfallszeiten kennen die Berufsvertreter dafür kaum je. Zum einen sind sie mit einer hervorragenden Gesundheit gesegnet, und zum anderen bedarf es nur wenig, sie intim zu stimulieren. Oft reicht dazu schon eine anzügliche Bemerkung oder ein Zipfel nackter Haut ihrer Herzdame. Erst einmal in Fahrt gekommen, laufen sie wie eine Diesellok. Bevor ihr Motor ins Stocken gerät, muss um sie herum schon die Welt zusammenbrechen. Will aber nicht heißen, dass sie gnadenlos ihr Ding durchziehen, sondern im Gegenteil legen sie allergrößten Wert darauf, auch die Bedürfnisse der anderen Seite zu befriedigen.

Das XXL-Sahnestückchen der Tischler beim Liebesspiel stellt ihre filigrane Körperbehandlung dar. Ihre Zärtlichkeiten sind »Salz auf der Haut« ihrer Bettgenossin.

Ideale Berufspartnerinnen

Den sicheren Hafen der Liebe bedeutet der Schreiner für die innerlich wenig gefestigten Polizistinnen und Briefträgerinnen. Die Friseurinnen können in ihm ebenfalls einen ruhenden Pol finden, wenn sie charakterlich nicht allzu flippig sind. Seine starke Familienorientiertheit teilt er mit dem Duo Erzieherin und Arzthelferin. Eher auf eine Beziehung, die in ruhigen Bahnen verläuft, setzt wie er auch die Sekretärin. Sie wird ihm im Falle einer Selbständigkeit zudem das komplette Büro schmeißen. Den sicheren Lauf der Holzfachmänner beim Sex wissen neben den Krankenschwestern auch die Altenpflegerinnen zu schätzen, da sie unterbrochene Geschlechtsakte alles andere als lustig finden. Unter ihren Streicheleinheiten schmelzen die verschmusten Floristinnen nur so dahin.

Der Hausmeister

Basics

Der Hausmeisterberuf birgt fraglos ein hohes Maß an Frustrationspotenzial. Zunächst einmal bedeutet er häufig einen Abstieg, weil seine Vertreter etwa aus gesundheitlichen Gründen ihre ursprünglich erlernte Profession nicht mehr ausüben können. Da der Tätigkeitsbereich auch gesellschaftlich als eine Art Abstellgleis und somit als minderwertig wahrgenommen wird, hat er zudem häufig eine Fußabtreterfunktion inne. Wenn in dem betreuten Objekt Probleme auftauchen, muss der Facility Manager den Kopf dafür hinhalten. Nicht zuletzt trägt das durch die Comedyserie *Hausmeister Krause* geprägte Bild des einfältigen Spießbürgers sicher kaum zur Aufwertung des von ihm ausgeübten »Amtes« bei.

In Wirklichkeit erfordert der Job natürlich ein breites Spektrum an handwerklichen Fähigkeiten, ein hohes Maß an technischem Verständnis sowie eine überdurchschnittliche geistige Flexibilität, um sich ständig neuen Herausforderungen zu stellen. Das kann ein Stromausfall in der Schule ebenso sein wie die Beseitigung von Sturmschäden rund um ein Mehrfamilienhaus.

Damit sie der ganze Ärger, der seitens ihrer »Klienten« an sie herangetragen wird, psychisch nicht aus dem Gleichgewicht bringt, legen sich die Hausmeister meist ein dickes Fell zu. Ihre gewisse Wurstigkeit verhindert allerdings auch, dass sie sich emotional intensiver auf andere Menschen einlassen. Wenn irgendwo Gefühle gefragt sind, wirken sie fast schon teilnahmslos. Enge Freundschaften schließen sie infolgedessen nur selten. Mitunter sind sie sogar regelrechte Einzelgänger, die in ihrer Freizeit mehr oder weniger alleine vor sich hin werkeln.

Ausgiebiger Geselligkeit, wie sie Hausmeister Krause in seinem

Dackelclub pflegt, gehen sie real eher aus dem Weg. Stattdessen genießen sie die Ruhe und die Beschaulichkeit auf ihrem Wochenendgrundstück. Dessen Pflege stellt gewöhnlich die einzige intensive körperliche Betätigung in ihren Mußestunden dar, wobei sie Sport förmlich verabscheuen. Auch zu Hause wissen sie jenseits von Fernsehen oder Basteln gewöhnlich nur wenig mit sich anzufangen.

Flirt und Verführung

Wer zuerst kommt, der mahlt zuerst, und der Rest muss dann eben schauen, was übrig bleibt. Und zu diesem Rest gehört der Hausmeister häufig. Das soll nicht heißen, dass er als Spätzünder erst Anfang zwanzig beginnt, sich für das andere Geschlecht zu interessieren, sondern vielmehr, dass er bei seinen abendlichen Beutezügen viel zu langsam in Fahrt kommt. Zwar macht er zunächst alles richtig, indem er vorsichtig versucht, mit dem Objekt seiner Begierde Augenkontakt herzustellen. Geht sein Gegenüber darauf ein, lässt er seinen Blicken aber häufig nicht im richtigen Moment Taten folgen. Entweder seine potenzielle Herzdame verlässt dann, des Wartens auf seine ultimative Flirtattacke müde, frustriert das Feld, oder sie wendet ihr Interesse einem anderen Kandidaten zu. Durch sein Zögern bei der Kontaktanbahnung wird der Hausmeister so irgendwann zu einer Resterampe für Frauen, die sonst keiner anspricht und die daher selbst die Balzinitiative ergreifen. Wer nun aber denkt, die Berufsvertreter würden als Ausgleich für den Mut der Damen beim verbalen Abtasten besonders viel Engagement in die Waagschale werfen, liegt völlig falsch. Im Gegenteil tun sie nur wenig, um das Gespräch am Laufen zu halten, und lassen sich fast jedes Wort aus der Nase ziehen.

Jagdreviere

Hausmeistern, die Mehrfamilienhäuser betreuen, bietet ihr Job erstklassige Möglichkeiten zur Verpaarung. Zum einen wissen sie ziemlich genau, welche Bewohnerinnen des Hauses gerade unbemannt sind, und zum anderen sind sie regelmäßig in der Nähe von deren Schlafzimmern, etwa wenn sie in den vier Wänden einer Singlefrau zugange sind. Nicht selten lassen sie der Reparatur des Wasserhahns den Einsatz ihres Piephahns folgen. Den Heimservice als Trumpfkarte dürfen sie allerdings nicht allzu oft ausspielen, könnten sie sich doch im Haus schnell einen schlechten Ruf einhandeln oder Neider und Chef auf den Plan rufen.

Bei der Partnersuche außerhalb ihres kleinen Königreichs zeigen die Berufsvertreter nur wenig Beständigkeit. So betreiben sie das Suchen und Finden der Liebe häufig nur phasenweise. Ist ihnen Amor dann nicht gleich hold, ziehen sie sich wieder eine Zeitlang in ihr Single-Schneckenhaus zurück. Darüber hinaus haben sie kaum je Stamm-Locations, in denen sie sich sicher genug fühlen, um mit dem anderen Geschlecht in Kontakt zu treten.

Was die Nutzung von Medien der Entsingelung betrifft, sind die Hausmeister extrem konservativ. Viel mehr als die gute alte Kontaktanzeige und – sofern es ihr Geldbeutel zulässt – die klassische Partnervermittlung ist bei ihnen gewöhnlich nicht drin.

Partnerschaft

Wenn der Hausmeister seine Frau nicht nach Strich und Faden betrügt, liegt es weniger an seiner inneren Haltung zum Thema Treue, sondern vielmehr an seiner Schwerfälligkeit. Nur in dieser Hinsicht erinnert er an Hausmeister Krause, der in amouröse Verwicklungen eher so hineinschlittert oder hineingezogen wird. Am ehesten macht hier Gelegenheit Diebe, indem er als Verwalter eines Mietobjekts in den Wohnungen einsamer Bewohnerinnen zugange ist.

Die Trägheit des Facility Managers prägt auch stark sein partnerschaftliches Leben. Bis er zu Hause handwerkliche Arbeiten
verrichtet, muss seine Angetraute häufig tausendmal bitten und
betteln. Mit dem Wunsch, sich an der Hausarbeit zu beteiligen,
kommt sie ihm meist gar nicht mehr, weil sie in dieser Hinsicht
auf Granit beißt. Förmlich aus dem Haus treibt ihn zu erledigen-
der Papierkram wie die Steuererklärung oder der Kindergeldan-
trag. Selbst für gemeinsame Unternehmungen, die nach seinen
Interessengebieten ausgerichtet sind, erhebt er sich nur gelegentlich von seiner geliebten Couch. Ein weiteres Problem in der
Zweisamkeit der Hausmeister stellt ihr defizitäres Kommunikationsverhalten dar. Oftmals brauchen sie sehr lange, bis sie nach
der Arbeit für ihre Frau ansprechbar sind, und wenn es so weit
ist, haben sie auch nur wenig zu sagen. Bisweilen äußern sie außer dem Du-kannst-mich-mal-jaja gar nichts, was natürlich
Streit vorprogrammiert. Nachwuchs setzen die Hausmeister gewöhnlich recht unreflektiert in die Welt. Große Gedanken müssen sie sich deswegen auch nicht machen, geht doch ihre Beziehung zu den Kindern nur ausnahmsweise über ein Duldungs-
verhältnis hinaus.

Sex

Die Triebhaftigkeit des Hausmeisters ist meist von mittelstarker
Ausprägung. Weder fällt er gleich über seine Herzdame her, sobald sie sich dem Schlafzimmer nur nähert, noch muss er zum
Jagen getragen werden. Immerhin besteht ihrerseits kein Grund
zur Klage, sofern sie nicht gerade nymphomane Züge aufweist.
Völlig in die Defensive kann ihn allerdings sexuelle Zurückweisung drängen. Da er aufgrund seines mangelnden Selbstbe-
wusstseins die Gründe für Abfuhren allein bei sich sucht, anstatt
auch die andere Seite zu hinterfragen, verliert er oft den Mut zu
weiteren intimen Vorstößen. Wird das Problem dann unter den

Teppich gekehrt, indem es keiner von beiden anspricht, herrscht im Schlafzimmer bald tote Hose oder zumindest eine starke Flaute.

Die überschaubare Fleischeslust der Berufsvertreter lässt sie im Guinness-Buch der Rekorde sicher nicht unter der Rubrik schnellster Orgasmus auftauchen. Während viele ihrer Geschlechtsgenossen bei der Penetration kein Halten mehr kennen und zügig zum Erguss kommen, bieten sie ihrer besseren Hälfte ein recht umfangreiches horizontales Beglückungsprogramm. Dessen Abschluss bildet gewöhnlich eine ausgiebige Kuschelrunde.

Ideale Berufspartnerinnen

Von dem eher geringen beruflichen Status des Hausmeisters lassen sich die idealistischen Erzieherinnen nicht abschrecken, während die Reinigungsfachkräfte und Briefträgerinnen mit ihm etwa auf einem Level liegen. Alle drei werden ihn auch im Alltag körperlich kaum je überfordern. Seine sexuelle Ausgiebigkeit macht indes den Bankkauffrauen besonders viel Freude. Wenige häusliche Verpflichtungen werden den Berufsvertretern die bienenfleißigen Sekretärinnen, Floristinnen sowie Hauswirtschafterinnen auferlegen. Kellnerinnen und Friseurinnen schnappen sich den Hausmeister direkt vom Barhocker oder Friseurstuhl weg und ersparen ihm so das Kreuz der Paarungsinitiative.

Der Schornsteinfeger

Basics

Schornsteinfeger werden überall gerne gesehen, weil sie als Glücksbringer gelten, die ihre Mitmenschen vor Bränden schützen. Das hebt die Stimmung und macht vergessen, dass ihr Job noch immer ein ziemlich schmutziger ist. Ihre gute Laune verstärkt meist noch, dass sie ihr eigener Chef sind und viel Kundenkontakt haben. Letzteres kommt sehr ihrem ausgeprägten Wunsch nach Geselligkeit entgegen. Zudem kompensiert es den kleinen Nachteil, dass sie Hausbesuche – außer in der Zeit als Lehrling – meist alleine machen.

Ihr Pulver an verbaler Kommunikation verschießen die Berufsvertreter häufig schon, während sie ihre Brötchen verdienen. Im Privatleben sind sie dagegen nicht die gesprächigsten Zeitgenossen. Auf Feten gehören sie eher zum Publikum der Partylöwen, anstatt die Runde selbst mit Anekdoten, Witzen oder Sprüchen zu bespaßen. Ihr Anteil am Gelingen von gemeinschaftlichen Events besteht vorrangig darin, organisatorische Aufgaben zu übernehmen. In Vereinen etwa sorgen sie als Vorsitzende oder sonstige Funktionsträger für den reibungslosen Ablauf der Veranstaltungen. Dazu bedarf es eines hohen Maßes an Engagement und Verlässlichkeit; Eigenschaften, die beim Schornsteinfeger zur Grundausstattung gehören. Neben diesen charakterlichen Basics glänzt der Kaminkehrer meist auch durch Hilfsbereitschaft und Solidarität. Erweisen sich seine Lieben aber selbst als illoyal, etwa indem sie ihn in einer Notlage hängenlassen, verzeiht er ihnen das nie mehr. Oft verbannt er sie sogar völlig aus seinem Dunstkreis.

Über seine Vereinsaktivitäten hinaus unternimmt der Schornsteinfeger gerne Tagesausflüge oder Wochenendtrips, während er sich mit Fernreisen oft schwertut. Oft leidet er an Flugangst, weil er den Kontrollverlust im Cockpit fürchtet. Bei der Tierhaltung zieht er Nutztiere – wozu für ihn auch Wachhunde zählen – Haustieren vor.

Flirt und Verführung

Der Schornsteinfeger genießt kraft seines »Amts« Vorschusslorbeeren bei zwei Sorten von Frauen. Dazu gehören erstens die Abergläubischen, die ihn gerne als Glücksbringer an ihrer Seite hätten, und zweitens die Sicherheitsbedürftigen, die sein relativ geregeltes Einkommen lockt. Beiden Frauensorten braucht er nur vom großen Singlebaum zu pflücken, oder sie fallen ihm förmlich wie reife Früchte in den Schoß. Auch beim ersten persönlichen Beschnuppern kann er hier kaum etwas falsch machen, höchstens er wartet mit Beleidigungen und Handgreiflichkeiten unter die Gürtellinie auf. Da das aber fast nie sein Stil ist, steuert das Schiff in der Kennenlernphase meist geradlinig den Hafen der Zweisamkeit an.

Müssen die Kaminkehrer bar des Berufsbonus potenziellen Herzdamen gegenüber Überzeugungsarbeit leisten, werfen sie häufig ihre Hilfsbereitschaft in die Waagschale. Stellt sich etwa im Flirtgespräch heraus, dass der offene Kamin seiner neuen weiblichen Bekanntschaft nicht richtig zieht, bietet er ihr Rat und Tat zur Lösung des Problems an. Nachdem er der widerspenstigen Feuerstelle Beine gemacht hat, führt er gewöhnlich das obligatorische Bärenfell vor dem Kamin seinem ordnungsgemäßen Gebrauch als Örtlichkeit intimer Vergnügungen zu.

Jagdreviere

Sexuelle Abenteuer erlebt der Schornsteinfeger während seiner Arbeitszeit kaum je. Damit eine alleinlebende Dame oder ver-

nachlässigte Ehefrau den verrußten Gesellen direkt in ihr Schlafzimmer lässt, muss ihre sexuelle Not schon groß sein. Vorher
duschen ist auch kaum möglich, sofern die Diskretion gewahrt
werden soll. Schmutzig die Wohnung der Kundin zu betreten
und sauber wieder herauszukommen wäre doch allzu auffällig.

Kontakte für spätere Rendezvous können die Berufsvertreter allerdings dienstlich hervorragend knüpfen, so dass der Job eine
absolute Deluxe-Möglichkeit für sie darstellt, die spätere Mutter
ihrer Kinder an den Haken zu bekommen.

In freier Wildbahn lernt der Kaminkehrer seine bessere Hälfte
meist im Rahmen seiner Vereinstätigkeiten kennen. Sie kann
ebenso ein Gast auf einer Vereinsfeier oder einem Vereinsausflug
sein wie die Tanzpartnerin in der Volkstanzgruppe. Gezielte
Beutezüge nach Miss Perfect durch die Kneipen unternimmt er
indes nur selten.

Modernere Medien der Kontaktanbahnung nutzt der Schornsteinfeger nur, wenn überhaupt kein Weg daran vorbeigeht. Das
ist zum Beispiel beim Suchen und Finden der Liebe im Internet
der Fall, was fast jeder im Laufe seines Singledaseins einmal ausprobiert. Ansonsten bevorzugt er die althergebrachten Wege zur
Entsingelung, indem er Kontaktanzeigen beantwortet oder eine
klassische Partnervermittlung einschaltet. Anstatt der Single-
party nutzt er eher die gute alte Dorfkirmes als Kontaktbörse.

Partnerschaft

Im Gegensatz zu vielen anderen Handwerksberufen muss der
Schornsteinfeger kaum je wirklich schuften, um sicher seine
Brötchen zu verdienen. Daher hätte er abends nach der Arbeit
eigentlich noch genug Energie, um seine Frau im Haushalt zu
entlasten. In der Praxis allerdings gelingt es ihm meist, seinen
Tagesablauf so stressig darzustellen, dass es seine Angetraute
überhaupt nicht erst wagt, ihn mit Kochen, Waschen und Co. zu

behelligen. Wenn er sich doch bisweilen dazu herablässt, sieht er darin beinahe schon einen Akt der Gnade. Seine Hilfsbereitschaft lebt er männertypisch weitgehend in der Öffentlichkeit aus, wo er ein großes Publikum hat. Stehen unter der Woche allerdings Vereinsaktivitäten oder angenehme gemeinsame Unternehmungen an der Seite seiner Gattin auf der Agenda, ist seine jobbedingte Mattheit plötzlich kein Thema mehr. Das führt natürlich mit zunehmender Beziehungsdauer zu erheblichen häuslichen Spannungen und Auseinandersetzungen, besonders wenn er sich abends ohne seine bessere Hälfte auf den Weg macht.

Den Frieden stellen die Berufsvertreter wieder her, indem sie ihrer Gattin am Wochenende ein vielseitiges Freizeitprogramm bieten, von Städtereisen über interessante Wandertouren bis hin zu Konzertbesuchen. Zudem lassen sie sich ohne großes Murren auf die diesbezüglichen Vorschläge der anderen Seite ein, was sowohl ihrer Flexibilität als auch ihrer Kompromissbereitschaft zu verdanken ist.

Seinem Nachwuchs versucht der Schornsteinfeger eine wirkliche Kindheit fernab von ständigem Medienkonsum zu verschaffen. Dafür geht er mit ihm in die Natur, beteiligt ihn an der Pflege seiner Nutztiere und bastelt ihm Spielzeug zum Austoben.

Sex

Zum stundenlangen absichtslosen Kuscheln vor dem Fernseher bei Rosamunde Pilcher, einer Flasche Wein und Kerzenlicht ist der Schornsteinfeger bestimmt nicht der richtige Typ. Zum einen hat er dafür viel zu sehr Hummeln im Hintern und hegt zum anderen fast immer die Absicht, mit seiner Partnerin zu schlafen, wenn er sich ihr zärtlich nähert. Allzu geraume Zeit sollte also nicht vergehen, bis das Vorspiel endet und er zur Penetration übergehen kann. Manchmal ist er dabei so flott, dass die Ampeln seiner intimen Gespielin bezüglich der Aufnahme seines besten

Stück eigentlich noch auf Rot stehen. Weder leidet er also an einem Übermaß an Einfühlsamkeit, noch gehört im Bett Rücksichtnahme zu seinen größten Stärken.

Frauen, die kein allzu großes Brimborium um die Geschlechtlichkeit machen und einen technisch versierten Liebhaber erwarten, sind indes bei den Berufsvertretern genau an der richtigen Adresse. Was die Schornsteinfeger tun müssen, um ihre Partnerinnen in Ektase zu versetzen, wissen sie ganz genau. An mangelndem Standvermögen scheitern ihre horizontalen Stelldicheins ebenfalls kaum je. Selbst in fortgeschrittenem Alter und sogar oft noch als Greise können sie den »Kamin« ihrer besseren Hälfte noch mehrmals am Abend anheizen.

Ideale Berufspartnerinnen

Gerne an Vereinsaktivitäten mit dem Schornsteinfeger nehmen die geselligen Bankkauffrauen, Friseurinnen und Reinigungsfachkräfte teil, während er die Gastwirtin und die Kellnerin womöglich überhaupt erst in seinem Vereinslokal kennenlernt. Sein umfangreiches, auf Zweisamkeit ausgelegtes Freizeitprogramm wissen die Kosmetikerin und die Verkäuferin zu schätzen. Aufgrund seiner niemals endenden Potenz sammelt der Kaminkehrer bei den Polizistinnen Punkte. Sie machen wie er kein allzu großes Tamtam um die Geschlechtlichkeit. Beim Wunsch, den Nachwuchs auf Mediendistanz zu halten, liegt er mit der Erzieherin auf einer Wellenlänge. Um sie glücklich zu machen, sollte er aber ein außergewöhnlich emanzipierter Vertreter seines Berufsstandes sein.

Der Landwirt

Basics

Wie in vielen Berufen gibt es auch unter den Landwirten geistig recht einfach gestrickte Vertreter, aber das immer noch weitverbreitete Klischee vom dummen Bauern geht weit an der Realität vorbei. Dem Vorurteil liegt häufig die Vorstellung zugrunde, dass man zur Ausübung der Profession nicht einmal eine Ausbildung brauche und der Bauer nicht viel mehr sei als ein Hilfsarbeiter. In Wirklichkeit haben Landwirte bisweilen sogar Agrarwissenschaften studiert und sind somit Akademiker. Die weltfremden Sonderlinge von *Bauer sucht Frau* bei RTL repräsentieren also mitnichten die Realität auf deutschen Bauernhöfen.

Ebenso wenig typisch ist die im RTL-Format dargestellte ländliche Idylle. Gerade die Vollerwerbsbetriebe sind inzwischen mehr oder weniger Agrarfabriken, in denen allein der Profit im Vordergrund steht. Abgesehen von Biohöfen drängt das den Idealismus der Landwirte stark in den Hintergrund.

Sozial sind Landwirte gewöhnlich gut integriert, alleine schon weil ihre Dienstleistungen bei den Dorfbewohnern sehr gefragt sind. So mähen sie etwa die Wiesengrundstücke ihrer Nachbarn oder verkaufen ihnen als Direktvermarkter landwirtschaftliche Erzeugnisse. Zudem veranstalten sie häufig Hoffeste und bieten Urlaub auf dem Bauernhof an, so dass sie auch mit Menschen jenseits ihres direkten Umfelds in Kontakt kommen.

Privat stellt Hilfsbereitschaft nicht die hervorstechendste Charaktereigenschaft der Landmänner dar. Um sich auf Dauer ausnutzen zu lassen, sind sie zu berechnend. Was sie indes trotz zunehmender Technisierung im Stall und auf dem Feld vorrangig auszeichnet, ist ihr Fleiß. Meist sind sie noch immer richtige Malocher vor dem Herrn und arbeiten, bis sie umfallen. Andererseits leben sie nach dem Motto »Ein bisschen Spaß muss sein«, so dass auch Wein, Weib und Gesang nicht zu kurz kommen. Wenn Feiern oder Feste im Verein anstehen, lassen sie so richtig die Sau raus. Oft trinken sie dann, bis der Arzt kommt, und müssen morgens förmlich aus der Veranstaltungslokalität hinausgekehrt werden. Hervorragendes Standing beweisen sie also beileibe nicht nur im Stall und auf dem Feld.

Flirt und Verführung

Aus ihrer Kindheit und Jugend nehmen die Landwirte bezüglich ihres Balzverhaltens häufig erhebliche Defizite mit ins Erwachsenenleben. Dem liegen zwei Ursachen zugrunde. Die erste besteht darin, dass viele von ihnen in jungen Jahren ständig zu den Arbeiten im elterlichen Betrieb herangezogen wurden, so dass sie kaum die Möglichkeit hatten, erste Annäherungsversuche in Richtung des anderen Geschlechts zu unternehmen. Während sich ihre Altersgenossen gemeinsam mit der Clique sommers im Schwimmbad tummelten, mussten die Jungbauern nach der Schule beim Einbringen der Ernte helfen. Zweitens waren die angehenden Hoferben wegen der zahlreichen Vorurteile gegenüber dem Berufsstand ihrer Eltern bei den Mädchen ungefähr so beliebt wie Fußschweiß und wagten überhaupt nicht erst, sie anzusprechen.

Die Ressentiments, denen er sich früh ausgesetzt sieht, führen beim reifen Landwirt entweder zu einer ausgeprägten Schüchternheit gegenüber der holden Weiblichkeit oder zu einem Draufgängertum nach dem Motto »Jetzt erst recht«. Besonders viel Anklang finden natürlich beide Verhaltensweisen nicht. Während zweitere die Damenwelt verschreckt, verhindert erstere schon von vornherein die direkte Kontaktaufnahme.

Jagdreviere

Was die Nutzung von Kontaktmedien betrifft, beschränken sich die Landwirte meist auf drei von ihnen, nämlich den Singleclub, die Kontaktanzeige und die klassische Partnervermittlung. Letztere wird eingeschaltet, wenn die anderen beiden nicht zum Erfolg geführt haben. Da sich die Berufsvertreter auf der Piazza der einsamen Herzen nur selten selbst zu helfen wissen, ist dies allerdings häufig der Fall. Die etwas einfacher gestrickten Landmänner besuchen gelegentlich auch *Bauer sucht Frau*-Partys oder melden sich bei der gleichnamigen Fernsehsendung an, während sich die schüchterne Klientel eher Single-Gesprächsgruppen anschließt, um Hemmungen abzubauen und ihr defizitäres Flirtverhalten zu verbessern.

Für die »höfliche« Ausschau nach Miss Perfect kommen Reiterinnen in Frage, die ein Pferd bei ihnen untergestellt haben, Besucherinnen des Hofladens oder alleinerziehende Mütter im Urlaub auf dem Bauernhof. Die Wahrscheinlichkeit aber, dass Angehörige dieser drei Gruppen sich ein Leben als Bäuerin vorstellen können, ist trotz aller technischen Erleichterungen in der modernen Landwirtschaft noch immer verhältnismäßig gering. Ansonsten bleiben die Landwirte bei der Partnersuche meist ihren ländlichen Leisten treu, indem sie Hof- und Dorffeste zu ihren Jagdrevieren machen. Sie sind realistisch genug, sich nicht der Illusion hingeben, eine Städterin zur Landfrau umpolen zu können.

Partnerschaft

Die Frau eines Landwirts muss schon von vornherein Kröten schlucken, die weniger in der Persönlichkeit ihres Gatten begründet liegen, sondern mit seinem Beruf zusammenhängen. So ist gemeinsamer Urlaub in der Erntezeit nicht drin, feste Feierabendzeiten sind utopisch, und die Haltung des Viehs in einem konventionellen Agrarbetrieb hat nur wenig mit Tierliebe zu tun.

Um diese Nachteile dauerhaft ertragen zu können, muss sie selbst in die Landwirtschaft hineingeboren worden sein, so dass sie es nicht anders kennt, oder ein hohes Maß an Frustrationstoleranz und Idealismus mitbringen.

Leider vermag der Bauer die Mankos seiner Profession auch nur selten durch seine Vorzüge als Ehemann auszugleichen. Im Gegenteil setzt er häufig noch eins drauf, indem er seine bessere Hälfte finanziell ziemlich knapp hält und sie menschlich abwertet. Den Hintergrund dafür stellen seine eigenen meist berufsbedingten Minderwertigkeitskomplexe dar, die er auf seine Partnerin überträgt. Dazu gesellt sich nicht selten eine gewisse Engstirnigkeit. Neuen Ideen von Familienmitgliedern steht er immer erst einmal ablehnend gegenüber. Bis er sich vorsichtig öffnet, bedarf es langer und geschickter Überredungskunst.

Übermäßig viel Freizeitprogramm kann der Landmann seiner Herzdame kaum je bieten, weil es an Freizeit grundsätzlich mangelt. Ergeben sich gelegentlich Mußestunden, nutzt er sie in der Regel aber auch ausgiebig für gemeinsame Unternehmungen.

An der Hausarbeit und der Kindererziehung haben die Berufsvertreter nur sehr bedingt Anteil, wobei die jüngere Generation schon erheblich mehr Emanzipationsbereitschaft an den Tag legt als noch die Generation ihrer Väter.

Sex

Landwirten wurde häufig eine enorme Triebhaftigkeit in die Wiege gelegt, und die gute Landluft bringt ihre Hormone noch zusätzlich in Wallung. Wenn sie gerade einmal wieder die Fleischeslust befällt, können sie diese nur selten so lange kontrollieren, bis sie einen diskreten Ort erreicht haben, sondern kommen ihr häufig gleich an Ort und Stelle nach. Das kann gleichermaßen die Scheune sein wie die Wiese neben dem Feld, auf der sie gerade Mittagspause machen. Dabei spielt es nur eine geringe Rolle, ob das Objekt der geschlechtlichen Begierde ihre Angetraute oder etwa die Magd ist. Jedenfalls nehmen es die Bauern mit der ehelichen Treue nicht übermäßig genau. Wo immer sich eine Möglichkeit für die schnelle Nummer bietet, schlagen sie erbarmungslos zu. Schnelligkeit hat in Bezug auf ihr Intimleben dabei doppelte Bedeutung. Zum einen kommen sie schnell zur Sache, sprich zur Penetration, und diese geht dann auch noch ziemlich flott über die Bühne. Oft gestaltet sich Sex mit einem Bauern tatsächlich nur als das berühmt-berüchtigte Rauf-rein-raus-runter eines Quickies. Frauen, die lange brauchen, um in Fahrt zu kommen, und sich nach dem Geschlechtsakt noch eine ausgiebige Kuschelrunde wünschen, sind beim Landwirt definitiv an der falschen Adresse. Häufig ist es für sein Gegenüber geradezu verletzend, wenn er den Sexualakt abrupt von einer Sekunde auf die andere beendet.

Ideale Berufspartnerinnen

Frauen, die Bauer suchen, sind die Floristinnen, weil sie sich ein Leben auf dem Land gut vorstellen können und über genügend Anpassungsfähigkeit für dieses Leben verfügen. Mit den Tierärztinnen nebst den Gärtnerinnen gehen den Berufsvertretern die Gesprächsthemen nie aus, während das Duo Krankenschwester und Kellnerin kein großes Aufheben um das Thema Sex macht und schnell in Fahrt kommt. Sowohl die Arzthelferin als auch die Hauswirtschafterin erwarten vom Landwirt nicht allzu viel Hilfe im Haushalt. Dazu widmen sie sich gerne dem Thema Kindererziehung. Die Verkäuferin schmeißt ihm last, but not least mal so nebenbei den Hofladen.

Der Geschäftsführer

Basics

Die Generation der Geschäftsführer, bei denen das Wohlergehen des einzelnen Mitarbeiters noch einen Wert hatte, ist leider Vergangenheit. Die heutigen Firmenlenker legen ihr Augenmerk vielmehr darauf, innerhalb kurzer Zeit möglichst viel Ertrag aus den menschlichen Ressourcen ihres Unternehmens zu ziehen, um sich frühzeitig zur Ruhe setzen und ihren Wohlstand genießen zu können. Dass der Druck, den die modernen Direktoren zwecks Gewinnmaximierung auf ihr Personal ausüben, zur Vergiftung des Betriebsklimas beiträgt, tangiert sie nur peripher. Im Gegenteil spielen sie ihre Untergebenen nicht selten bewusst gegeneinander aus, damit nicht allzu viel Solidarität innerhalb der Belegschaft entsteht.

Privat umgeben sich die Berufsvertreter ebenso wie am Arbeitsplatz gerne mit Claqueuren. Kritische Menschen in ihrem Dunstkreis können sie nur schwer ertragen, weil sie das Potenzial haben, ihr grandioses, aber brüchiges Selbstbild zu zerstören. Brüchig insofern, als sie zumindest ansatzweise um ihre charakterlichen Defizite sowie um ihre teilweise mangelnde Kompetenz wissen. Der einzige Vorteil, den die Speichellecker aus der Allianz mit den Bossen gewinnen, besteht meist darin, dass sie sich im Glanz des Chefs sonnen können. Daneben öffnen sich ihnen bisweilen die Türen in die gehobene Gesellschaftsschicht. Von wirklichen Freundschaften kann man in diesem Zusammenhang aber kaum sprechen, eher von wechselseitigen Nutzgemeinschaften.

In der Not sind diese sozialen Konstrukte natürlich kaum je tragfähig. Sobald der Geschäftsführer seinen Einfluss und somit seinen Nutzen verliert, wird er für seinen »Hofstaat« uninteressant. Spätestens nach dem Ausscheiden aus dem Berufsleben leidet er daher an einem eklatanten Vereinsamungsproblem.

In ihren Mußestunden widmen sich die Chefs ihren prestigeträchtigen Hobbys wie dem Golfen, Tennis oder Segeln. Gerne fahren sie auch ihre PS-starken Nobelkarossen spazieren und stellen ihren Wohlstand im Rahmen von Luxusurlauben nicht protzig, aber immerhin gut sichtbar zur Schau. Bescheidenes Understatement war früher.

Flirt und Verführung

Mit dem hohen beruflichen Status im Rücken und einer dicken Brieftasche in der Hose lässt sich gut flirten. Wenn dem Geschäftsführer eine Frau gefällt, fackelt er nicht lange, bis er zum Generalangriff bläst. Dabei interessiert es ihn nur wenig, ob das Objekt seiner Begierde gerade noch mit einem glücklosen Konkurrenten zugange ist. Selbst der flüchtigste Blickkontakt reicht ihm aus, um die Attacke zu starten. Eine Konkurrenzsituation stachelt seinen Jagdinstinkt sogar gerade erst an, anstatt ihn zu zügeln. Praktisch löst er die Dreiersituation auf, indem er die Herzdame oder das Bettabenteuer in spe an ein lauschiges Plätzchen innerhalb der Lokalität entführt.

Haben die Berufsvertreter eine Evastochter erst einmal am Wickel, gibt es meist kein Entkommen mehr, wissen sie doch nur allzu gut ihre vermeintlichen Vorzüge in Szene zu setzen. Da sie aufgrund ihrer hohen Erfolgsquote beim Flirten nicht bedürftig sind, können sie es sich auch leisten, einen Korb zu riskieren, etwa indem sie das Gegenüber mit kecken Sprüchen provozieren und dabei ihre Grenzen austesten. Gewöhnlich wird aber gerade dieser Mut belohnt, weil er Ausdruck eines hohen Marktwerts als Single ist. Fasziniert von so viel frechem Charme, lässt die andere Seite oft schon am ersten Abend Intimität zu.

Jagdreviere

Bei der Mediennutzung zwecks Partnersuche meiden Geschäftsführer tunlichst die Öffentlichkeit, weil sie befürchten, dort eigenen Mitarbeitern zu begegnen und dadurch in ihrer Firma ins Gerede zu kommen. Geeignet, um die eigene Identität zunächst einmal geheim zu halten, sind für sie sowohl das Internet als auch die Kontaktanzeige, wobei sie in der Zeitung eher als Inserenten auftauchen. Die Hose ein Stück weit herunterlassen muss dann nämlich zunächst die Offertenschreiberin. Klassische Partnervermittlungen bieten den Berufsvertretern die Möglichkeit, gegebenenfalls weibliche Angestellte von der Kontaktanbahnung auszuschließen und sich so gegenseitig die Peinlichkeit eines kleinen Betriebsmeetings zu ersparen.

Am Arbeitsplatz selbst halten sich die Chefs heutzutage, was Flirten betrifft, sehr zurück. Viel zu groß ist die Gefahr, dadurch erpressbar zu werden oder in den Ruch sexueller Belästigung zu geraten. Viele von ihnen kennen den Film *Enthüllungen* mit Michael Douglas und Demi Moore in den Hauptrollen, der die Thematik drastisch in den Fokus rückt.

Bei der Freestyle-Partnersuche beherzigen die Firmenlenker das Motto »Der kluge Fuchs jagt nicht vor seinem Bau«, denn weit abseits ihres Unternehmenssitzes ist die Gefahr am geringsten, der ebenfalls singelnden Vorstandsassistentin über den Weg zu laufen. Sofern nur Affären avisiert werden, wahrt geografische Streuung natürlich eher den seriösen Leumund als ein räumlich eng begrenztes Jagdrevier.

Partnerschaft

Firmenlenker glauben ähnlich wie Politiker, mehr Rechte als andere Menschen zu haben, weil sie große Verantwortung tragen. Dazu gehört auch das Recht, mehrere Beziehungen gleichzeitig zu führen. Zumindest aber leidet die Ehefrau des Geschäftsführers nicht materiell darunter, indem sie etwa wie im britischen Kinokassenschlager *Tatsächlich Liebe* von ihrem geschäftsführenden Mann die obligatorische CD zu Weihnachten geschenkt bekommt, während die junge Geliebte mit einem Schmuckstück bedacht wird. Im Gegenteil achten die Berufsvertreter tunlichst darauf, in dieser Hinsicht zu Hause ihren Level zu halten, um keinen Verdacht aufkommen zu lassen. Meist lassen sich die Außenbeziehungen noch nicht einmal anhand mangelnder zeitlicher Zuwendung erahnen, weil die Betriebsleiter nur Kandidatinnen für ihre Seitensprünge auswählen, die entweder selbst verheiratet sind oder die sich aus den verschiedensten Gründen mit gelegentlichen Schäferstündchen zufriedengeben. Nach außen wirkt die Familie also häufig wie eine Bilderbuchfamilie. Sonntags wird händchenhaltend spazieren gegangen, vor dem Paar laufen zwei adrette Kinder her und an ihrer Seite ein Hund. Sofern die intimen Ausritte des Ehemanns nicht auffallen, kann die Scheinidylle teils über Jahrzehnte oder sogar bis zum biologischen Ende der Zweisamkeit durch den Tod eines der Partner aufrechterhalten werden.

Im Haushalt machen die Geschäftsführer gewöhnlich keinen Finger krumm. Einen Teil davon überlassen sie ihrer Gattin, und für den Rest stellen sie eine Haushälterin ein. Um den Nachwuchs kümmert sich in der Regel eine Nanny.

Sex

Auf Geschäftsreisen besuchen die Geschäftsführer gerne Bordelle und Swingerclubs oder veranstalten private Sexorgien. Gelegentlich dient auch einzig die Vorstandssekretärin als intime Gespielin, allerdings nur, wenn genug Vertrauen in ihre Verschwiegenheit besteht. Last, but not least nutzen sie ihre beruflichen Reisen für intime Stelldichein mit »privaten« Gspusis. Im heimischen Schlafzimmer spulen die Firmenlenker eher das

Standardprogramm herunter. Das liegt zum einen darin begründet, dass ihnen ihre Angetraute nur noch sehr bedingt den Kick des Neuen zu liefern vermag, und zum anderen daran, dass sie sich scheuen, ihre bizarren Wünsche an sie heranzutragen. Denn natürlich sind sie realistisch genug, um nicht von der tagsüber braven Ehefrau und Mutter nachts die komplette Verwandlung zum Vamp zu erwarten, würde dies doch fast schon die Quadratur des Kreises bedeuten.

Können die Berufsvertreter im Schlafzimmer, oder wo sie sonst zum geschlechtlichen Halali blasen, ihre unerträgliche Leichtigkeit des Schweins ausleben, laufen sie zu Höchstform auf. Nicht nur sind ihre erotische Fantasie und ihr Erfindungsreichtum beim Thema Rollenspiele grenzenlos, sondern auch bezüglich ihrer Fleischeslust zeigen sie sich schier unersättlich.

Ideale Berufspartnerinnen

Wie die drei berühmten Affen, die nichts hören, nichts sehen und nichts sprechen, bekommen auch Bankkauffrauen und Sekretärinnen von den sexuellen Ausritten ihres Geschäftsführer-Ehemanns lange Zeit nichts mit. Den (gewissen) Luxus an seiner Seite genießen die Kosmetikerin sowie die Rechtsanwältin, wobei Letztere selbst durch ihr Einkommen stark zum gehobenen Lebensstil beiträgt. Das kleine Kunststück, in Personalunion sowohl als gute Ehefrau wie auch als gute Liebhaberin zu fungieren, bringt neben der Erzieherin die Apothekerin fertig. Lieber noch nebenbei das Büro, anstatt sich um die Kinder zu kümmern, machen den Berufsvertretern die ehrgeizigen Finanzbeamtinnen, weshalb auch sie eine Nanny sehr begrüßen. Sie teilen auch die Reise- und Unternehmungslust des Firmenlenkers, was gleichermaßen für Lehrerinnen und Journalistinnen gilt.

Der Elektriker

Basics

»Vorsicht ist die Mutter der Porzellankiste« lautet das Lebensmotto des Elektrikers. Nicht selten nämlich entstammt er einem Elternhaus, in dem er ständig auf der Hut vor einem Elternteil sein musste. Das kann gleichermaßen der gewalttätige Alkoholikervater gewesen sein wie die mit Liebesentzug strafende Mutter. Um nicht negativ aufzufallen, haben die angehenden Strippenzieher früh gelernt, auf Samtpfoten durchs Leben zu gehen. Dieser Linie bleiben sie bei ihrer Berufswahl insofern treu, als in Gestalt der Elektrizität eine bei falschem Umgang lebensgefährliche Energieform ihren Arbeitsalltag prägt. Auch hier sind Obacht und Wachsamkeit von überlebenswichtiger Bedeutung.

Was ihre Aufstiegschancen betrifft, erweist sich der leise Gang der Elektriker natürlich nicht als förderlich, werden sie doch deshalb oft übersehen. Das stört sie jedoch meist nur wenig, weil sie ihren Job per se gerne machen.

Privat schenkt der Elektriker keinem leicht sein Vertrauen, was Segen und Fluch zugleich ist. Zwar schützt es ihn einerseits davor, blind ins Verderben zu laufen, andererseits vergibt er so manchmal die Chance, auf andere Menschen zuzugehen, bevor sie wieder aus seinem Dunstkreis verschwinden. Entsprechend seiner Zurückhaltung verfügt er meist nur über einen recht kleinen Freundeskreis. Darunter ist auch niemand, dem er in der Not komplett sein Herz ausschütten würde. Aufgrund seiner Erfahrungen in der Kindheit bleibt die Handbremse stets ein Stück weit angezogen, was das Schenken von Vertrauen betrifft. Nichtsdestoweniger genießt er unter seinen Lieben aufgrund seiner geradezu sprichwörtlichen Hilfsbereitschaft, Loyalität und Bescheidenheit großes Ansehen. Dazu gesellt sich eine insgesamt ausgesprochen liebenswürdige Art. Bis er vor Wut in die Luft geht, bedarf es schon einiges. Wenn es aber doch einmal kracht, dann richtig, weil er zuvor viel in sich hineingefressen hat.

Der Beruf ist zugleich auch Hobby des Elektrikers. Häufig unterstützt er seine Kumpels in den Mußestunden bei der »Elektrisierung« ihrer Wohnung. Ansonsten werkelt und chillt er zu Hause oder besucht gesellige Veranstaltungen.

Flirt und Verführung

Interessanterweise profitiert der Elektriker vom Trend zur Online-Partnersuche, weil viele seiner Geschlechtsgenossen aufgrund ihrer zahlreichen Damenkontakte im Internet keine Notwendigkeit mehr sehen, auf freier Wildbahn Anbandelungsversuche zu unternehmen. Wer handelt sich schon gerne womöglich vor aller Augen einen Korb ein? Infolgedessen kann sich der Elektriker entsprechend seiner Strategie der ruhigen Hand vor seiner Flirtoffensive Zeit lassen, ohne noch großartig befürchten zu müssen, dass ihm ein Konkurrent inzwischen die Butter vom Brot nimmt. Als einer der letzten Mohikaner der Live-Partnersuche hat er zudem bei der holden Weiblichkeit insofern einen Stein im Brett, als er wie sie immer noch mehrheitlich das direkte Kennenlernen bevorzugt und somit offene Türen einrennt.

Im Flirtgespräch überzeugt der Stromfachmann das Objekt seiner Begierde schnell von seiner absoluten Verlässlichkeit, aber nicht indem er sie betont, sondern indem er sie ausstrahlt. Ohnehin ist für seinen Paarungserfolg häufig weniger entscheidend, was er sagt, sondern wie er es sagt. Allein seine beinahe salbungsvolle Art zu sprechen, zu der meist seine überaus angenehme Stimme den Bärenanteil beiträgt, macht viele geschundene Frauenherzen gesund und ihm gewogen.

Jagdreviere

Klassische Bauelektriker haben praktisch überhaupt keine Chance, ihre Herzdame im Job kennenzulernen, weil sie, anders als etwa Verputzer, fast nur Innenarbeiten verrichten und ihnen folglich das Prinzip »Sehen und gesehen werden« als Grundlage für die Kontaktanbahnung fehlt. Betriebselektriker kommen zwar sporadisch mit dem weiblichen Geschlecht in Berührung, sind aber meist zu schüchtern, während der flüchtigen Begegnungen einen Vorstoß zu wagen.

Medial kommen den »Strippenziehern« Single-Gesprächsgruppen sehr entgegen. Das behutsame Beschnuppern dort über mehrere Wochen oder sogar Monate hinweg ist genau nach ihrem Gusto. Tatsächlich weisen sie in den Talkrunden für einsame Herzen die längste Verweildauer unter allen Handwerkern auf. Über Anzeigen in regionalen Tageszeitungen versuchen sie gleichfalls gerne ihr Liebesglück, versprechen sie sich doch davon – anders als vom World Wide Web – Verbandelungsmöglichkeiten in der Nähe ihres Wohnortes. Auf Singlepartys können sie währenddessen mit ihren meist weit überdurchschnittlichen Tanzfähigkeiten Pluspunkte sammeln.

Die Freestyle-Partnersuche betreiben die Berufsvertreter meist in ihren Stamm-Locations, etwa der Stammkneipe oder Stammsauna. Dort besteht ähnlich wie in den Talkrunden für Lonely Hearts die Möglichkeit, regelmäßige weibliche Besucherinnen mehrmals in Augenschein zu nehmen, bevor zum verbalen Infight übergegangen wird.

Partnerschaft

Die Hilfsbereitschaft des Elektrikers in Verbindung mit Gutmütigkeit kann seine Herzdame dazu verlocken, ihn auszunutzen oder gar zu versuchen, ihm auf dem Kopf herumzutanzen. Den Zahn bekommt sie allerdings spätestens dann gezogen, wenn er deshalb das erste Mal so richtig an die Decke geht. Im Gegensatz zu seiner sonstigen Zurückhaltung wehret er in diesem Zusammenhang den Anfängen, so dass er gar nicht erst in die Rolle des Wackeldackels gerät, aus der er später nur schwer wieder herauskommt. Nachdem er die Fronten knallhart geklärt hat, unternimmt die andere Seite gewöhnlich keinen ernsthaften Anlauf mehr, sie erneut zu verschieben.

An den klassischen Hausarbeiten – Putzen, Waschen, Kochen etc. – beteiligt sich der Elektriker nur mäßig. Das liegt aber keineswegs an einer Machoattitüde, sondern vielmehr an seinem sonstigen Engagement, indem er Haus und Hof in Ordnung hält. Prinzipiell kann er aber alles. Wenn seine Frau etwa vorübergehend krankheitsbedingt ausfällt, wird der Rest der Familie weder verhungern noch im Chaos versinken. Zudem nimmt er neue Herausforderungen meist gerne an.

Seine Kinder liebt der Elektriker heiß und innig. Meist trägt er zu ihrer Erziehung mindestens genauso viel bei wie seine Frau. Daher kämpft er im Falle einer Scheidung recht häufig um das alleinige Sorgerecht für sie. Wie auch immer bleibt er ihnen stets ein liebvoller Vater, an den sie sich mit allen ihren Anliegen wenden können. Daran ändert auch eine neue Partnerin gewöhnlich nichts.

Zum Problem kann die Beziehung mit den Berufsvertretern allenfalls wegen ihrer melancholischen Anwandlungen werden. Bricht die Traurigkeit über sie herein, ziehen sie sich in die innere Emigration zurück und funktionieren nur verlangsamt.

Sex

Wenn eine Frau beim Sex auch auf aggressive Elemente steht, ist der Elektriker definitiv der falsche Geschlechtspartner für sie. Meist packt er nämlich seine Intimpartnerin fast schon mit Samthandschuhen an, nur um ihr keine Schmerzen zuzufügen. Weil er Quickies in der Regel vermeidet, zelebriert er gewöhnlich zunächst ein langgezogenes Vorspiel, bis er zum eigentlichen Geschlechtsakt übergeht. Die Einstimmung besteht meist aus Streicheleinheiten und mehr aus manueller als aus oraler Stimulation. Gegenüber dem Einsatz seiner Zunge im Genitalbereich seiner Herzdame hegt er eine gewisse Scheu.

Der dumme Spruch, Elektriker hätten einen Kurzen in der Hose, entbehrt jeder Grundlage. Oftmals sind sie zwischen den Beinen sogar weit überdurchschnittlich gut bestückt. Ihr einziges »penitales« Problem besteht darin, dass sie die Größe ihres besten Stücks aufgrund vermeintlicher Rücksichtnahme kaum je voll ausnutzen. Die häufigste Kritik, die sie im Bett zu hören bekommen, lautet: »Ich bin doch nicht aus Zucker!« Ihren Stil ändert diese Missfallensbekundung indes nur selten merklich. Dafür sind sie einfach wesensmäßig viel zu sehr von der milden Sorte.

Ideale Berufspartnerinnen

Die bescheidene unprätentiöse Art des Elektrikers spricht das Terzett Gärtnerin, Hebamme und Erzieherin sehr an, während die Verkäuferin neben der Arzthelferin seine gesunde Mischung aus Aktivitäts- und Ruhephasen teilt. Dass ihnen die Berufsvertreter einen großen Teil der Kindererziehung abnehmen, kommt den zwar gebärfreudigen, aber ihren Sprösslingen gegenüber nicht sehr fürsorglichen Polizistinnen zupass. Zudem bringen sie ein wenig Ruhe in ihr unstetes Leben.

Sexuell eher die softe Tour bevorzugen wie der Elektriker die Bankkauffrau und die Floristin. Geistig ziemlich genau auf Augenhöhe liegt er sowohl mit den klugen, aber nicht intellektuellen Altenpflegerinnen sowie mit den Finanzbeamtinnen.

Überwiegend Frauenberufe

Die Reinigungsfachkraft

Basics

Die Motivation für ihre Arbeit hängt bei den Putzfrauen stark von ihren Beschäftigungsmodalitäten ab. Sind sie halbtags oder gar nur stundenweise im Job tätig, ist es häufig wirtschaftliche Not, zumindest aber Notwendigkeit, die sie in die Profession getrieben hat, und entsprechend ist ihre Tätigkeit kaum mehr als nur reiner Broterwerb für sie. Haben sie den Beruf hingegen von der Pike auf gelernt, zeigen sie nicht selten große Freude an Reinlichkeit. Obwohl die Fulltime-Kräfte unter den Putzfrauen nur eine Minderheit darstellen, repräsentieren sie doch den Typus der Reinemachefrau, weshalb sie des Weiteren im Fokus der Betrachtung stehen sollen.

Ihren Hintergrund bildet eine dreijährige Ausbildung zur Gebäudereinigerin, oder sie sind angelernt. Mit einem Gesellenbrief bieten sich ihnen recht gute Aufstiegsmöglichkeiten, etwa zur Geschäftsführerin. Als Voraussetzung, um in ihrem Aufgabenbereich zu glänzen oder es glänzen zu lassen, verfügen die »Bodenkosmetikerinnen« meist über ein gutes Zeitmanagement, absolute Zuverlässigkeit und ein hohes Maß an Akkuratesse.

In ihrer Freizeit trifft bei den Berufsvertreterinnen kaum je die Redensart zu, dass der Schuster die schlechtesten Schuhe trägt. Vielmehr achten sie auch in ihren Privaträumen peinlich auf Sauberkeit. Das nimmt aber fast nie zwanghafte Züge an, indem sie ihre Freunde nur »bepantoffelt« in die Wohnung lässt oder bestimmte Möbel abdeckt, damit sie nicht schmutzig werden. Apropos Freunde: Die Putzfrau verfügt gewöhnlich nur über ein recht eingeschränktes soziales Umfeld, da ihr die rechte Kontaktfreude fehlt. Meist reichen ihr zwei bis drei ganz enge Bezugspersonen, für die sie dann aber Tag und Nacht da ist. Männer gehören nur selten dazu, da sie in ihnen vorwiegend Geschlechtspartner sieht.

Hobbymäßig gehört fast immer Tanzen zum Repertoire der Putzfrauen. Wann immer sich ihnen die Möglichkeit bietet, frönen sie dieser großen Leidenschaft. Von ihren Nächten auf dem Dancefloor erholen sie sich gerne in der Sauna. Ansonsten unternehmen sie regelmäßig Kurztrips, wohingegen sie mit längeren Reisen eher keinen Vertrag haben. Oft befällt sie nämlich in der Ferne recht bald das Heimweh.

Flirt und Verführung

Ein Grund, warum die Putzfrau nur bedingt kontaktfreudig ist, liegt in ihren Minderwertigkeitskomplexen bezüglich ihres niedrigen beruflichen Status. Aus diesem Grund glaubt sie, anderen Menschen nicht zu genügen. Das gilt insbesondere auch für den Umgang mit dem starken Geschlecht. Hier wirkt sie fast schon ein wenig gehemmt. Wenn sie von einem Mann, der ihr gefällt, angesprochen wird, fehlen ihr oft die Worte, oder er muss ihr eins nach dem anderen aus der Nase ziehen. Das bessert sich erst, wenn sie die Gewissheit erlangt hat, dass die andere Seite keine Vorurteile gegenüber ihrem Job hegt. Dann taut sie ein wenig auf, und das Flirtgespräch gewinnt langsam an Fahrt.

Nonverbale Locksignale kann der Herzbube von der Reinigungsfachkraft kaum je erwarten, bevor er seinen Eroberungsfeldzug startet. Um nach außen Interesse auszustrahlen, ist sie meist zu sehr in sich gefangen. Für eine gewisse Zeit intensiven Blickkontakt aufzubauen, bringt sie oft schon ans Limit. Garniert sie ihren Augenflirt mit einem Lächeln, so wirkt das als Tribut an ihre leicht melancholische Grundstimmung häufig ein wenig gequält. Ihren Wunsch nach Verpaarung tun die Berufsvertreterinnen allenfalls kund, indem sie unauffällig um das Objekt ihrer Begierde herumscharwenzeln.

Jagdreviere

An ihrem Arbeitsplatz befindet sich die Reinigungsfachkraft in der Rolle des Aschenputtels. Wenn überhaupt (noch) Vertreter der Herrenwelt in der Nähe sind, während sie abends ihren Job verrichtet, wird sie in ihrem schmucklosen, wenig körperbetonten Putzkittel meist gnadenlos übersehen. Dazu kommt ihre Tätigkeit, die sicher – vielleicht noch abgesehen von Nacktputzfantasien – nicht dazu angetan ist, besondere erotische Träume beim anderen Geschlecht zu erwecken.

In freier Wildbahn nutzen die Berufsvertreterinnen zur Bräutigamschau fast ausschließlich Tanzveranstaltungen. Dort müssen sie keine übermäßigen Flirtsignale aussenden, um zum fröhlichen Reigen aufgefordert zu werden, und auch das für sie so schwierige Thema der verbalen Kontaktanbahnung tritt zunächst in den Hintergrund. In der Kneipe etwa, wo fast nur die Ausstrahlung und die Optik zählen, macht sie indes auch wegen ihrer schlichten Aufmachung kaum einen Stich.

Beim Suchen und Finden der Liebe über Vehikel der Entsingelung meidet die Putzfrau Gruppen, weil sie befürchtet, dass dort alle auf sie herabschauen könnten. Das macht für sie etwa Singlereisen, Single-Gesprächsgruppen und Single-Cooking praktisch zum No-Go. Recht gerne nimmt sie hingegen die Dienste einer klassischen Partnervermittlung in Anspruch, die für sie sowohl Zweiersituationen schafft als auch Kandidaten ohne Vorurteile bezüglich ihres Berufs vorauswählt.

Partnerschaft

Da die Partnersuche für die Reinigungsfachkraft fast nie eine einfache Angelegenheit darstellt, lebt sie, sobald sie ihre bessere Hälfte gefunden hat, nach dem Prinzip »Wenn schon, denn schon«. Das heißt, sie legt ihr Augenmerk fast ausschließlich auf die Zweisamkeit und neigt ihrem Herzbuben gegenüber zum

Klammern. Infolgedessen verliert sie zunehmend die Fähigkeit, sich selbst zu genügen, was natürlich ihrer Attraktivität als Frau enormen Abbruch tut. Ihr Göttergatte versucht, dem Würgegriff zu entkommen, indem er entweder bei der Freizeitgestaltung eigene Wege geht oder Ausschau nach Rückzugsräumen im gemeinsamen Domizil hält. Dadurch wird eine Teufelsspirale in Gang gesetzt, weil die Putzfrau als Reaktion darauf versucht, die Schlinge noch enger um ihn zu ziehen. Sofern sie ihre Verlustängste nicht in den Griff bekommt, ist das Ende vom Lied meist ein ultimativer Befreiungsschlag ihres Angetrauten in Gestalt der Trennung.

Bevor es so weit kommt, suchen sich die Berufsvertreterinnen kompensatorisch andere Opfer für ihre Überfürsorglichkeit, häufig ihre Kinder. Das geht so lange gut, bis die Sprösslinge in die Schule kommen und sich nicht mehr so leicht unter den Fittichen ihrer Mutter halten lassen. Spätestens aber mit ihrem Eintritt in die Pubertät kommt es oft zum großen Emanzipationsknall, der in einem Meer von Tränen endet.

Dass die Reinigungsfachkraft versucht, es auch in ihrer Hausfrauenrolle allen recht zu machen, bedarf wohl kaum einer besonderen Erwähnung. Beim Mittagessen etwa wimmelt es auf dem Tisch von Extrawürsten, und wer keine Lust hat, zum Mahl im Esszimmer zu erscheinen, bekommt es eben im Bett oder auf der Couch serviert.

Sex

Das Kamasutra neu erfinden wird bestimmt keine Putzfrau. Dafür fehlt der Berufsgruppe schlicht und einfach die Fantasie. Immerhin aber ist sie im Schlafzimmer zu allen Schandtaten bereit, wenn ihr Partner nur die Richtung vorgibt. Leider geht sie horizontal nicht selten über ihre eigene Schamgrenze hinaus, um die andere Seite im Bett glücklich zu machen. So ruft etwa Oralverkehr nur selten Begeisterungsstürme bei ihr hervor. Offen auf die Barrikaden geht sie indes fast ausschließlich gegen Sexorgien, meist aus Angst, ihren Angetrauten an eine der Teilnehmerinnen zu verlieren. Allenfalls zu einem Dreier mit einem weiteren Mann lässt sie sich bisweilen breitschlagen. Dem Gast im Schlafzimmer bleibt jedoch die Rolle des Vollstreckers meist versagt. Will heißen, er kommt nicht in den Genuss, sie penetrieren zu dürfen.

Mangelnde Leidenschaft und Lust stellen kaum je das Problem der Reinigungsfachkraft dar. Oft wird ihr Beischlaf von einem heftigen Stöhnen begleitet, so dass sich ihr intimer Gespiele schon Sorgen um ihre Gesundheit macht, während ihr Orgasmus bisweilen zu einem ohrenbetäubenden Schreien ausartet. Erst einmal auf den Geschmack gekommen, kann dann gerne noch die Fortsetzung folgen.

Ideale Berufspartner

Viel zu anständig, um die Verlustängste der Reinigungsfachkraft zu ihren Gunsten auszunutzen, sind die Gärtner, die Ingenieure und die Elektriker, während ihren fast schon extremen Wunsch nach Nähe neben den Polizisten die Schreiner gut aushalten können und mitunter sogar teilen. Intim nimmt das Duo Koch und Schornsteinfeger gerne das Heft des Handelns in die Hand, was das Kreieren von neuen Spielarten der Lust betrifft. Eine Kommunikation auf Augenhöhe ist mit dem Briefträger möglich. In dieser Kombination besteht beidseitig kein übermäßig hoher intellektueller Anspruch. Die »Putzfraueninsel« Mallorca betrachten neben den Reinigungsfachkräften auch die Verkäufer und Kraftfahrzeugmechaniker als exotischste Urlaubsdestination überhaupt, weswegen sich ein gemeinsamer Urlaub dort anbieten würde.

Die Hebamme

Basics

Obwohl es Hebammen nur selten schaffen, sich durch ihre Arbeit finanziell hinreichend abzusichern, stellt der Beruf noch immer den Traum vieler junger Frauen dar. Das hängt in erster Linie damit zusammen, dass es wohl kaum eine befriedigendere Tätigkeit gibt, als anderen Menschen zu ihrem Familienglück zu verhelfen. Um ihre höchst verantwortungsvollen Aufgaben erfolgreich erfüllen zu können, müssen sich die Vertreterinnen des »geburtshelfenden« Gewerbes ein großes Wissen in Medizin, Psychologie und Sozialwissenschaften aneignen. Dazu kommt eine ganze Liste an unabdingbaren Charaktereigenschaften wie Einfühlsamkeit, Zugewandtheit und Flexibilität. Diese Stärken wurden den Geburtshelferinnen meist schon in die Wiege gelegt. Im Rahmen ihrer Ausbildung sind sie jedenfalls kaum noch hinreichend erlernbar.

Da von ihrem Verhalten in Kreißsaal und Co. kaum je etwas nur aufgesetzt ist, suchen im Privatleben der Hebamme ebenfalls unzählige Zeitgenossen ihre Nähe. Tatsächlich lässt sie sich auf viele soziale Kontakte ein, die jedoch ein gewisses Maß an Tiefgang niemals unterschreiten sollten. Social-Network-Freundschaften etwa nur aus Prestigegründen zu pflegen geht ihr völlig gegen den Strich. Die Intensität des beruflichen und privaten Einsatzes für ihre Mitmenschen erfordert von ihr natürlich Bärenkräfte vor allem in mental-psychischer Hinsicht, so dass sie eigentlich permanent am Rande eines Burn-out steht. Zum Glück verfügt sie meist über ausgezeichnete Verarbeitungsmechanismen und Methoden der Psychohygiene.

Regelmäßig nutzt sie dazu in ihren Mußestunden die YES-Trias, Yoga, Entspannungstechniken und Sport. Sehr zum Stressabbau tragen zudem Kreativbeschäftigungen wie Töpfern oder Malen bei. Last, but not least können die Berufsvertreterinnen trefflich mit einem guten Buch in der Hand abschalten. Buchstäblich große Sprünge etwa über die Weltmeere sind für sie beim Reisen finanziell kaum machbar. Dafür legen sie immer wieder Wellnesswochenenden ein.

Flirt und Verführung

Anders als ihre Kolleginnen im Krankenhaus, die Krankenschwestern, die recht offensiv, ja mitunter sogar aggressiv anbandeln, beherzigen die Hebammen bei der Partnersuche das Prinzip der vornehmen Zurückhaltung. Das können sie sich auch erlauben, weil sie das andere Geschlecht meist schon durch ihre gute Optik und ihre positive Ausstrahlung in Paarungsbereitschaft versetzen. Verteilen sie dazu Einladungen per Blickkontakt, garniert mit einem charmanten Lächeln, kann sich der Herzbube in spe auch zu fast hundert Prozent darauf verlassen, dass sie ihm eine faire Chance gibt, ihr Herz zu erobern. Für Lockspielchen, nur etwa um ihren Marktwert zu testen, sind die Berufsvertreterinnen charakterlich viel zu hoch stehend. Niemals würden sie ihr Karma dadurch belasten.

Hat der Kandidat den ersten Schritt gewagt, gibt sich die Geburtshelferin äußerst zugänglich und gibt selbst alles, um das Gespräch am Laufen zu halten.

Als im positiven Sinne neugieriger Mensch signalisiert sie Interesse an seiner Person, indem sie ihm Fragen stellt. Ein weiterer Bestandteil ihres Flirtverhaltens besteht darin, Gemeinsamkeiten zu suchen, die für die spätere Zweisamkeit unabdingbar sind. Auch versucht sie, das Gegenüber in seinen Aussagen möglichst zu bestätigen.

Jagdreviere

Ist die Hebamme im Krankenhaus beschäftigt, arbeitet sie eng mit Frauenärzten und Chirurgen zusammen. Diese kommen für sie allerdings kaum je als Paarungskandidaten in Frage, weil sie im Gegensatz zur naturheilkundlichen Ausrichtung der Hebamme meist klassisch schulmedizinisch unterwegs sind. Beim übrigen Krankenhauspersonal in Gestalt etwa von Krankenpflegern und Physiotherapeuten dürfte es vom geistigen Niveau her nicht ganz für die klugen Geburtshelferinnen reichen. Fast überhaupt keine Chance, unter die Haube zu kommen, bieten Hausgeburten, höchstens ein ungebundener männlicher Verwandter der Eltern ist vor Ort.

In freier Wildbahn hält die Hebamme gerne in alternativ angehauchten Cafés oder Musikkneipen Ausschau nach Mister Right. Daneben findet sie ihr Liebesglück öfter auf diversen Seminaren, die sie zur spirituellen Weiterentwicklung besucht, während es beim Anbandeln in der Sauna etwas profaner zugeht.

»Medial« nutzen die Berufsvertreterinnen bevorzugt direkte Vehikel der Entsingelung. Eigentlich wären Single-Gesprächsgruppen aufgrund der dort herrschenden Diskussionsfreude wie gemacht für sie, doch halten ihre unregelmäßigen Arbeitszeiten sie von der regelmäßigen Teilnahme daran ab. Sympathisch sind ihr in dieser Hinsicht auch Single-Cooking, Running-Dinner und Singlereisen, die allesamt ihren Wunsch nach gemeinsamen Aktivitäten befriedigen.

Partnerschaft

Die Ehe der Hebamme ist gewöhnlich durch eine lange Haltbarkeit geprägt. Das hat vor allem drei Gründe. Erstens bringt sie in den Bund fürs Leben ihren Optimismus ein, was stark zu einer positiven Grundstimmung beiträgt. Zweitens zeichnet sie ein hohes Maß an Toleranz aus, so dass sie nicht gleich wegen jeder

Lappalie einen riesigen Streit vom Zaun brechen muss. Drittens schließlich beherzigt sie das Motto »Die Liebe ist ein Kind der Freiheit« und lässt ihren Mann an der langen Leine laufen.

Trotz aller Möglichkeiten zur Selbstverwirklichung legt die Geburtshelferin viel Wert auf Zweisamkeit. Mindestens einmal pro Woche versucht sie, mit ihrem Angetrauten etwas Spannendes zu unternehmen. Das kann der Besuch eines Kletterparks ebenso sein wie ein spontanes Wochenende am Meer. Daneben sollte niemals die Kommunikation zu kurz kommen. Eine Beziehung, in der sich beide Partner nichts mehr zu sagen haben und nur noch sprachlos nebeneinanderher leben, stellt für sie eine reine Horrorvorstellung dar. Neben gemeinsamen Unternehmungen und intensiven Gesprächen versucht die Hebamme auch durch den Einbezug des sozialen Umfelds des Paares frischen Wind in die Beziehung zu bringen. Daher haben sie und ihr Göttergatte oft ein mehr oder weniger offenes Haus.

Die ohnehin schon große Lust der Hebamme auf eigene Kinder wird durch ihre Arbeit meist noch gesteigert. Gewöhnlich schenkt sie mindestens zwei Sprösslingen das Leben. Überdurchschnittlich häufig gründet sie sogar eine Großfamilie. Ihrem Nachwuchs lässt sie viel Fürsorge zuteilwerden, ohne dabei zu versäumen, ihn früh zur Eigenständigkeit zu erziehen, was ihr selbst wieder mehr Freiräume verschafft.

Sex

Das Wort Versöhnungssex stellt für die Hebamme ein ziemliches Fremdwort dar. Gemeinsam ins Bett zu springen, um einen Streit zu beenden, sieht sie fast nie als Lösung. Selbst wenn sie es wollte, könnte sie es nicht, weil sie sich in angespannter Stimmung verkrampft, so dass Intimverkehr fast schon unmöglich erscheint.

Die Handbremse völlig lösen und sich ihrem horizontalen Gespielen hemmungslos hingeben wird sie aber auch sonst kaum je.

Schreie der Lust etwa hält sie aus der Befürchtung zurück, dritte Personen könnten als mögliche Ohrenzeugen schlecht über sie denken. Tief steckt in ihr die elterliche Erziehung, gemäß deren das Thema Geschlechtlichkeit unter dem Mantel der Verschwiegenheit gehalten wird und mit deren Ausübung man schon gar nicht seine Mitmenschen behelligt. Auffallen wird die gewisse intime Hemmung der Geburtshelferin indes nur einem ausgesprochen feinfühligen Partner, besonders zumal sie dieses kleine Handicap durch ihre sonstigen Fähigkeiten als Liebhaberin allemal kompensiert.

Eine besondere Stärke der Hebamme liegt in ihrer ausgefeilten Kusstechnik. Ohnehin vollbringt sie mit ihrem Mund Wunderdinge. Als Gegenleistung dafür erwartet sie von ihrem Herzbuben gemeinhin ausgedehnte Kuschelrunden.

Ideale Berufspartner

Eine Partnerschaft auf Augenhöhe und mit viel geistigem Austausch ergibt sich für die Hebamme an der Seite des Psychologen und des Pfarrers. Letzterer wird ihr zudem den Wunsch nach einem ganzen Stall voller Kinder erfüllen, während ihre Lust zu körperlicher Bewegung das Duo Krankengymnast und Polizist teilt. Nicht genug bekommen von ihren Küssen können neben den Schreinern die verschmusten Briefträger. Angehörige beider Professionen sollten aber am obersten geistigen Limit ihrer Berufsgruppe liegen, sofern eine Langzeitpartnerschaft avisiert wird. Viel Geborgenheit findet die Geburtshelferin beim beständigen Ingenieur. Dass zum Teil nachts die andere Seite des Ehebetts verwaist, weil die Hebamme arbeiten muss, wird sowohl für die toleranten Programmierer als auch für die Tierärzte, die diesbezüglich im Glashaus sitzen, kaum je zu einem Trennungsgrund.

Die Floristin

Basics

Um jeden Tag ihre kleinen »blumigen« Meisterwerke zu vollbringen, benötigt die Floristin ein hohes Maß an Kreativität, Vorstellungskraft und handwerklichem Geschick. Nicht selten ist das, was sie dabei erschafft, sogar schiere Kunst. Den größten Teil an Voraussetzungen, die der Beruf erfordert, bringen die angehenden Floristinnen meist schon mit in die Ausbildung, weil besonders schöpferische Fähigkeiten nur sehr bedingt erlernbar sind. Häufig haben die Floristinnen in spe indes schon als Dreikäsehochs wundervolle Blumensträuße für ihre Lieben von der Wiese oder aus dem Garten zusammengestellt. Ein Stück weit ist der regelmäßige Kontakt zu den bunten Farben der Natur auch Grundlage für ihr sonniges Naturell, was wiederum dazu beiträgt, dass an ihrem Arbeitsplatz fast immer gute Stimmung herrscht. Selbst unter größtem Zeitdruck bleiben sie meist gelassen und kollegial.

Wenn reifere Floristinnen bisweilen ein wenig verhärmt wirken, so hat das meistens private Gründe. Zu oft nämlich geraten sie aufgrund ihrer Gutgläubigkeit an Zeitgenossen, die ihre außergewöhnliche Hilfsbereitschaft schamlos missbrauchen. Zwar verfügen die Blumenbinderinnen insgesamt über einen soliden Freundeskreis, die wenigen faulen Eier aber ziehen sie doch immer wieder in die Nähe des Abgrunds, vor allem wenn es finanziell ans Eingemachte geht. Zum Glück sind die Blumenkünstlerinnen Stehaufmännchen, wobei es immer eine Zeitlang dauert, bis sie nach einer herben Enttäuschung wieder zu hundert Prozent funktionieren. Offen für neue soziale Kontakte bleiben sie jedoch trotz ihrer negativen Erfahrungen immer. Um sich komplett abzuschotten, sind sie viel zu neugierig auf andere Menschen.

Ihr Farb- und Formengefühl macht die Floristinnen häufig auch zu talentierten Malerinnen oder Töpferinnen. Bisweilen betreiben sie nebenbei ein kleines (privates) Atelier oder eine Werkstatt. Darüber hinaus frönen sie in ihrer Freizeit gerne der Geselligkeit, indem sie Feste und Märkte besuchen. Gleichermaßen können sie auf ausgedehnten Spaziergängen die Schönheit der Natur genießen. Als Idealistinnen sind sie regelmäßig auch karitativ tätig.

Flirt und Verführung

Die Floristin ist ihrem Partner selbst über Trennung und Tod hinweg noch lange treu. Im ersten und oft auch im zweiten Jahr danach würde sie eine neue Beziehung als einen Loyalitätsbruch ihm gegenüber empfinden. Um anderen Männern keine Angriffsfläche für Anbandelungsversuche zu bieten, zieht sie sich daher in dieser Zeit stark aus dem öffentlichen Leben zurück. Burschen, die trotzdem ihr Glück versuchen, weist sie ebenso sozialverträglich wie entschieden zurück.

Eines Morgens aber wacht sie mit der Gewissheit auf, das Alte emotional hinter sich gelassen zu haben und bereit für etwas Neues zu sein. Dann nimmt sie fünf Kilo ab, kauft sich neue Klamotten und lässt ihre Frisur auf Vordermann bringen. Das ist ihre Botschaft an die Herrenwelt: »Seht her, ich bin wieder zu haben.« Da die Berufsvertreterinnen optisch ohnehin meist Hingucker sind, stehen die Herzbuben in spe im Handumdrehen Schlange. Das Rennen gewinnt gewöhnlich ein Kandidat, der nicht unbedingt vom Äußeren zu ihr passt, sondern die sprichwörtlichen inneren Werte in die Waagschale zu werfen vermag. Schönlinge verschmäht die Floristin aus zweierlei Gründen. Erstens fühlt sie sich trotz ihrer eigenen Attraktivität an ihrer Seite minderwertig, und zweitens vermutet sie unter ihnen – statistisch gesehen zu Unrecht – eine höhere Fremdgehquote.

Jagdreviere

Aufgrund von häufigen Missgriffen verliert die Floristin im Laufe ihres Lebens ein wenig den Glauben an ihre eigenen Fähigkeiten, die richtige Partnerwahl zu treffen. Daher begibt sie sich bei der medialen Partnersuche nicht selten in die Hände von professionellen Kupplern oder vertraut dem Rat des Moderators einer von ihr besuchten Single-Gesprächsgruppe. Ansonsten treibt sie ihre kindliche Neugierde dazu an, vieles an Möglichkeiten der Entsingelung zumindest einmal auszuprobieren. Allein gegenüber dem Internet als dem Vehikel der Kontaktanbahnung, in dem vermehrt die falschen Fünfziger lauern, hegt sie von vornherein Ressentiments. Ohnehin bevorzugt sie, die Paarungskandidaten gleich persönlich beschnuppern zu können.

An ihrem Arbeitsplatz begegnet die Floristin fast nur Männern, die entweder schon liiert sind oder deren Herz schon vergeben ist. Übrig zum Fröscheküssen bleiben mehr oder weniger nur ungebundene Muttertagsblumenkäufer. Zudem wagt es nur selten ein Kunde, ernsthaft mit ihr zu flirten, weil sie auf den ersten Blick so »verheiratet« aussieht.

Bei der Ausschau nach Mister Right auf freier Wildbahn lieben die Berufsvertreterinnen die Beschaulichkeit. Insofern kommt die gemütliche Musikkneipe oder das Café ihren Bedürfnissen allemal näher als Halligalli auf dem Volksfest. Dort kann sie in Ruhe Blickkontakt zu potenziellen Prinzen aufbauen und ins Gespräch kommen, ohne sich die Seele aus dem Leib schreien zu müssen.

Partnerschaft

Die Floristin ist die absolute Traumpartnerin der Liebe. Sie selbst stellt keine großen Ansprüche an ihren Herzbuben, investiert aber über alle Maßen viel in die Beziehung. Unabdingbare Voraussetzungen sind für sie allenfalls, bedingungslos angenommen zu werden und in seinen Armen Geborgenheit zu finden. Selbst wenn sie emotional nicht mehr viel zurückbekommt, hält sie noch lange an der Zweisamkeit fest, weil sie genau weiß, wie tief sie im Fall einer Trennung fallen würde. Nicht selten wählt sie also aus Furcht vor dem Alleinsein den Schrecken ohne Ende, anstatt ein Ende mit Schrecken herbeizuführen. Oftmals hat sie ihr Gegenüber auch so stark idealisiert, dass sie seine Veränderung zum Schlechten übersieht.

Die großen Stärken der Blumenbinderin in der Partnerschaft liegen neben ihrer enormen Einsatzbereitschaft in ihrer bedingungslosen Loyalität, ihrer Herzenswärme und ihrer Fürsorglichkeit. Stets ist sie auf das Wohlergehen ihres Angetrauten bedacht, ohne dabei in die Gefahr zu geraten, die Grenze zum Betütteln zu überschreiten.

Als kluge Frau weiß sie sehr wohl um die Gefahren der eigenen Hyperpräsenz an der Seite ihres Mannes, könnte dadurch doch leicht die Erotik verloren gehen und der Angetraute zu einem ultimativen Befreiungsschlag ausholen. Infolgedessen ermöglicht sie ihrem Gatten viel Freiraum für Alleingänge. Bisweilen verzeiht sie ihm sogar den einen oder anderen Seitensprung, solange dieser keine ernsthaft Bedrohung für das Eheleben darstellt.

Nachwuchs »blüht« dem Gemahl der Floristin fast immer, wobei sie ihren Kindern trotz aller geschenkten Nestwärme mehr beste Freundin als behütende Mutter ist.

Sex

Die sexuellen Aktivitäten der Floristin beschränken sich beileibe nicht auf das eheliche Schlafzimmer. Wenn sie plötzlich die Lust überfällt, kann es genauso gut die Waldlichtung, der Strand oder das Auto sein. Besonders Geschlechtsverkehr unter Sternenhimmel kommt sehr ihrem Bedürfnis nach Romantik entgegen.

Manchmal muss es auch nicht unbedingt zum Ultimativen kommen. Häufig reicht ihr, einfach nur in den Armen ihres Liebsten zu liegen. Bei einem Partner, der nicht gerne kuschelt, verhungert sie sehr schnell emotional. Gleiches gilt für Schmusen, weil sie leidenschaftlich gerne küsst.

Selbst in äußerste Erregung versetzen die Floristin gemeinsames Duschen oder Baden. Das hängt unter anderem damit zusammen, dass sie überdurchschnittlich häufig im Sternbild der Fische geboren wurde. In der Wanne stellen besonders Kerzenlicht und eine erotische Massage den aphrodisierenden Badezusatz dar.

Ideale Berufspartner

Von der Floristin für ihren stressigen Job gerne den Rücken frei halten lassen sich die Geschäftsführer, die Köche und die Journalisten. Letztere teilen auch ihre Kreativität. Ihr enormes Harmoniebedürfnis in der Zweisamkeit befriedigt das sanfte Duo Ingenieur und Schreiner. Ideale Voraussetzungen für eine berufliche Zusammenarbeit bietet der Gärtner, der den Blumenbinderinnen sozusagen als Materialbeschaffer dient. Den notwendigen Romantik- und Kuschelfaktor bringt der Lehrer in die Zweisamkeit mit ein, während der Pfarrer eher ihr Bedürfnis nach horizontaler Abwechslung befriedigt. Viel Geborgenheit und Unterstützung schenkt ihnen auch der Polizist.

Die Altenpflegerin

Basics

Gemäß dem Satz der amerikanischen Schauspielerin Mae West »Alt werden ist nichts für Feiglinge« könnte man sagen, dass es sich mit der Arbeit im Altenheim genauso verhält. Viel zu viel Leid, Hilflosigkeit und Vergehen erleben die Pflegekräfte täglich mit, als dass man ihre Tätigkeit als Zuckerschlecken bezeichnen könnte. Um das tägliche Siechtum vor ihren Augen dauerhaft auszuhalten, brauchen die Berufsvertreterinnen von vornherein eine psychische Bärennatur oder sie stumpfen im Laufe der Jahre ab. Das i-Tüpfelchen auf die enorme emotionale Belastung bilden häufig noch Extraschichten, der stetig steigende Zeitdruck durch die Profitgier der Seniorenresidenzbetreiber sowie die infolgedessen schlechte Bezahlung der Angestellten. Dieses Gesamtpaket an Grausamkeiten zeitigt die in den Medien häufig kolportierten »Frustfouls« beziehungsweise Vernachlässigungstendenzen gegenüber Bewohnern.

In ihrem Privatleben führt die gefühlsmäßige Abgebrühtheit der Altenpflegerinnen nicht selten dazu, dass sie keine wirklich tiefen menschlichen Bindungen mehr einzugehen in der Lage sind. Die gewisse Oberflächlichkeit ihrer Kontakte liegt aber auch zum Teil an ihrem Schichtdienst, der eine regelmäßige Kultivierung erschwert. Zum Ausgleich haben besonders junge Berufsvertreterinnen oft unzählige »Freundschaften« in sozialen Netzwerken wie Facebook, Stayfriends oder Twitter.

Ihre charakterlichen Vorzüge, aufgrund deren sie von ihren Lieben geschätzt werden, sind indes ihre Uneitelkeit, ihre Bodenständigkeit sowie ihre Verbindlichkeit. Wenn sie eine Zusage machen, halten sie diese gewöhnlich auch ein. Müssen sie bisweilen Termine doch canceln, hat ihnen meist der Job einen Strich

durch die Rechnung gemacht. Dass ihre Arbeitszeiten Vereinsaktivitäten weitgehend verhindern, verursacht der Altenpflegerin kaum je Leidensdruck, weil sie gewöhnlich ohnehin nur wenig Gefallen daran findet. Stattdessen macht sie das Beste aus
ihren zeitlichen Möglichkeiten, indem sie sich häufig zu Hennen-
treffen verabredet. Gerne lästert sie dabei auch über Dritte, womit sie ihrer bösen Zunge aber auch schon Genüge tut. Wo andere sporteln, ist das ihre Form von Frustabbau. Apropos Sport:
Allzu heftiger Leibesertüchtigung zieht sie allemal eine gemütliche Chill-Session auf ihrer heimischen Couch vor.

Flirt und Verführung

Durch die Unzufriedenheit in ihrem Job sieht die Altenpflegerin
entweder verhärmt aus, und/oder in ihrem Gesicht spiegelt sich
eine gewisse Wut wider. Fraglos stellt das keine günstige Voraussetzung dar, um Prinzen in Scharen anzulocken. Dazu kommt
eine gewisse Unsicherheit, ob sie sich in ihrer ungünstigen Ar-
beitssituation überhaupt binden soll. Oftmals hat sie nämlich
schon erlebt, dass Paarungskandidaten einen Rückzieher machen, sobald sie ihnen von ihren wechselnden Schichten erzählt
oder sie ein Date absagen muss, weil sie im Seniorenheim kurzfristig einspringen muss. Leider übt sie meist auf Männer keine
optisch so große Faszination aus, als dass sie ihre beruflichen
Widrigkeiten kompensieren könnte. Die Angst vor weiteren
Enttäuschungen lässt sie dann häufig ein Pokerface zur Schau
tragen, was ihre Chancen, angeflirtet zu werden, minimiert. Ret-
tung können potenzielle Herzbuben bedeuten, die nicht so sehr
auf Flirtsignale angewiesen sind. So werden die Altenpflegerinnen nicht selten von leicht angetrunkenen Bewerbern, Verzweif-
lungstätern oder Hasardeuren angesprochen. Wenn die eigene
Not groß genug ist oder sie selbst einen im Tee hat, lässt sie sich
sogar bisweilen darauf ein.

Jagdreviere

Als Ausdruck ihrer Ambivalenz gegenüber dem Thema Zweisamkeit nutzt die Altenpflegerin nur selten ein Vehikel der Entsingelung bis zum Erfolg. An Single-Gesprächsgruppen etwa nimmt sie einige Male teil, verschwindet aber auf Nimmerwiedersehen, sobald die Teilnehmer in die Phase der Bindung übergehen. Bei der Partnersuche über das Internet oder über Kontaktanzeige plänkelt sie herum, indem sie Treffen aus vermeintlich wichtigen Gründen absagt oder immer wieder hinausschiebt, so dass ihre Herrenkontakte irgendwann im Nirwana der Unverbindlichkeit enden. Da im World Wide Web Larifari allenthalben an der Tagesordnung ist, korrespondiert es hervorragend mit ihrer inneren Verfasstheit.

An ihrem Arbeitsplatz hat die Altenpflegerin zwar viele Verehrer in Gestalt der Bewohner, doch stellen diese berufsethisch meist ein absolutes Tabu für sie dar. Davon abgesehen steht derartigen Liaisons gewöhnlich der allzu große Altersunterschied im Weg. Männliche Kollegen sind indes absolute Mangelware, und die oft schlechte Stimmung auf Station verführt wahrlich nicht gerade zum Flirten.

In freier Wildbahn halten die Berufsvertreterinnen gerne »Old School« auf Tanzveranstaltungen und in Kneipen Ausschau nach Mister Right. Dort macht ihnen jedoch häufig ihr innerer Zwiespalt einen Strich durch die Rechnung, indem sie sich unbewusst in einem Pulk von Mitstreiterinnen vor der Herrenwelt verstecken.

Partnerschaft

Die Altenpflegerin erlebt nur selten eine erfüllende Zweisamkeit. Das liegt zu einem großen Teil an ihrem dominanten Verhalten. Entweder der Herzbube unterwirft sich ihr komplett, dann verliert sie den Respekt vor ihm, oder er gibt ihr Kontra, dann fliegen ständig die Fetzen. Die Lösung stellt höchstens ein Partner dar, der ihr weitgehend die Führungsrolle in der Liebe überlässt, sich dafür aber ihre Hochachtung auf anderen Gebieten verdient, etwa indem er beruflich einen hohen Status erreicht. Allein, diese Kombination ist nur selten zu finden, weil kaum ein Mann gerne zu Hause die zweite Geige spielt. Also bleibt die Lage meist schwierig.

Das Partnerwahlprinzip der Altenpflegerin »Gegensätze ziehen sich an« ruft häufig weitere Probleme hervor. Wissenschaftlich längst überholt, führt es meist dazu, dass sie und ihr späterer Angetrauter bald nur noch nebeneinanderher leben, weil sie keine gemeinsamen Hobbys pflegen und sich nur wenig zu sagen haben. Das Ende vom Lied sind getrennte Schlafzimmer, aber zumindest seitens der Berufsvertreterinnen kaum je, um die Erotik zu beflügeln, sondern um sie zu verhindern. Den Beziehungsfrust versucht ihr Göttergatte häufig mit Alkohol hinunterzuspülen, was gewöhnlich den endgültigen Todesstoß für die Sexualität bedeutet.

Die Sprösslinge der Berufsvertreterinnen unternehmen entweder etwas mit ihrer Mutter oder mit ihrem Vater. Zusammen erleben sie ihre Eltern in der Freizeit nolens volens allenfalls noch im Urlaub. Sobald der Nachwuchs auf eigenen Füßen steht, geht das Paar auch in dieser Hinsicht getrennte Wege. Und nicht selten nimmt es das Flüggewerden und den Auszug der Kinder sogar weiter gehend zum Anlass, dem Trauerspiel einer Ehe komplett ein Ende zu setzen.

Sex

Sex dient der Altenpflegerin häufig ein Stück weit zum Abbau von Alltagsfrust. Daher fährt sie im Bett eher die harte Tour. Wenn sie etwa ihren Geschlechtspartner in Reiterstellung beglückt, bewegt sie sich bisweilen so heftig, dass er um die Unversehrtheit seines besten Stücks bangen muss. Seine Befürchtungen tangieren sie aber nur peripher, weil sie ihrer eigenen Befriedigung alles andere unterordnet. Nimmt sie beim Verkehr eine passive Stellung ein, feuert sie ihren Partner meist dazu an, tief in sie einzudringen. Männer, die sie horizontal mit Samthandschuhen anfassen, machen sie innerlich nicht selten derartig wütend, dass sie das Schäferstündchen abbricht und ihren Soft-Lover entsorgt.

Ihrem Herrschaftsanspruch im Schlafzimmer leisten die Berufsvertreterinnen nicht nur Genüge, indem sie Anweisungen geben und dominante Stellungen einnehmen, sondern auch, indem sie ihren intimen Gespielen züchtigen. Klassische Herrinnenkluft trägt sie allerdings nur selten, weil sie Lack und Leder in der Regel nur wenig abzugewinnen vermag.

Ideale Berufspartner

Heiter über den Dominanzbestrebungen der Altenpflegerin stehen können die Elektriker, die Schreiner und die Gärtner, weil sie selbst keinerlei Machtansprüche hegen. Eine Beziehung ohne große Gemeinsamkeiten bereitet indes sowohl den Busfahrern als auch den Apothekern kaum je größeres Kopfzerbrechen. Die sexuelle Befriedigung bereiten den Angehörigen des Berufstandes die genital gut bestückten Polizisten, während sich die Vertreter im Schlafzimmer gerne ihren Erziehungsmaßnahmen unterwerfen. Eine sichere materielle Versorgung bieten ihnen die soliden Ingenieure. Gute Tipps für ein rückenschonendes Arbeiten im Seniorenheim erhalten die Pflegekräfte frei Haus von den Krankengymnasten.

Die Hauswirtschafterin

Basics

Hauswirtschafterinnen mussten häufig schon als Kinder viel im Haushalt helfen und ihn als Jugendliche zu einem großen Teil selbst führen, etwa weil ihre Eltern krankheitsbedingt nur bedingt funktionierten oder als Geschäftsinhaber zu wenig Zeit dafür hatten. Klassischerweise entstammen sie aus bäuerlichen Familien mit eigenem landwirtschaftlichen Betrieb, oft sind sie dabei in der Geschwisterhierarchie das älteste Mädchen. Zudem verfügen sie bereits früh über ein hervorragendes Organisationstalent sowie ein hohes Maß an innerer Strukturiertheit, was ihnen später hilft, ihre Aufgaben im Job erfolgreich zu bewältigen. Ihre Arbeit verrichten die Hausperlen meist mit großer Freude, egal ob sie privat oder bei einer Institution beschäftigt sind. Um sich diese Genugtuung zu verschaffen, werfen sie ihre gesamte Energie in ihre Tätigkeit und häufen oft Legionen von Überstunden an.

Trotz ihres enormen beruflichen Engagements achten die Hausmanagerinnen auf eine einigermaßen ausgewogene Work-Life-Balance. Nur selten vernachlässigen sie ihre privaten Aktivitäten merklich zugunsten ihrer Profession. Beidem hinlänglich gerecht zu werden, können sie sich erlauben, weil sie den Tiger im Tank haben und nur wenige Ruhepausen benötigen. Die Ursache für ihren überschaubaren Freundeskreis ist jedenfalls kaum je Zeitmangel, sondern ihre Einstellung, lieber klein und fein als groß und substanzlos. Daneben kommt aber auch wahrlich nicht jeder mit ihrer direkten, ja manchmal konfrontativen Art zurecht. Fraglos wenden sich ihre Lieben weniger an sie, wenn sie eine Seelenmassage benötigen, sondern eher dann, wenn eine ehrliche Meinung und vielleicht sogar eine Kopfwäsche gefragt ist.

Zu den großen Leidenschaften der Hauswirtschafterin in ihren Mußestunden gehört Tango und Co. Wenn sie nicht mindestens einmal pro Woche das Tanzbein schwingen kann, befällt sie eine gewisse Unzufriedenheit. Daneben ertüchtigt sie sich körperlich durch mäßigen Sport, indem sie schwimmen geht oder walkt. Last, but not least trifft sie sich gerne mit ihren Freundinnen auf einen gepflegten Kaffee.

Flirt und Verführung

An Handicaps beim Suchen und Finden der Liebe mangelt es der Hauswirtschafterin wahrlich nicht. Vom Aussehen her ohnehin schon eher unauffällig, macht sie auch viel zu wenig aus sich. Oft trägt sie Klamotten, deren beste Zeiten längst vorbei sind, schminkt sich, wenn überhaupt, nur minimal und trägt eine ziemlich biedere Frisur.

Daneben wirkt sie häufig ein wenig streng, was gelegentlich bis hin zur Bärbeißigkeit reicht. Jedenfalls lädt ihr optischer Gesamteindruck kaum je zu einem lockeren Flirt ein. Gestische und mimische Locksignale sind bei ihr darüber hinaus völlig Fehlanzeige. Oft kann selbst ein Mann, der sie schon länger kennt, nicht erkennen, ob sie ihn mag, geschweige denn, ob sie in irgendeiner Weise weitergehendes Interesse an ihm hegt. Zu schlechter Letzt schreckt die Perle des Haushalts viele Kandidaten auch durch ihre konfrontative Art in die Flucht. Dass sie früh Grenzen formuliert, etwa indem sie ihre No-Gos ins Gespräch bringt, erweckt bei vielen die Befürchtung, eine Beziehung mit ihr könnte eine sehr reglementierte sein.

Bleibt der Herzbube in spe dagegen am Ball und fällt nicht durch das Raster der Hauswirtschafterin, öffnet sie ihm recht zügig die Schlafzimmertür. Das erinnert an die »sagenhafte« Brunhilde im Nibelungenlied. Nachdem der Prinz sich im Kampf gegen sie bewährt hat, darf er ihr alsbald zur Belohnung im Bett beiwohnen.

Jagdreviere

In freier Wildbahn verbindet die Hauswirtschafterin gewöhnlich ihre Tanzleidenschaft mit der Pirsch nach Mister Right, indem sie regelmäßig in Tanzlokalen Ausschau nach ihm hält. Dort wird sie auch aufgefordert, ohne vorher große Flirtsignale ausgesandt zu haben. Dasselbe gilt für Single-Tanzkurse, bei denen sie jedoch aufgrund des herrschenden Frauenüberhangs nur selten ihre bessere Hälfte findet. Bisweilen gelingt ihr auch auf privaten Feten und Feiern der Sprung ins Liebesglück.

Medial steht den Berufsvertreterinnen häufig ihre Ungeduld im Weg, wenn es darum geht, einen Prinzen an den Haken zu bekommen. Zwar betreiben sie ihre Partnersuche kontinuierlich, doch wenn sich mithilfe eines bestimmten Vehikels der Entsingelung nicht zügig der Erfolg einstellt, wechseln sie kurzerhand zu einem anderen über. Das ist insofern tragisch, als eigentlich behutsame Wege des Kennenlernens wie Single-Gesprächsgruppen oder Singlereisen ihrer Schwergängigkeit optimal die Asse auf die Hand spielen.

Private Verkupplungsversuche durch Freunde lehnt die Hauswirtschafterin kategorisch ab, weil sie dadurch ihre Autonomie bedroht sieht, und auch am Arbeitsplatz sind ihre Chancen, unter die Haube zu kommen, mangels männlicher Masse äußerst bescheiden. Selbst im Haushalt eines katholischen Pfarrers ist nicht mehr drin als eine heimliche Affäre, sofern er seinem Zölibat nach außen hin treu bleiben möchte.

Partnerschaft

Ähnlich wie bei der Reinigungsfachkraft läuft bei der Hauswirtschafterin die Redensart »Der Schuster trägt die schlechtesten Schuhe« ins Leere. Im Gegenteil hat sie auch ihren eigenen Haushalt bestens im Griff. Da sie sich in diesem Bereich nur ungern von anderen hineinpfuschen lässt, belegt sie ihren Göttergatten mit einem Putz-, Wasch- und Kochtabu. Indem sie die traditionellen Frauenarbeiten im gemeinsamen Nest völlig allein erledigt, schießt sie sich insofern nicht selbst ins Bein, als sie Freude an der Hausarbeit hat. Viele Berufsvertreterinnen sehen in der Pflege ihres Heims sogar ein Hobby. Selbst kleinere Reparaturen übernehmen sie selbst, so dass ihre bessere Hälfte erst ranmuss, wenn es ans Eingemachte geht. Denn spätestens bei der defekten Klospülung oder dem verstopften Abflussrohr wirft sie das Handtuch.

Richtig gefordert, ja häufig überfordert wird ihr Angetrauter indes durch ihren Tatendrang in den Mußestunden. Fast gewinnt man den Eindruck, sie schone ihn zu Hause ein Stück weit, damit er später stramm stehen kann. Mindestens zwei- bis dreimal pro Woche möchte sie abends unterwegs sein. Darunter fällt fast immer der gemeinsame Besuch einer Tanzveranstaltung. Ein Nichttänzer an ihrer Seite stellt praktisch ein No-Go dar, worin aber auch nur selten das Problem liegt, weil sie ihren späteren Mann häufig schon beim gepflegten Foxtrott kennengelernt hat. Konfliktpotenzial bietet vielmehr sein zunehmendes Ruhebedürfnis im mittleren Alter.

Das führt bei der Hauswirtschafterin, deren Aktionsradius durch ihre Kinder jahrelang eingeschränkt war und die daher noch einmal so richtig auf die Piste gehen möchte, zu erheblicher Unzufriedenheit. Ihr Heil sucht sie dann in regelmäßigen Alleingängen.

Sex

Im Bett ist die Hauswirtschafterin nicht weniger als eine Heimsuchung. Wenn sie mit ihrem intimen Gespielen geschlechtlich »fertig hat«, befällt ihn häufig das Gefühl, der Mongolensturm sei über ihn hinweggefegt. Tatsächlich zeichnet sich das Sexualleben der Berufsvertreterinnen durch eine unbändige Heftigkeit aus. Oft verfügt sie über solche Bärenkräfte, dass ihre Umklammerung beim Intimverkehr Erinnerungen an einen Schwitzkasten hervorruft. Sicher gehen bestimmt 50 Prozent aller Penisbrüche allein auf ihr Konto, ebenso wie sie regelmäßig ganze Nächte lang durchvögelt. Wiederholte Hänger im Bett stellen häufig das partnerschaftliche Todesurteil für ihre bessere Hälfte dar. Selbst ein zu kleiner Penis ihres Herzbuben kann bisweilen schon zu unüberbrückbaren Differenzen führen.

Leider kommt die Qualität des horizontalen Treibens der Hauswirtschafterin zugunsten der Quantität etwas zu kurz. Meist umfasst ihr intimes Repertoire nur die wenigen Stellungen, die eine tiefe Penetration ihres Partners ermöglichen. Dazu gehören fast immer die Reiterposition und Doggystyle. Auch bezüglich der Erfindung von Rollenspielen wird die Perle des Haushalts das Rad nicht neu erfinden.

Ideale Berufspartner

Wenige Ambitionen, der Hauswirtschafterin bei der Haushaltsführung in die Parade zu fahren, haben das für Putzen, Waschen und Co. wenig motivierte Duo Landwirt und Hausmeister. Die handwerklichen Arbeiten nehmen ihr dagegen neben den Elektrikern die Schreiner ab. Von der Potenz her sind den Berufsvertreterinnen neben den Bademeistern die Polizisten gewachsen. Letztere sind auch genital hinreichend bestückt, um sie sexuell zu befriedigen. Regelmäßig zum Tanzen begleitet sie die aktivere Fraktion der Busfahrer, während der Gastwirt keinerlei Probleme mit ihrer direkten Art hat, sie im Gegenteil sogar ausgesprochen schätzt. Ihrem hohen Tempo bis ins hohe Alter folgen können gewöhnlich der Krankengymnast sowie der Kraftfahrzeugmechaniker.

Die Kellnerin

Basics

Das Leben als Kellnerin ist gewiss kein Zuckerschlecken. Zum einen herrschen in der Gastronomie betriebsintern meist ein rauher Ton und Zeitdruck. Zum anderen glauben die Gäste, sich aufgrund des niedrigen Status der Serviererinnen Grenzverletzungen gegen sie erlauben zu können. Schon im Ruf nach der Bedienung steckt im Prinzip eine Abwertung, und darüber hinaus fungieren die Berufsvertreterinnen nicht selten als Fußabtreter für die schlechte Laune der Besucher. Auch schlüpfrigen Kommentaren unter die Gürtellinie und bisweilen sogar körperlichen Annäherungsversuchen sind sie ausgesetzt. Um dafür gerüstet zu sein, die Widrigkeiten ihres Jobs dauerhaft zu ertragen, bringen die Kellnerinnen entweder schon ein dickes Fell mit oder trainieren es sich im Laufe der Jahre an.

Neben einer gewissen »Leck-mich-Mentalität« stehen im Anforderungsprofil der Servicekräfte ein hohes Maß an Aufmerksamkeit, Stressresistenz, Offenheit gegenüber den Bedürfnissen der Kunden, gute Umgangsformen sowie Lust an Kommunikation. Last, but not least verlangen die bis in die Nacht reichenden Arbeitszeiten im Gaststättengewerbe Personal, das von seinem Biorhythmus her eher Eule als Lerche ist.

Privat kommt der Kellnerin ihre Offenheit insofern zugute, als sie allenthalben leicht Kontakte knüpft. Infolgedessen kennt sie viele Leute und verfügt über einen recht ansehnlichen Freundeskreis. Ihre Kernigkeit, ja mitunter Deftigkeit macht sie auch zu einer idealen Kumpeline für die Herrenwelt. Tatsächlich umfasst ihr soziales Umfeld nicht selten mehrheitlich Männer. Allzu sensible Zeitgenossen werden allerdings nur selten lange Freude an ihren teilweise zotigen Sprüchen haben.

In ihren Mußestunden hält es die Servicekraft nie allzu lange in ihren heimischen vier Wänden, weil sie nur schlecht allein sein kann. Wenn sie etwa wegen Krankheit einmal ans Bett gefesselt ist, dudelt als Ersatzbefriedigung für echte menschliche Nähe ständig das Radio, oder es läuft der Fernseher. Daneben hängt sie telefonierend und simsend oft Stunden an ihrem Smartphone. Mit ihren Lieben geht die Kellnerin gerne Tanzen und lässt es auf Partys so richtig krachen.

Flirt und Verführung

Flirten gehört bei der Kellnerin zum Handwerk, um in Gestalt von Trinkgeld ihr nicht gerade üppiges Gehalt aufzubessern. Ein wenig Augenklimpern, gepaart mit Powackeln und Vorbauparade, und schon rollt der Rubel aus den Brieftaschen der männlichen Gäste. Ihre optischen Signale garniert sie häufig noch mit nettem Smalltalk. Wenn sie weiter gehendes Interesse hat, nimmt sie neben der Zeche plus Tip gerne auch die Telefonnummern ihrer attraktiven Kunden entgegen.

Was der Servicekraft beruflich recht ist, ist ihr auch privat billig. Will heißen, sie setzt ihre gesamte Flirtkompetenz genauso jenseits wie während der Arbeit ein. Oftmals bedeutet das aber »Eulen nach Athen tragen«, weil sie schon wegen ihres hervorragenden Aussehens die Blicke der Herrenwelt hinlänglich auf sich zieht. Im Gegensatz zu ihrer Erfolgsquote, die bei fast 100 Prozent liegt, sind die Bemühungen von Paarungskandidaten in ihre Richtung beileibe nicht immer erfolgreich. Bisweilen kokettiert sie nämlich völlig absichtslos einfach aus Spaß an der Freude oder um ihre Attraktivität zu testen. Während Letzteres ein gewisses Geschmäckle hat, entspricht Ersteres völlig den Regeln des Flirtens, weil ihm eine stark spielerische Komponente zugrunde liegt. Trotzdem führt sie damit bisweilen zur Verstimmung seitens des auf Beutemachen fokussierten starken Geschlechts.

Jagdreviere

Die Gastronomie ist eine der wenigen Branchen, in der das Flirten des weiblichen Personals nicht ungern gesehen wird, weil es den Umsatz steigert. Daher sind möglichen Anbandelungsversuchen der Kellnerin fast keine Grenzen gesetzt, höchstens es schadet dem Ruf des Betriebs. Aber welcher Mann beschwert sich schon über weibliche Avancen, selbst wenn sie noch so offensichtlich sind. Infolgedessen kommen die Servicekräfte bei Bedarf an ihrem Arbeitsplatz mühelos unter die Haube. Das Problem besteht allerdings mitunter darin, dass dort vom Niveau her nicht das Publikum verkehrt, mit dem sie sich einlassen möchten.

In freier Wildbahn werden die Berufsvertreterinnen praktisch auf Schritt und Tritt Ziel männlicher Flirtattacken, sei es im Bus, an der Lebensmitteltheke oder klassisch auf einer Tanzveranstaltung. Ihnen obliegt es dann eigentlich nur noch, den geeigneten Bewerber im Prinzencasting herauszufiltern. Obwohl sie es in der Regel absolut nicht nötig haben, übernehmen sie auch selbst gerne die Initiative und blasen ihrerseits zum lustigen Halali in Richtung der Objekte ihrer Begierde.

Medien nutzen zu müssen, um ihr Singledasein zu beenden, empfindet die Kellnerin fast schon als Beleidigung ihrer Attraktivität. Tatsächlich schlägt sie allenfalls kurzfristig in Singletreffs auf oder bekleidet in klassischen Partnervermittlungen die Rolle des Lockvogels, wofür sie im Gegenzug neben den Ladenhütern auch so manchen lukrativen Paarungskandidaten zugeschanzt bekommt.

Partnerschaft

Was die Liebe betrifft, ist die Kellnerin nicht gerade ein Schoßkind des Glücks. Zwar kommt sie leicht an den Mann und hat meist nur sehr kurze Singlephasen, aber ebenso kurz dauern zumindest in jungen Jahren auch ihre Beziehungen. Das liegt in erster Linie daran, dass sie aufgrund ihres lockeren Umgangs mit der Herrenwelt häufig in die Kategorie Schlampe eingeordnet wird. Infolgedessen wird sie vom starken Geschlecht gemeinhin nur als Betthäschen angesehen. Sobald es ans Eingemachte geht, indem sie Verbindlichkeit einfordert, suchen ihre intimen Gespielen das Weite. Bisweilen vermitteln sie ihr gar zum Abschied untergründig das Gefühl, sie genüge bezüglich ihres beruflichen Status nicht ihren sozialen Ansprüchen. Dass sie meist unverzüglich eine neue Bindung eingeht, befeuert ihren Ruf, leicht zu haben zu sein, wodurch eine Teufelsspirale in Gang gesetzt wird. Ruhigeres Partnerschaftsfahrwasser erreicht die Kellnerin oft erst gegen Ende ihres dritten oder zu Beginn ihres vierten Lebensjahrzehnts. Dann haben sowohl sie als auch potenzielle Paarungskandidaten sich hinlänglich die Hörner abgestoßen. Gewöhnlich findet sie in dieser Zeit einen Gefährten, mit dem eine langfristige Zweisamkeit und Familiengründung möglich ist. Nicht selten bringen jedoch beide schon einen ungeplanten Sprössling aus einer ihrer früheren Liaisons in die Verbindung ein. Um den gemeinsamen Nachwuchs kümmern sich die Berufsvertreterinnen dann erheblich besser als anfangs um das Kind ihrer Sturm-und-Drang-Zeit. Mitunter wird er sogar kompensatorisch ziemlich stark verhätschelt.

Sex

Wenn die Kellnerin Sex möchte, gibt es kein Halten mehr. Entweder setzt sie dann, gehüllt in leckere Dessous, ihre körperlichen Reize ein, um das Objekt ihrer Begierde in Wallung zu versetzen, oder sie geht sofort zur leiblichen Attacke über. Dabei geht sie oft gleich in die Vollen. Will heißen, sie hält sich nicht erst mit unverfänglichen Körperregionen auf, sondern macht sich unverzüglich am besten Stück ihres Gegenübers zu schaffen.

Meist treibt sie dabei ihre überbordende Libido an, und sie möchte keine Zeit verlieren, bis es zum Ultimativen kommt. Das Vorspiel ist für sie eher ein notwendiges Übel als ein Genussfaktor.

Aufgrund ihrer häufig wechselnden Geschlechtspartner in jungen Jahren verfügen die Berufsvertreterinnen gewöhnlich über einen breiten erotischen Erfahrungsschatz. Entsprechend können sie auch nur einen Partner an ihrer Seite dulden, der ihnen diesbezüglich das Wasser reichen kann. Zur Sexlehrerin, geschweige denn zur Sextherapeutin fehlt ihnen mangels Geduld allenthalben die Eignung. Gelingt es einer neuen Bekanntschaft nur unzulänglich, die Servicekraft im Bett glücklich zu machen, wird sie kaum je eine zweite Chance erhalten, um die Scharte wieder auszuwetzen. Lässt sich die andere Seite nicht so einfach entsorgen, etwa weil beide durch den Bund der Ehe verknüpft sind, gerät die Kellnerin in höchste Fremdgehversuchung.

Ideale Berufspartner

Den Lebensrhythmus der Kellnerin als Nachteile teilen die ebenfalls nachtaktiven Geschäftsführer, Journalisten und Gastwirte, die häufig erst ab der Geisterstunde so richtig zur Höchstform auflaufen. Besonders Letztgenannte lieben neben den Landwirten sowie den Kraftfahrern auch die deftige Art der Berufsvertreterinnen.

Über ein sexuell ähnlich breites Repertoire wie die Servicekraft im Schlafzimmer verfügt das Duo Busfahrer und Koch. Ihre unbändige Unternehmungslust, ihre Feierlaune und Kontaktfreude kann sie bestens an der Seite des Vertreters kultivieren, während der Schreiner eher den ruhenden Pol für sie darstellt, wenn sie nach den Irrungen und Wirrungen ihrer Vita zur Ruhe kommen möchte.

Die Sekretärin

Basics

In ihrer Kindheit war die angehende Sekretärin häufig eine Gefalltochter. Um zumindest die Anerkennung ihres Vaters zu erheischen, versuchte sie, ihm alles recht zu machen, ohne sich dabei in den Mittelpunkt zu stellen. Dieses Muster führt sie später im Verhältnis zu ihrem Chef fort, indem sie ihm gegenüber völlige Loyalität zeigt und sich trotz ihrer hervorragenden Leistungen damit zufriedengibt, immer nur die zweite Geige zu spielen. Neben der Kombination aus Nibelungentreue und gnadenloser Einsatzbereitschaft qualifizieren die Berufsvertreterinnen für ihren Tätigkeitsbereich gewöhnlich äußerste Diskretion, ein grandioses Organisationstalent, absolute Verlässlichkeit und ein hohes Maß an Verantwortungsbewusstsein. Ihre Beständigkeit führt indes dazu, dass sie den Arbeitsplatz nur sehr selten wechseln.

In ihrem Privatleben setzt die Assistentin der Geschäftsleitung ebenfalls auf Kontinuität, sowohl was ihre sozialen Kontakte als auch was ihr Freizeitverhalten betrifft. Ihre Freundinnen kennt sie oft schon aus dem Sandkasten, und ihre Hobbys pflegt sie gewöhnlich über Jahrzehnte hinweg. Neuen Dingen gegenüber verhält sie sich zunächst einmal vorsichtig zurückhaltend, hat sie aber erst einmal Vertrauen gefasst beziehungsweise Feuer gefangen, löst sie komplett die Handbremse und gibt Vollgas. Infolge ihrer Begeisterungsfähigkeit neigt die Sekretärin dazu, ihre Lieben zu idealisieren. Dadurch wird sie ein Stück weit blind für deren Fehler, was sie in die Fährnis bringt, von ihnen in eine Bredouille gebracht oder ausgenutzt zu werden. Häufig gelingt es ihr jedoch selbst dann noch nicht, sofort die Reißleine zu ziehen, indem sie klare Grenzen zieht. Stattdessen lässt sie sich, nachdem sie schon den kleinen Finger der Hilfsbereitschaft abgegeben hat, noch den ganzen Arm ausreißen.

In ihren Mußestunden genießt es die Sekretärin, ihr Nest zu verschönern, da ein angenehmes Wohnambiente enorm zu ihrem Wohlbefinden beiträgt. Darüber hinaus liebt sie Tanzen in jedweder Form und hält sich gerne Rad fahrend, walkend oder wandernd in der Natur auf. Extremes Relaxen auf der Couch betreibt sie dagegen nur äußerst selten.

Flirt und Verführung

Obwohl sich die Sekretärin neuen Kontakten nicht gleich an den Hals wirft und sie zunächst einmal vorsichtig abcheckt, lässt sie relativ deutlich durchschimmern, ob sie ihnen gegenüber eine eher kritisch beobachtende oder eine wohlwollende Haltung innehat. Neuen Männerbekanntschaften zeigt sie weiter gehendes Interesse ganz banal, indem sie sie freundlicher behandelt als andere Zeitgenossen. Letzteres stellt allerdings weniger eine Vorsichtsmaßnahme dar, um nachher keine böse Überraschung zu erleben, sondern ist vielmehr Produkt ihrer kindlichen Neugierde. Viele Berufsvertreterinnen verraten sich auch dadurch, dass sie die Nähe zum Objekt ihrer Begierde suchen. Bisweilen scharwenzeln sie so lange um es herum, bis es zur Flirtattacke übergeht. Selbst unternehmen sie den entscheidenden Schritt kaum je, weil sie ganz traditionell die Auffassung vertreten, dass die ultimative Initiative dem starken Geschlecht obliege.

Auf schnellen Sex braucht die Herrenwelt bei der Sekretärin nicht zu hoffen. Zum einen verbietet ihr der Anstand, gleich mit einem Kandidaten ins Bett zu hüpfen, und zum anderen herrscht bei ihr fast nie intimer Notstand. Die Vorstellung, dass sie sich einfach mal so auf ihrem Schreibtisch zu einem »Company-Fick« in die Horizontale begibt, entspringt gewöhnlich reinem Wunschdenken ihrer männlichen Kollegen.

Jagdreviere

So verbindlich, wie sich die Sekretärin ihren Kollegen gegenüber gibt, so sehr ist sie darauf bedacht, eine gewisse professionelle Distanz zu ihnen zu wahren. Darunter fällt allenthalben die Vermeidung von Liebe im Büro, weil sie genau weiß, welche Verwicklungen und Unannehmlichkeiten spätestens nach einer möglichen Trennung daraus erwachsen können. Dass es signifikant häufig zu der Kombination Chefsekretärin und Chef kommt, stellt zumindest heutzutage genauso einen Mythos dar wie die vermeintlich notorische Verbindung zwischen Arzt und Krankenschwester.

Medial kommt den Berufsvertreterinnen das Prinzip der Single-Gesprächsgruppen »Wiederholte Gelegenheit macht Liebe« sehr entgegen. Über mitunter viele Sitzungen hinweg können sie dort die Kandidaten in Augenschein nehmen und taxieren, wessen Geistes Kind diese sind, bevor sie sich gegenüber ihren Avancen öffnen. Singleclubs bieten diese Möglichkeit zwar auch, aber zum einen ist hier die Fluktuation größer, was den Prinzencheck etwas erschwert, und zum anderen stimmt für sie in der Breite gesehen das Niveau der Mitglieder nur teilweise. Das Internet meiden sie oft schon a priori wegen der vielen Lügenbarone, die sich darin tummeln. Unehrlichkeit hassen sie nämlich geradezu. Außerdem möchten sie nach einem langen Arbeitstag vor dem PC nicht auch noch abends in die Tastatur hauen.

In freier Wildbahn sucht die Sekretärin kaum je gezielt Örtlichkeiten des Kennenlernens auf, sondern legt ihr Liebesglück geflissentlich Genosse Zufall in die Hand.

Partnerschaft

In der Ehe mit der Sekretärin gilt für ihren Angetrauten gemäß dem Slogan der König-Pilsener-Bierwerbung das Motto »Heute ein König«. Dabei übernehmen die Berufsvertreterinnen in Personalunion die Rollen fast des gesamten Hofstaats. Als Kammerdienerinnen legen sie ihrem Regenten alias Göttergatten morgens die Kleidung zurecht und helfen ihm zur Not auch beim Ankleiden, etwa indem sie ihm die Krawatte binden oder ins Sakko helfen. Als Köchin und Mundschenk bereiten sie ihm die Speisen beziehungsweise reichen sie ihm an, sei es an der Tafel im Speisezimmer oder auf ihrem Thron, der heimischen Couch. Als Magd hält sie ihm den Haushalt in Ordnung, während sie als Kämmerer seine Finanzen regelt. Last, but not least erzieht sie ihm als Gouvernante seine Kinder.

Der Aufgabenbereich ihres »royalen« Gemahls umfasst hingegen meist nur drei Felder. Erstens trägt er wesentlich zum Familieneinkommen bei. Einen Arbeitslosen an ihrer Seite würde die Sekretärin kaum je lange akzeptieren, weil sie nicht zu ihm aufschauen kann. Zweitens ist er dafür zuständig, alle wichtigen Entscheidungen zu treffen, außer bezüglich des Nachwuchses. Ob etwa ein Haus gebaut, ein neues Auto gekauft oder einem langsam auf Pflege angewiesenen Elternteil Domizil gewährt wird, liegt weitgehend in seinem Ermessen. Drittens unterstehen ihm sämtliche handwerklichen Arbeiten im und um das gemeinsame Heim herum. Führt er seine Angetraute darüber hinaus noch gelegentlich zum gepflegten Paartanz oder zum Essen aus, steht seinem ewigen Leben auf Schloss Paradiso nichts im Wege.

Sex

Um ihren Herzbuben im Bett glücklich zu machen, geht die Sekretärin intim oft an ihre Grenzen oder bisweilen sogar darüber hinaus. Gut möglich, dass sie sich dafür in Lack und Leder zwängt, obwohl sie diesem Outfit, vorsichtig ausgedrückt, nur wenig abgewinnen kann. Geschweige denn bereitet es ihr einen geschlechtlichen Lustgewinn, Mister Right mit diversen Folterwerkzeugen zu malträtieren.

Selbst sind die Berufsvertreterinnen von ihrer sexuellen Ausrichtung her eher auf Norm beziehungsweise Standard gebürstet. Perversionen oder auch schon horizontale Betätigung an nicht ganz alltäglichen Orten widersprechen ihrem tiefen Wunsch nach Wohlanständigkeit. Bei einem Schäferstündchen etwa auf dem Hochsitz kann sie, aus Furcht, entdeckt und womöglich wegen des »Hausfriedensbruchs« gemaßregelt zu werden, nie komplett ihren Kopf abschalten.

Quantitativ gibt die Assistentin der Geschäftsleitung fast nie Anlass zur Beschwerde. Ähnlich wie der Pfarrer hält sie es mit der Vorgabe des Reformators Martin Luther »In der Woche zwier schadet weder ihm noch ihr«. Dahinter steckt nicht nur die Idee, dem Kaiser zu geben, was des Kaisers ist, sondern auch ihre eigene Libido, die sie zu regelmäßiger genitaler Vereinigung antreibt.

Ideale Berufspartner

Gerne in die Rolle des Königs schlüpfen für die Sekretärin der Bankkaufmann, der Geschäftsführer und der Vertreter, während die Zweisamkeit mit dem Finanzbeamter eher auf dem Prinzip gegenseitiger Wohltaten beruht. Im Schlafzimmer wird der Elektriker neben dem Schreiner die Berufsvertreterinnen kaum je auf Abwege führen. Beide überzeugen sie zudem durch ihre absolute Taktsicherheit beim Tanzen. Auf sexuelle Experimente lassen sie sich dem fantasievollen Ingenieur zuliebe nur aus Dankbarkeit dafür ein, dass er ihnen praktisch in jedweder Hinsicht ein Traumpartner der Liebe ist. Den unbedingten Wunsch der Sekretärin nach mehreren Sprösslingen erfüllen gewöhnlich die kinderlieben Pfarrer sowie die Kraftfahrzeugmechaniker.

Die Arzthelferin

Basics

Das Aufgabengebiet, egal ob von Arzthelferin, Zahnarzthelferin oder Tierarzthelferin, ist sehr umfangreich. Es reicht von Praxisorganisation über Vorbereitung der Behandlungen bis hin zur Mitwirkung an Operationen. Daher müssen die Berufsvertreterinnen für die fruchtbare Ausübung ihrer Profession ein hohes Maß an Vielseitigkeit in die Waagschale werfen. Ferner gehören zu ihrem Anforderungsprofil menschliche Zugewandtheit gegenüber den Anliegen der Patienten, Unerschrockenheit, was deren Erkrankungen betrifft, Teamfähigkeit, hundertprozentige Verlässlichkeit sowie ein hohes Maß an Flexibilität bezüglich ihrer Arbeitszeiten. Last, but not least sollten sie über ein ausgeprägtes Gerechtigkeitsempfinden verfügen. Ihre gewisse Machtposition etwa bei der Terminvergabe auszunutzen, um ihre schlechte Bezahlung sowie ihren nicht allzu hohen beruflichen Status zu kompensieren, verbietet sich völlig. Verfährt die Arzthelferin hier willkürlich nach Gutsherrenmanier und ihre Vorgehensweise wird ruchbar, kann es sie leicht ihren Job kosten, weil sie dadurch potenziell Leben gefährdet.

Das toughe Verhalten, das die Arzthelferin am Arbeitplatz an den Tag legt, damit der Ablauf einigermaßen geordnet bleibt, hilft ihr auch privat, Grenzen zu ziehen. Nur selten lässt sie sich von falschen Freunden ausnutzen oder zu gänzlich unangenehmen Dingen überreden, sondern sagt klipp und klar »Bis hierhin und nicht weiter.« Selbst ihr sehr nahestehenden Zeitgenossen ist zu raten, ihre Toleranz keinen allzu großen Belastungsproben auszusetzen. Ansonsten zieht sie die Konsequenz, indem sie den Kontakt abbricht. Beruht das Verhältnis indes auf dem Prinzip von gegenseitigem Wohlwollen, zeigt sie meist maximale Loyalität.

In ihren Mußestunden trifft sich die Arzthelferin gerne zum Kaffeetrinken, Bummeln und für gepflegte Kneipentouren mit ihren Kumpelinen im Städtchen. Daneben liebt sie Kinobesuche wie Wellness jedweder Couleur. Lediglich nackt, etwa beim Saunieren, muss sie sich Fremden nicht unbedingt präsentieren.

Flirt und Verführung

Die Arzthelferin hadert nicht selten mit ihrem Aussehen und ihrer schlechten Bezahlung im Beruf, die sie bisweilen dazu zwingt, einen Nebenjob anzunehmen. Diese gewisse Unzufriedenheit strahlt sie häufig auch beim Flirten aus, indem sie entweder traurig oder ein wenig missmutig wirkt. Während Ersteres ja mitunter noch den Wunsch der Paarungskandidaten weckt, zu erforschen, was hinter ihrer Bedrücktheit steckt, bildet Letzeres doch ein erhebliches Abschreckungspotenzial. Selbst wenn sie beim Blickkontakt ein Lächeln aufsetzt, vermittelt es nicht unbedingt den Eindruck, von Herzen zu kommen, sondern hat regelmäßig etwas Gequältes.

Oft erschweren die Berufsvertreterinnen die ohnehin schon schwierige Angelegenheit zusätzlich durch ihre Ungeduld. Bevor das Fell des Bären in den von ihnen besuchten Kennenlern-Locations verteilt wird, streichen sie meist schon frustriert das Segel.

Infolge ihrer Anbandelungsdefizite müssen sie häufig dem Prinzip Zufall vertrauen. Tatsächlich kommen recht viele »ärztliche Hilfskräfte« unter kuriosen Umständen an den Mann, etwa indem er sie mit dem Auto anfährt oder er ihr dabei hilft, die entlaufene Katze wieder einzufangen. Interessanterweise verfügen Tierarzthelferinnen und Zahnarzthelferinnen über einen erheblich höheren Flirtfaktor, in erster Linie, weil sie optisch zufriedener mit sich sind.

Jagdreviere

Zwischen Spritzenverteilen und Blutabnehmen bieten sich der Arzthelferin kaum Möglichkeiten, in den Hafen der Zweisamkeit einzulaufen. Dafür steht sie viel zu sehr unter Beobachtung ihrer Kolleginnen, die oft mit Stutenbissigkeit reagieren, wenn in ihrer Anwesenheit allzu offensichtlich geflirtet wird. Die einzige Chance, sich Patienten oder Pharmavertretern intensiver anzunähern, besteht darin, dass ihr ein Kandidat praktisch im Vorbeigehen seine Kontaktdaten zusteckt. Ihr Chef lässt hingegen meist tunlichst die Finger von ihr, um Unruhe beziehungsweise böses Blut in seiner Mitarbeiterschaft zu vermeiden.

In freier Wildbahn dient oft Alkohol als Brandbeschleuniger für das Herz der Berufsvertreterinnen und ihrer Verehrer. Er bringt die Dinge ins Laufen, bevor geringe Ausdauer beim Suchen und Finden der Liebe sie zur Aufgabe zwingt. Daher bevorzugen Arzthelferinnen Locations, in denen hochprozentiger Trinkgenuss auf der Tagesordnung steht, wie in Kneipen oder Diskotheken. Letztere besuchen sie allerdings insofern rein zweckorientiert, als Tanzen nicht unbedingt zu ihren großen Leidenschaften zählt.

Bei der medialen Kontaktanbahnung segelt die Arzthelferin häufig zwischen Skylla und Charybdis, hat also nur die Wahl zwischen zwei Übeln. Nutzt sie Vehikel, die potenziell schnell zum Paarungserfolg führen, wie Singlepartys, zieht sie meist den Kürzeren gegenüber der flirtfreudigeren Konkurrenz. Hilfsmittel der Kontaktanbahnung, die ihr genügend Zeit bieten, in den Fokus männlichen Interesses zu rücken, überfordern auf der anderen Seite aber meist ihre Geduld.

Partnerschaft

Die Arzthelferin löst nicht selten ihren Herzbuben aus einer starken Mutterbindung, um ihn dann selbst unter ihre Fuchtel zu nehmen. Jedenfalls ist er nur selten auf Augenhöhe mit ihr, was die Machtverteilung in der Zweisamkeit betrifft. Den Hintergrund für die Partnerwahl der Berufsvertreterinnen bildet die sicherlich begründete Hoffnung, dass ein devot-abhängiger Partner sie nicht so leicht verlassen könnte wie einer, der komplett auf eigenen Füßen steht. Um ihren Angetrauten in einen Zustand gewisser Hilflosigkeit zu versetzen, schließen sie ihn von gewissen Aufgabenbereichen wie etwa der Hausarbeit oder der Verwaltung der Finanzen völlig aus. Irgendwann verlernt er dann schlicht und einfach, ein Hemd zu bügeln oder eine Banküberweisung zu tätigen.

In der Öffentlichkeit kehrt die Arzthelferin ihre Dominanz kaum merklich hervor, indem sie ganz sanft den Ton angibt. So spüren nur sehr feinfühlige Zeitgenossen, wer in der Beziehung die Hosen anhat. Weil sie ihrem Gemahl öffentlich auf Augenhöhe begegnet und mitunter gar demonstrativ Bewunderung für ihn zur Schau stellt, schafft sie geschickt ein Gleichgewicht zwischen häuslicher und auswärtiger Realität.

Für ihre Kinder gibt die Arzthelferin ihr letztes Hemd, damit es ihnen materiell an nichts fehlt, ist aber nicht in der Lage, ihnen wirkliche Nestwärme zu schenken. Für diesen Part zeichnet eher ihr Göttergatte verantwortlich. Aufgrund der starken Bindung zu ihrem Vater schlägt sich der Nachwuchs häufig auf seine Seite, wenn es zu ehelichen Konflikten kommt, und kämpft mit ihm gegen seine Unterdrückung.

Sex

Im Gegensatz zu den Vertreterinnen der Nachbarprofessionen Zahnarzt- und Tierarzthelferin, in deren Beziehungen gewöhnlich eine Ausgewogenheit der Machtverhältnisse herrscht, muss die Arzthelferin darauf achten, dass das Pendel diesbezüglich nicht zu sehr in ihre Richtung ausschlägt. Ansonsten verliert sie den Respekt vor ihrem Partner und spürt nur noch wenig Lust, mit ihm zu schlafen. Allerdings ist sie so klug, sich ihm selbst dann sexuell noch nicht komplett zu verweigern, wird doch seine Abhängigkeit von ihr durch den ehelichen Geschlechtsverkehr noch verstärkt. Also gibt sie ihm gerade immer so viel körperliche Liebe, wie er braucht, um ihr am Haken zu bleiben. Wenn sie einmal keinen Verkehr möchte, kennt sie genug andere Möglichkeiten, ihren intimen Gespielen in den Himmel der Lust zu befördern. So hat sie äußerst geschickte Hände, die es für sie zu einem Kinderspiel werden lassen, ihn manuell zu befriedigen. Die Vorarbeit für den Höhepunkt leistet sie nicht selten oral, aber eben tatsächlich nur die Vorarbeit. Bisweilen drapiert sich die Arzthelferin nackt auf dem Bett und »duldet« es, wenn sich ihr Herzbube, durch den Anblick stimuliert, selbst befriedigt. Gelegentlich nimmt sie auch selbst an dem autoerotischen Treiben teil.

Ideale Berufspartner

Ein Stück weit den Willen zur Ohnmacht bringt das Trio Finanzbeamter, Briefträger und Programmierer in die Beziehung mit der Arzthelferin ein, während die rücksichtsvollen Schreiner und Elektriker ihre klaren Grenzen respektieren. Im Bett kaum je überfordern wird die Berufsvertreterinnen der Apotheker, weil sein bestes Stück buchstäblich nicht immer in Bestform ist. Viel gemeinsamen Gesprächsstoff bietet ihnen das Leben an der Seite des Arztes.

Dass es bei ihr durch den Beruf abends öfter einmal später wird, kommt dem Geschäftsführer sogar entgegen, weil er diesbezüglich im gleichen Boot sitzt. Die fehlende Nestwärme der Arzthelferin gegenüber ihrem Nachwuchs kompensiert der Pfarrer.

Die Kosmetikerin

Basics

Die Kosmetikerin ergreift ihren Beruf gewöhnlich nicht, um reich zu werden, sondern weil sie ihren Mitmenschen Schönes und Gutes tun möchte. Das ist buchstäblich zu verstehen. Gutes tut sie ihren Kundinnen, indem sie ihnen Wellnessbehandlungen wie etwa Gesichtsmassagen angedeihen lässt. Schönes tut sie ihnen, indem sie das Beste aus ihrer Optik macht, also ihrer Kerntätigkeit nachgeht. Fraglos sind die Berufsvertreterinnen aber keine Träumerinnen, die glauben, von Luft und Liebe zur Arbeit leben zu können. Natürlich legen sie, gleichermaßen als Selbständige wie als Angestellte, Wert darauf, ein Auskommen mit ihrem Einkommen zu haben. Darüber hinaus gönnen sie sich gerne auch den einen oder anderen Luxus. Ein kleines Manko der Kosmetikerin bei der Ausübung ihres Broterwerbs besteht darin, dass sie häufig aus Höflichkeit zu sehr auf die Sonderwünsche ihrer Kundschaft eingeht, obwohl sie sich dabei nicht mehr recht wohl in ihrer Haut fühlt. Bisweilen trifft bei ihr die Redensart »Zu viel Gutmütigkeit ist ein Stück Schlechtigkeit« genau den Punkt.

Der Sinn für Ästhetik der Kosmetikerin macht auch nicht vor der Tür ihrer Wohnung halt, so dass die Einrichtung inklusive Accessoires farblich und stilistisch perfekt zusammenpasst. Da es aber immer noch besser geht, ist sie ständig am Umräumen und Umdekorieren. Gerne hat sie auch eine gewisse Ordnung um sich, die jedoch nie sterile Ausmaße annimmt. Im Gegenteil empfinden ihre Freunde, wann immer sie sie besuchen, ihr Nest als Wohlfühloase. Neben den Verschönerungsmaßnahmen in ihren heimischen vier Wänden sorgt sie intensiv für ihr eigenes Wohlempfinden, indem sie Saunatage mit Massage einlegt, tanzt oder Yoga betreibt. Last, but not least liebt sie Shoppingtouren, für die sie auch gerne in fremde Städte reist. Apropos Reisen: Sofern es das Bankkonto erlaubt, können ihre Ziele nicht exotisch genug sein. Ganz klar bevorzugt sie als Urlaubsziel jedoch Orte am Meer.

Geschätzt wird die Kosmetikerin von ihren Lieben vor allem wegen ihrer Warmherzigkeit. Für jeden nimmt sie sich Zeit, und für jeden hat sie ein liebes Wort übrig.

Flirt und Verführung

Die Kosmetikerin ist bei der Ausschau nach Mister Right ein offenes Buch. Wenn sie Feuer für einen Mann gefangen hat, strahlt sie ihn an wie ein Honigkuchenpferd und kann ihre Augen fast nicht mehr von ihm abwenden. Die Hoheit über die eigentliche Eroberung überlässt sie allerdings als eher konservativer Typ dem starken Geschlecht. Das heißt, den ersten Schritt aufeinander zu sowie das Ansprechen muss allenthalben der Prinz in spe übernehmen, wobei sein Risiko, doch noch gegen die Wand zu laufen, kaum geringer sein könnte. Hat sie durch intensiven Blickkontakt erst einmal das Go gegeben, muss das Gegenüber schon fast sämtliche Regeln des guten Benehmens brechen, damit sie innerlich wieder den Rückzug antritt. Natürlich legt sie großes Augenmerk auf eine gute Kinderstube und auf eine gepflegte Ausdrucksweise, aber zunächst einmal steht die Optik des Kandidaten bei den Kriterien der Partnerwahl für sie an erster Stelle. Dass dadurch gelegentliche Griffe in die braune Masse, gefolgt von heftigen Enttäuschungen, vorprogrammiert sind, bedarf wohl keiner besonderen Erwähnung.

Im Flirtgespräch selbst gibt die Kosmetikerin so richtig Gas, um den vermeintlich tollen Hecht am Haken zu halten, indem sie wundervolle Komplimente verteilt und durch aktives Kommunikationsverhalten die Konversation am Laufen hält.

Jagdreviere

Die Chance für die Kosmetikerin, Mister Right in ihrem Studio kennenzulernen, steigt von Jahr zu Jahr, weil immer mehr Männer sich »schönheitsbehandeln« lassen. Besonders im Bereich Wellness liegt ihr Anteil inzwischen bei fast einem Drittel, und nicht wenige Vertreter der Herrenwelt würden sich die Verwöhnanwendungen auch gerne zu Hause wünschen. Weil die Klienten unter den Zauberhänden der Kosmetikerin viel Privates erzählen, wissen diese auch meist ziemlich genau, worauf sie sich einlassen, wenn sich aus dem professionellen Verhältnis ein intimes entwickelt. Darüber hinaus nimmt ihre Dienste gerade die Fraktion der holden Männlichkeit in Anspruch, die ohnehin schon viel Wert auf Körperpflege legt und über ein hohes Maß an optischer Attraktivität verfügt.

Verfehlt Amors Pfeil die Kosmetikerin am Arbeitsplatz, hat sie meist keine allzu großen Schwierigkeiten, beim Kneipenflirt und Co. unter die Haube zu kommen. Neben ihrem zauberhaften Lächeln lockt ihr glänzendes Aussehen das andere Geschlecht in Scharen an. Aufgrund ihrer sympathischen Art gibt sich auch ihr umfangreicher Freundeskreis alle Mühe, ihr zum Liebesglück zu verhelfen.

Geht ihr das alles nicht schnell genug, nutzt sie die verschiedensten Vehikel der Entsingelung, angefangen vom Internet bis hin zur klassischen Partnervermittlung. Nach der Partnerschaft ist für sie nämlich vor der Partnerschaft, ihr Singlesein sollte stets nur ein kurzes Intermezzo auf dem Weg zur nächste Bindung darstellen.

Partnerschaft

Zwei völlig gegensätzliche Kindheitserfahrungen führen zur einheitlichen Partnerwahl der Kosmetikerin. Entweder hat sie ihren Vater in der Zweisamkeit mit ihrer Mutter als Schwächling erlebt und sucht später den Gegenentwurf dazu, oder er war ein ausgesprochener Macho, und sie wiederholt das Beziehungsmuster aus dem Elternhaus. Wie auch immer hat sie ein Faible für dominante Männer, die es ein Stück weit an Respekt ihr gegenüber mangeln lassen. So kann es passieren, dass ihr Mann ihren Beruf abwertet, indem er ihm das Etikett vom Plauderstündchen oder der Prosecco-Session mit der Kundschaft anheftet. Infolgedessen sollte sie ja abends genug ausgeruht sein, um noch den kompletten Haushalt sowie die Kindererziehung komplett alleine zu bewältigen. Die Kosmetikerin übernimmt diese Aufgaben zwar, aber nicht, weil sie seine chauvinistische Auffassung teilt, sondern weil es ihr leichtfällt. Das »bisschen Haushalt« ist für sie tatsächlich kein Problem.

Auch die Rolle als zweite Geige an der Seite ihres Machomannes können die Berufsvertreterinnen gut akzeptieren. Gerne schauen sie zu ihm auf und bringen ihm die Bewunderung entgegen, die er zur Pflege seines Egos braucht, während sie sich ihre narzisstischen Streicheleinheiten am Arbeitsplatz holt.

Als Dank bekommt die Kosmetikerin von ihrem Göttergatten häufig den berühmten Tritt in den Hintern gemäß dem Motto: Wenn es dem Esel zu gut geht, geht er aufs Eis tanzen. In jungen Jahren betrügt er sie nach Strich und Faden und im mittleren Alter tauscht er sie dann endgültig gegen ein junges Hühnchen aus.

Sex

Die Kosmetikerin ist ähnlich wie die Hauswirtschafterin praktisch unkaputtbar. Nachdem sie tagsüber die Doppelbelastung Beruf und Haushalt bewältigt hat, läuft sie abends meist auch noch im Schlafzimmer zur Höchstform auf. Wenn ihr Partner sie optisch reizt und weiß, wie er sie intim glücklich machen kann, schläft sie fast täglich mit ihm. Allerdings muss sie nicht bei jeder sexuellen Begegnung mehrere Höhepunkte erleben, einer reicht ihr oft schon völlig aus. Erregung dokumentiert sich bei ihr in Form von heftigem Stöhnen, so dass ihre Wohnungsnachbarn mitunter glauben, Ohrenzeugen einer Damentennis-TV-Übertragung zu sein. Gleichermaßen turnt es sie an, auch von ihrem horizontalen Gespielen eine hörbare Resonanz seiner Fleischeslust zu bekommen. Ein Mann, der sein Ding stumm wie ein Fisch durchzieht, löst in ihr ziemliches Befremden aus und lässt das Interesse an ihm merklich abkühlen.

Ihr Repertoire sowohl an Stellungen als auch an Praktiken erweitert die Kosmetikerin gerne. Lediglich dort, wo ihre Ekelgrenzen überschritten werden, verweigert sie. Bringt ihr Herzbube davon abgesehen aber neue Varianten der Erotik ins Spiel, lässt sie es aufgrund ihrer kindlichen Neugierde immer einmal auf einen Versuch ankommen.

Ideale Berufspartner

Als Partnerkandidaten der Kosmetikerinnen überhaupt erst einmal in die nähere Auswahl kommen die optisch attraktiven Bankkaufmänner, Vertreter und Anwälte, während mit ihrem netten Wesen neben den Ingenieuren die Polizisten das Herz der professionellen »Aufhübscherin« berühren. Genügend Respekt bringen ihr über die beiden Letztgenannten hinaus auch die Finanzbeamten entgegen. Die Partnerschaft an der Seite des Briefträgers funktioniert sehr gut auf der Basis gegenseitiger Wohltaten in Form etwa von Massagen oder Reiki-Behandlungen. Regelmäßig höchste Wonnen der Lust im Bett bereitet den Berufsvertreterinnen das Duo Pfarrer und Gärtner. Für das Thema Familiengründung eignet sich hervorragend der kinderliebe Kfz-Schlosser, wobei interessanterweise meist nur ein Sprössling aus dieser Verbindung hervorgeht.

Die Erzieherin

Basics

Erzieherinnen ergreifen ihren Beruf fast immer voller Idealismus und Überzeugung. Ihn als reinen Broterwerb auszuüben würde auch nur in den seltensten Fällen dauerhaft funktionieren, weil Kinder gewöhnlich noch einen sicheren Instinkt dafür haben, wer es gut beziehungsweise schlecht mit ihnen meint.

Über ihren Enthusiasmus hinaus verlangt das Anforderungsprofil der Berufsvertreterinnen heutzutage ein hohes Maß an fachlicher Qualifikation. Als Stichworte seien hier nur Sprachförderung und Inklusion genannt. Längst vorbei sind die Zeiten der Spieletante – eine Abwertung, mit der früher die schlechte Bezahlung der Profession begründet wurde.

Charakterlich zeichnet Erzieherinnen meist ein ausgeprägter Gerechtigkeitssinn aus, so dass eine bewusste Bevorzugung einzelner Schützlinge die echte Ausnahme darstellt. Eltern, die das erreichen möchten, beißen bei ihnen auf Granit. Daneben glänzen sie durch eine bemerkenswerte Teamfähigkeit, aufgrund deren sich Konflikte in der Arbeit trotz eines enorm hohen Frauenanteils dort sehr im Rahmen halten.

Privat sind die Kindergärtnerinnen sehr gut sozial vernetzt, ziehen dabei aber den persönlichen dem virtuellen Kontakt via Facebook und Co. immer noch vor. Gute Freundinnen haben sie gewöhnlich weniger als eine Handvoll, während sie berufsbedingt Tausende Leute kennen. Ihr eingeschränkter Kreis an »Lieblingsmenschen« hat seinen Grund in erster Linie darin, dass sie in dieser Hinsicht das Motto »Weniger ist mehr« beherzigen. Will heißen, lieber pflegen sie nur einige ausgesuchte menschliche Kontakte, die ihnen wichtig sind, intensiv als viele oberflächliche, die eigentlich keine Bedeutung für sie haben. Hilfe gewähren sie davon abgesehen fast jedem, schlägt doch ein riesengroßes Herz in ihrer Brust. Nicht selten leiden sie an einem handfesten Mutter-Teresa-Syndrom.

Die Begeisterungsfähigkeit der Erzieherin macht auch nicht vor ihren Freizeitinteressen halt. Sie ist sozusagen der Typ zum Pferdestehlen, der zu neuen Ideen immer erst mal ja sagt. Die Konstanten in ihren Mußestunden sind indes Basteln, Schreiben, umfänglicher Kulturgenuss sowie Geselligkeit jedweder Couleur.

Flirt und Verführung

Obwohl die Erzieherin mit ihren Schützlingen häufig Theaterstücke für Feierlichkeiten in der Kita einübt, ist sie keine gute Schauspielerin. Besonders Sympathie oder Antipathie einem anderen Menschen gegenüber kann sie nur sehr schlecht verbergen, wobei sie aber auch überhaupt keinen Grund dafür sieht, Gewogenheit zu verbergen. Einem Mann zeigt sie aus der Ferne ihre Zuneigung, indem sie ihn häufig anstrahlt oder zumindest anlächelt. Bevor er seine verbale Flirtattacke startet, vermittelt sie ihm ein maximales Gefühl an Sicherheit, bei seinem Vorstoß auf offene Türen zu stoßen. Meist entwickelt sich dann zumindest ein nettes Gespräch, weil die Berufsvertreterinnen aufgrund ihrer guten Menschenkenntnis nur selten wirkliche Vollpfosten anlocken. Sie selbst unterstützen den Herzbuben in spe, die Konversation am Laufen zu halten, indem sie ihm Fragen stellen und neue Themen einbringen. Eindeutig in Richtung Partnerschaft fährt der Zug, wenn sie förmlich beginnen, Komplimente über den Prinzenkandidaten auszuschütten.

Die Methoden der Kindergärtnerin, den Sack endgültig zuzumachen, bestehen darin, das Gegenüber in ihrer Wohnung zu bekochen, um ihn dort von ihren kulinarischen Fähigkeiten zu überzeugen, oder ihm kleine selbstgebastelte Paarungsgeschenke darzureichen.

Jagdreviere

Dass ein Kollege von seinem Gehalt kaum eine Familie ernähren kann, dürfte die Erzieherin als Idealistin kaum stören. Die geringe Bindungsquote in der Kita liegt vielmehr schlichtweg an mangelnder männlicher Mitarbeitermasse, und wenn sich doch einmal ein attraktiver Vertreter des starken Geschlechts der Kindergartenpädagogik verschrieben hat, ist natürlich die Konkurrenz unter den Damen groß. Das wiederum verlangt dann ein sehr diskretes Vorgehen, um sich nicht der Gefahr von Stutenbissigkeit durch eifersüchtige Kolleginnen auszusetzen.

Bei der Freestyle-Partnersuche sind die Berufsvertreterinnen gewöhnlich nicht auf einschlägige Kennenlern-Locations angewiesen, weil sie aufgrund ihrer Kontaktfreude fast überall mit der Herrenwelt ins Plaudern kommen. Nicht selten ergreifen sie dabei die Initiative, und nicht selten eröffnen sie den anfänglichen Smalltalk mit einem netten Kompliment. Aber auch sonst finden sie fast immer einen geeigneten Gesprächsaufhänger für die verbale Annäherung.

Unter den professionellen Vehikeln der Partnersuche schätzen die Kindergärtnerinnen am meisten Single-Gesprächsrunden. Gruppengespräche stellen von ihrer Arbeit her schon vertrautes Terrain dar, und zudem schätzen sie das meist gediegene Niveau dort gepaart mit einer Wohlfühlatmosphäre. Des Weiteren hegen sie große Sympathien gegenüber Single-Tanzkursen, der guten alten Kontaktanzeige sowie Singlereisen, die aber leider häufig ihren nicht allzu vollen Geldbeutel überstrapazieren.

Partnerschaft

Die Erzieherin diskutiert zwar auch gerne mit ihrem Partner, aber im Gegensatz zur Sozialpädagogin nicht über den Bart des Propheten, sondern nur über Dinge, die ihr ein wichtiges Anliegen sind. Zudem kann sie anders als ihre Berufskollegin im

Sozialbereich rechtzeitig loslassen, bevor dem Herzbuben der Kragen platzt. Auch fällt es ihr leicht, fünfe auch mal gerade sein zu lassen. Jedenfalls würde sie, nur um den Sieg in einer Auseinandersetzung beziehungsweise Meinungsverschiedenheit zu erringen, niemals ihre Zweisamkeit gefährden. Selbst wenn sie eindeutig im Recht ist, legt sie gewöhnlich genügend Souveränität an den Tag, nicht bis zum letzten Blutstropfen darauf zu beharren.

Überhaupt zeichnet die Berufsvertreterinnen ein hohes Maß an Großzügigkeit und Toleranz aus. Großzügigkeit manifestiert sich bei ihnen in zweifacher Hinsicht, nämlich erstens, indem sie lange Zeit über die Fehler ihrer Göttergatten hinwegschauen, und zweitens, indem sie ihm materiell das letzte Hemd geben. Absolut rote Tücher sind für sie lediglich grobe Respektlosigkeit sowie ständige Passivität. Einen Couch-Potato wird sie zunächst auf liebevolle Weise zu motivieren versuchen, den Hintern zu bewegen. Bringt das allerdings keine Frucht, schaltet sie in den Penetranzmodus. Meist geht die andere Seite dann schon aus Verzweiflung auf ihre Anschläge ein.

Als Hausfrau und Mutter ist die Erzieherin unschlagbar. Gerne verwöhnt sie ihre Lieben mit lukullischen Genüssen aus der Versuchsküche. Will heißen, sie probiert ständig neue Kreationen am Herd aus. Ihren Kindern weist sie, trotz klarer Grenzen, voller Herzenswärme den Weg zu engagierten, selbstbestimmten Menschen.

Sex

Die Berufsbezeichnung Erzieherin beflügelt natürlich so manche Männerfantasie. Allerdings wird der Vorstellung, die Berufsvertreterinnen würden im Schlafzimmer die Domina geben, sehr schnell der Zahn gezogen. Denn anstatt die Peitsche auszupacken, fährt sie eher den Schmusekurs und das buchstäblich.

Will aber nicht heißen, dass es nur immer soft zur Sache gehen muss, bisweilen darf es auch richtig »rammeln«, aber mit BDSM im engsten Sinne haben die Kindergärtnerinnen gewöhnlich überhaupt keinen Vertrag. Allenfalls steigern kleine Schläge auf den Po, das sogenannte Spanking, ihr »Lustvermögen«.

Außerhalb des Betts spricht sie kaum je über Sex und schon überhaupt nicht, wenn es um ihren eigenen geht. Wird sie jedoch von der Leine gelassen, zeigt sie all ihre horizontalen Talente. Besondere Meisterschaft erlangt sie häufig in der Disziplin »Handarbeit«. Allein kraft ihrer Streicheleinheiten vermag sie ihren Partner an den Rand des Wahnsinns zu treiben.

Ideale Berufspartner

Dem Wunsch der Erzieherin nach regem partnerschaftlichem Austausch entsprechen die kommunikativen Vertreter, Polizisten und geisteswissenschaftlichen Lehrer. Viel Respekt auch bezüglich ihres Berufs bringen ihr die Ingenieure entgegen. Diese erfreuen sich auch an ihrer Könnerschaft im Bett ebenso wie der Finanzbeamte. Ihren Schmusekurs dort teilt der Briefträger. Einen ganzen Stall voller Kinder kann die Kindergärtnerin mit dem Pfarrer in die Welt setzen, während sich der genussfreudige Psychologe hochgradig an ihren Essenskreationen delektiert. Zum gemeinsamen Pferdestehlen im Freizeitbereich eignet sich hervorragend der vielseitig interessierte Gärtner. Ausgiebiger Kulturgenuss geht gut an der Seite des Journalisten.

Die Friseurin

Basics

Weder lässt die Friseurin ihren Salon so lange ungelüftet, bis die Luft zum Schneiden ist, noch sucht sie in den Haaren ihrer Kunden die Pechsträhne. Will heißen, dass die Berufsvertreterinnen beileibe nicht so »blond« sind, wie gemeinhin über sie gewitzelt wird. Meist reicht heute ein niedriger Schulabschluss fast schon nicht mehr aus, um die Anforderungen der Coiffeurkunst zu erfüllen. Genauso entbehrt das Vorurteil von der Friseurin als Tratschtante und erbarmungsloser Zutexterin so ziemlich jeglicher Grundlage. Fraglos sollte sie schon von Berufs wegen ein kommunikativer Typ sein, aber meist hat sie ein gutes Gefühl dafür, wer auch unterhalten werden möchte, während sein Kopf gemacht wird. Zu ihren Schwächen am Arbeitsplatz gehört indes eine gewisse Tendenz zur Lästerei, weil sie dann doch nicht so viel Weisheit besitzt, um über den Dingen zu stehen.

Privat neigt die Friseurin dazu, ihre sozialen Kontakte zu hoch einzuschätzen. Was sie für Freundschaften hält, sind oft in Wirklichkeit nur bessere Bekanntschaften. Bis sie selbst zu dieser Erkenntnis gelangt, dauert es meist lange, und entsprechend groß ist dann ihre Enttäuschung. Als Konsequenz daraus schüttet sie das Kind mit dem Bade aus, indem sie den Kontakt zu den vermeintlich falschen Fünfzigern abbricht. »Vermeintlich« deshalb, weil meist noch nicht einmal ein konkretes Vergehen der anderen Seite vorliegt, sondern sie einfach nur die Wut der Coiffeurin über die eigene Fehleinschätzung der Beziehungswertigkeit ausbaden muss.

In ihren Mußestunden beschäftigt sich die Haarmeisterin regelmäßig mit esoterischen Themen wie Astrologie oder Kartenlegen. Daneben hört sie gerne leichte Musik. Meist dudelt bei ihr den ganzen Tag das Radio. Das vermittelt ihr in einsamen Stunden das Gefühl von Gesellschaft, kann sie doch nur schlecht allein sein. An der Seite ihrer Lieben besucht sie häufig lokale Events jedweder Couleur und unternimmt Städtereisen.

Flirt und Verführung

Grundsätzlich gibt es verschiedene Strategien, um Bindungsängste zu kultivieren. Dazu zählen das Wegbeißen der besseren Hälfte durch emotionale Verletzungen, das ständige Suchen nach Fehlern in den Krümeln sowie das spontane Verschwinden auf Nimmerwiedersehen. Außerdem dienen sowohl das »Gebundener-Mann-Schema«, bei dem immer wieder unbewusst die Hand nach fest liierten und zudem trennungsunwilligen »Prinzen« ausgestreckt wird, als auch die Wahl von unpassenden Partnern dazu, Beziehungen zu boykottieren.

Die Friseurin entscheidet sich meist für eines der beiden letzten Muster. Dass überhaupt nicht erst eine verbindliche Zweisamkeit zustande kommt, schützt sie prophylaktisch vor Verletzungen durch die andere Seite, während ihr Fehlgriffe stets einen Grund bieten, den Herzbuben, bevor es zu nah wird, wieder abzuschießen. Bisweilen bleibt sie auch mit dem Mismatch zusammen und hält ihn sich so gut es geht vom Leib.

Flirttechnisch wirkt die Coiffeurin ständig, als würde Männerschlussverkauf herrschen und müsste sie schnell noch ein Exemplar ergattern. Das heißt, sie lockt Kandidaten auf Teufel komm raus an, indem sie eindeutige Signale der Ermutigung aussendet oder beim verbalen Beschnuppern sexuelle Anspielungen macht. Damit will sie sich unbewusst beweisen, dass sie alles tut, um in den Hafen der Liebe einzulaufen. Unternehmen die Kandidaten dann einen für sie bedrohlichen Annäherungsversuch, läuft dieser aufgrund ihrer Abwehrstrategien meist ins Leere.

Jagdreviere

Ähnlich wie der Kosmetikerin bietet der Friseurin der Arbeitsplatz gute Chancen, um unter die Haube zu kommen. Ihre Stammkunden kennt sie gut, weshalb sich persönliche Gespräche und der eine oder andere Anbandelungsversuch fast von selbst ergeben. Allerdings hören hier die Kolleginnen meist mit, weil sie ihrer Tätigkeit selten völlig alleine nachgeht. Das ist meist nur dann der Fall, wenn sie ihre Kunden in ihrem kleinen privaten Salon zu Hause empfängt.

In freier Wildbahn ist die Hairstylistin zwar ständig am Flirten, sei es beim gepflegten Kneipenbummel oder auf diversen Festivitäten, nichtsdestoweniger geht sie anschließend regelmäßig unbemannt wieder nach Hause, hindern sie doch ihre Bindungsängste daran, mehr als ein oberflächliches Geplänkel zuzulassen. Vermittlungsdienste durch ihr soziales Umfeld kann die Friseurin kaum je erwarten. Dafür kennt dieses seine Pappenheimerin und ihre Näheproblematik viel zu gut. Ihr einen Bekannten, Freund oder Verwandten vorzustellen bedeutete fast schon, ihn ans offene Messer auszuliefern und sich dadurch womöglich seinen Ärger zuzuziehen.

Nutzt die Coiffeurin Vehikel der Entsingelung, sucht sie gewöhnlich das Weite, sobald dort die Phase der Paarbildung beginnt. Oft besucht sie Singletreffs und Co. auch nur für eine oder zwei Schnupperstunden.

Partnerschaft

Wenn es der Friseurin gelingt, eine zumindest nach außen hin feste Bindung einzugehen, tut sie fast alles für ihren Partner, nur um ein wenig Anerkennung und Liebe von ihm zu erhaschen. Viel Gutes ist sie aus ihrem Elternhaus meist nicht gewohnt, so dass sie schon nach einem lieben Wort ihres Gefährten schnappt wie ein hungriger Vogel nach dem Wurm. Bekommt sie auch nur einen Brocken Zuwendung hingeworfen, hält sie es auch lange mit einem ständig übelgelaunten Kotzbrocken aus. Das funktioniert insofern, als sie ihren Partner zum einen emotional von ihrer verletzlichen Zone fernhält und ihn zum anderen idealisiert, was es ihr ermöglicht, seine Schwächen zu übersehen. Durch die Stilisierung der anderen Seite zum Supermann rechtfertigt die Friseurin meist auch die Rundumversorgung, die sie ihm zukommen lässt. Trotz des eigenen anstrengenden Jobs verwöhnt sie »Mister Bombastic«, wenn er abends vom Dienst nach Hause kommt, nach allen Regeln der Kunst kulinarisch und liest ihm jeden Wunsch von den Augen ab. Dazu hat sie sonstige Hausarbeit jenseits des Kochherds inklusive der hegenden Pflege des Nachwuchses schon komplett alleine erledigt. Lediglich handwerklich muss ihr Angetrauter bisweilen ran, womit er sich wiederum ihre bedingungslose Bewunderung und Unterstützung verdient.

Alleingänge unternimmt die Friseurin nicht zwecks Befriedung ihrer Näheproblematik, sondern meist aus der Lust heraus, mal wieder einen richtigen Mädelsabend zu veranstalten. Für Ersteres reicht ihr auch innere Distanzierung anstatt räumlicher.

Sex

Die Bindungsproblematik der Friseurin liegt meist in ihren frühen intimen Erfahrungen begründet. Als junge Frau gerät sie nämlich aufgrund ihrer gewissen Naivität an ausgesprochene Machotypen, die sie nicht gerade pfleglich behandeln. Häufig stellen ihre frühen Männerkontakte auch Abziehbilder des Umgangs ihrer Eltern miteinander dar. So spricht sie zwar ständig über das Thema Sex oder macht Anspielungen, um ihre Ängste auf diesem Gebiet zu überspielen, aber wenn es tatsächlich zur Sache geht, macht sie die Schotten dicht. Bisweilen geht ihre Show sogar so weit, dass sie im Rahmen ihres Verwöhnprogramms dem

Herzbuben guttut, ohne selbst großartig etwas dabei zu empfinden. Knallhart betrachtet sind ihre horizontalen Aktivitäten dann nichts anderes als partnerschaftliche Prostitution. Ob sie sich dazu hergibt, hängt vor allem in ihren reiferen Jahren davon ab, wie das Gegenüber sie im Beziehungsalltag behandelt.

Um sich im Bett auf neue Praktiken einzulassen, die ihr unter Umständen unangenehm sein könnten, fehlt der Coiffeurin oft das Vertrauen zu ihrer besseren Hälfte. Aufgrund dessen sind ihrem geschlechtlichen Repertoire keine allzu weiten Grenzen gesetzt. Als Lustspender par excellence dienen den »Haardesignerinnen« ihre allein schon berufsbedingt außerordentlich geschickten Hände. Mit ihnen vollbringen sie geradezu Wunderdinge am Körper ihres erotischen Gespielen.

Ideale Berufspartner

Die Unternehmungslust der Friseurin teilen die agilen Busfahrer, Briefträger und Polizisten. Besonders auf Letztere fahren sie auch optisch enorm ab. Gerne verwöhnen von ihr lassen sich die privat leicht paschaesken Bademeister, während ihr das handwerklich breit begabte Duo Elektriker und Schreiner das Haus in Ordnung hält. Beim Sex wird der Hausmeister die Coiffeurin kaum je überfordern, allenfalls in seinem Bedürfnis nach ausgiebigen Kuschelrunden danach. Dass sie bisweilen aufgrund ihrer Näheproblematik einen gewissen partnerschaftlichen Abstand benötigt, ficht weder den Programmierer noch den Designer an, weil sie selbst Enge und Klammern nur schlecht ertragen können. Auf einen Sockel hebt die Friseurin die Vertreter sowie die Gastwirte aufgrund deren breiten Allgemeinwissens.

Die Krankenschwester

Basics

Die Krankenschwester, die an einem Helfersyndrom leidet und ihren Beruf nur ergreift, um sich von ihrer eigenen emotionalen Bedürftigkeit abzulenken, ist zumindest heutzutage ein Mythos. Fraglos sind die Vertreterinnen der Profession hochgradig sozial kompetente Zeitgenossinnen, doch sind sie es nicht aufgrund eigener Unzulänglichkeiten, sondern weil ihnen eine gewisse Fürsorglichkeit und menschliche Zugewandtheit in die Wiege gelegt wurde. Schon ihre Puppen sind meist die wohlbehütetsten in Town. Später setzt sie sich, ohne dabei etwa als Klassensprecherin in den Vordergrund zu treten, für die Belange ihrer Mitschüler ein. Bisweilen kommt sie auch früh mit dem Thema Krankenpflege in Berührung, indem sie an der Versorgung eines kranken Familienangehörigen teilhat.

Bezüglich des Anforderungsprofils ist der Beruf der Krankenschwester unter anderem durch den rasenden Fortschritt in der Medizin, umfangreichere Dokumentationspflicht sowie höhere Ansprüche der Patienten erheblich komplexer geworden. Mal eben während der Dienstzeit ein Kaffeekränzchen abzuhalten geht nur noch im Ausnahmefall, führt doch die zunehmende Privatisierung der Kliniken zu einem erhöhten Leistungsdruck. Dazu trägt nicht zuletzt auch Stellenabbau bei.

In ihrem Privatleben passt für die Krankenschwester der Liedtext »You Never Walk Alone« wie die Faust aufs Auge. Das heißt nicht unbedingt, dass sie einen ganzen Stall voll Leute kennt, aber wenn sie in Not gerät, kann sie stets auf ein soziales Netzwerk zurückgreifen, das sie vor allzu tiefen Abstürzen bewahrt. Ihr engster Zirkel besteht meist aus zwei bis drei Busenfreundinnen. An diese hegt sie höchste Ansprüche, während die

Erwartungen an ihre Bekannten kaum je besonders hoch steigen.

In ihren Mußestunden versuchen sich viele Krankenschwestern spirituell weiterzuentwickeln. In dieser Mission unterwegs, lesen sie einschlägige Literatur und besuchen Seminare. Daneben erlernen sie oft eine psychotherapeutische Behandlungsmethode. Am profanen Leben nehmen sie gerne in Gestalt von Kneipentouren, Wellness und Kulturgenuss praktisch jedweder Couleur teil.

Flirt und Verführung

Wenn es darum geht, ihr Singledasein zu beenden, ist die Krankenschwester mit allen Wassern gewaschen. Ihr Rollenrepertoire beim Flirten reicht vom hilflosen Frauchen über die fürsorgliche Mama bis hin zur Femme fatale. Den Prinzen im Mann als Prinzesschen in der Not erweckt sie, indem sie das Objekt ihrer Begierde um Unterstützung bei einem technischen oder handwerklichen Problem bittet und es zu dessen Lösung zu sich nach Hause einbestellt. Den »Arbeitslohn« bezahlt sie meist gleich in natura mittels eines Schäferstündchens. Ob daraus mehr wird, hängt nicht zuletzt von den Qualitäten ihres Besuchers beim intimen Stelldichein ab. Versagt er komplett, wird die Angelegenheit in der Schublade einmaliger Ausrutscher abgelegt. Bietet er dagegen horizontal zumindest Entwicklungspotenzial, kann das der Beginn einer wunderbaren Freundschaft sein. Alternativ bringt die Krankenschwester den Hahn durch Dauerpräsenz zum Krähen. Das heißt, sie schleicht, gehüllt in freizügige Outfits, beständig um ihn herum, so dass er sich die verführerische Frucht einfach nur noch pflücken muss.

Möge jedoch bei ihrem Eroberungsfeldzug bloß keine Konkurrenz ins Spiel kommen. Sonst wirft sie ihre Mitmenschlichkeit über Bord und bleckt mächtig ihr Stutengebiss.

Jagdreviere

Was das Suchen und Finden der Liebe mittels professioneller Medien betrifft, ist die Krankenschwester äußerst probierfreudig. Statistisch gesehen am häufigsten dürfte sie dazu das Internet nutzen, wobei sie eindeutig Portale bevorzugt, die zumindest ein gehobenes Niveau der Klientel versprechen wie *Parship* oder *ElitePartner*. Das Geplänkel oder die oft auf schnellen Sex abzielenden Kontakte bei den kostenlosen Anbietern gehen ihr gewaltig gegen den Strich. Ein gediegeneres Publikum erwartet sie sich meist zu Recht auch in Single-Gesprächsgruppen, auf Singlereisen und beim Single-Cooking. Hier sind neben einem gepflegten Umgang gute Kommunikationsfähigkeiten fast schon unabdingbare Voraussetzung für die erfolgreiche Teilnahme.

Auf freier Wildbahn hält die Krankenschwester bevorzugt in Kneipen Ausschau nach Mister Right, kommt aber aufgrund ihrer Flirtigkeit fast überall in Kontakt zum anderen Geschlecht. Da es ihr nicht schwerfällt, einen Smalltalk zu beginnen, ergreift sie oft selbst die Initiative auf der Parkbank, in der Metro oder an der Tanksäule.

Zwischen Visite und Medikamentenausgabe bieten sich als Flirtopfer für die Berufsvertreterinnen am ehesten noch Patienten an. Sobald diese wieder genesen sind, kann das gegenseitige Beschnuppern beginnen. Die klassische Kombination aus Arzt und Krankenschwester ist indes ein wenig aus der Mode gekommen.

Partnerschaft

Wenn die Krankenschwester tatsächlich mit einem ehemaligen Pflegling zusammenkommt und er sich danach auch zu Hause eine »Bedienung« auf Klingelruf erhofft, dann ist er bei ihr völlig an der falschen Adresse. Zwar sind die Berufsvertreterinnen fraglos fürsorgliche Frauen, aber niemals werden sie einen reinen Pascha an ihrer Seite dulden. Dafür sind sie meist zu emanzipiert. Kommt von ihrem Gegenüber überhaupt nichts, stellen sie sehr schnell ihre Dienste ein und sagen ihm die Wacht am Rhein an. Das hat weniger mit Berechnung zu tun als vielmehr mit Selbstachtung.

Ohnehin sollte ihrem Herzbuben nicht das Phlegma des Couch-Potato innewohnen, möchte sie doch an seiner Seite ein buntes partnerschaftliches Leben führen. Das reicht von gemeinsamer sportlicher Betätigung über Pläne, die Hand in Hand realisiert werden, bis hin zu zweisamer Beteiligung an sozialen Projekten. Das heißt jedoch keinesfalls, dass die Krankenschwester ihrem Angetrauten jegliche Ruhezeit verweigert. Durch ihre spirituelle Arbeit an sich findet sie meist sehr gut ihre innere Mitte, was sie davor schützt, extreme Verhaltensweisen wie maßlosen Aktivismus an den Tag zu legen.

Ihre Rolle als Hausfrau und Mutter füllt die Krankenschwester hinreichend, aber nicht übermäßig passioniert aus. Zumindest lässt sie sich kaum je auf die drei Ks Kinder, Küche, Kirche reduzieren. Stets genießen auch andere Bereiche große Priorität. Ihrem Nachwuchs lässt sie in den ersten Jahren ein hohes Maß an Fürsorge zuteilwerden, während sie ihn ab dem Schulalter gleichzeitig zur Selbständigkeit erzieht. Dadurch verschafft sie sich früh wieder mehr Beinfreiheit.

Sex

Männliche Patienten, die in der Hoffnung ein Einzelzimmer buchen, dass die Nachtschwester irgendwann notgeil ihr Bett stürmt und sie nach allen Regeln der Kunst verwöhnt, werden vermutlich eine große Enttäuschung erleben. Zwar lassen es die Berufsvertreterinnen im Frühling ihres Lebens gerne einmal krachen, indem sie das Schwesternwohnheim kurzerhand zum Swingerclub umfungieren, aber ihren Job riskieren sie sicher kaum je, um ihre horizontalen Fantasien in die Tat umzusetzen.

Intime Betätigung am Arbeitsplatz gibt es innerhalb der Profession zumindest nicht viel häufiger als anderswo während der Dienstzeit.

Fraglos bleibt die Krankenschwester bis ins hohe Alter geschlechtlich gleichermaßen ansprechbar wie neugierig, so dass sie im heimischen Schlafzimmer bereit ist, mit ihrem Liebhaber weite Wege zu gehen. Nur kommen in reiferen Jahren anders als in ihrer Sturm-und-Drang-Zeit seltener dritte Personen ins Spiel. Selbst für ihre Einwilligung in einen überschaubaren Partnertausch müsste ihr Herzbube schon all seine Überredungskünste aufwenden. Beim Sex zu zweit kennt sie jedoch wenige Tabus, sowohl was Praktiken als auch was Stellungen betrifft.

Ideale Berufspartner

Über genügend Selbstreflexion, um an der Seite der Krankenschwester bestehen zu können, verfügen der Pfarrer und der Lehrer. Mit beiden wird sie auch ihren Wunsch nach karitativer Aktivität verwirklichen können. Sexuell das Wasser reichen können ihr sowohl der Koch als auch der Finanzbeamte, wobei Letzterer besonders ihren intimen Vorstellungen entgegenkommt, indem er wegen seiner Eifersucht das Schlafzimmer niemals für dritte Personen öffnen würde.

Auf eine emanzipierte Partnerschaft legt wie die Berufsvertreterinnen das Terzett Ingenieur, Polizist und Gärtner wert. Ihre generelle Unternehmungslust teilt der Vertreter, während der ausgeglichene Schreiner in den Jahren ihrer Selbstfindung und des jugendlichen Leichtsinns den sicheren Hafen für sie darstellt.

Clemens Beöthy

Heirate niemals einen Udo

Was Vornamen über unser Liebesleben verraten

Schnacksel nie mit einem Axel

Das Liebeslexikon der Vornamen

Aussehen, Reichtum, innere Werte? Kommt es darauf an, wenn man beim anderen Geschlecht landen will?
Weit gefehlt! Beziehungscoach Clemens Beöthy hat herausgefunden: Allein der Vorname entscheidet über den Erfolg beim Suchen und Finden der Liebe sowie über den passenden Partner. Wer ein guter Zuhörer ist, wer im Bett die besten Tricks kennt, wen man in der Sauna trifft und wen eher auf dem Volksfest – all das und noch vieles mehr verraten diese einzigartigen Liebeslexika der Vornamen.

»Wer anfängt, hineinzulesen, kann kaum mehr aufhören.«
Oberösterreichische Nachrichten